AF338618

MÉMOIRES

DE LA

SOCIÉTÉ D'ETHNOGRAPHIE

RECONNUE COMME ÉTABLISSEMENT D'UTILITÉ PUBLIQUE

PRÉSIDENCE DE M. LÉON BOURGEOIS

COMITÉ SINICO-JAPONAIS

3ᵉ SÉRIE. — TOME II (XXIIᵉ VOLUME DE LA COLLECTION)

FEUILLES DE MOMIDZI

PAR LÉON DE ROSNY

PARIS

ERNEST LEROUX, ÉDITEUR

Libraire de la Société d'Ethnographie

28, RUE BONAPARTE, 28

1902

SOCIÉTÉ D'ETHNOGRAPHIE

RECONNUE COMME ÉTABLISSEMENT D'UTILITÉ PUBLIQUE

MÉMOIRES

DU

COMITÉ SINICO-JAPONAIS

Troisième Série

TOME II

XXIIe VOLUME DE LA COLLECTION

MÉMOIRES

DE LA

SOCIÉTÉ D'ETHNOGRAPHIE

RECONNUE COMME ÉTABLISSEMENT D'UTILITÉ PUBLIQUE

COMITÉ SINICO-JAPONAIS

TROISIÈME SÉRIE — BIBLIOTHÈQUE SINICO-JAPONAISE

TOME II

(XXIIe VOLUME DE LA COLLECTION COMPLÈTE)

PARIS
ERNEST LEROUX, ÉDITEUR
Libraire de la Société d'Ethnographie
28, RUE BONAPARTE, 28

1901

Feuilles

DE

Momidzi

ÉTUDES

SUR L'HISTOIRE, LA LITTÉRATURE, LES SCIENCES ET LES ARTS

DES JAPONAIS

PAR LÉON DE ROSNY

PARIS

ERNEST LEROUX, ÉDITEUR

Libraire de la Société d'Ethnographie

28, RUE BONAPARTE, 28

1901

A

M. ÉMILE LEVASSEUR

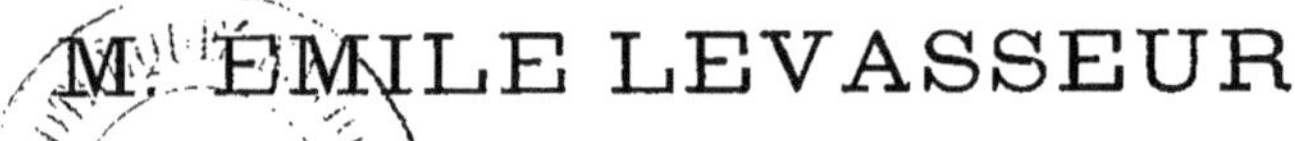

DE L'INSTITUT

Hommage respectueux.

L. DE R.

TABLE DES MATIÈRES

LISTE DES GRAVURES

PRÉFACE

A l'extrême limite du monde Oriental, dans un
archipel volcanique baigné à l'ouest par les flots
houleux de la Mer des Typhons et à l'est par les
vastitudes désertes de l'Océan Pacifique, habite
un peuple qui n'était guère connu que de nom
jusqu'au milieu du siècle dernier, ou du moins
sur lequel on ne possédait en Occident que les
plus vagues indices. Ce peuple, que nous appelons le peuple Japonais, ou ce qui revient au
même « le peuple du Soleil-Levant, » s'est tout
à coup révélé à l'Europe et à l'Amérique par
des aptitudes extraordinaires et par des particularités intellectuelles qui donnent à son étude
une haute importance pour l'élucidation de plu-

sieurs grands problèmes de l'Ethnographie et
des Sciences sociales comparées.

Parmi ces problèmes, il en est un qui me
semble en ce moment plus que jamais de nature
à intéresser les penseurs préoccupés de la
recherche des lois de l'évolution générale et de
la destination des êtres. Je veux parler de la
question de savoir si le progrès existe réellement
sur la terre et, dans le cas affirmatif, quelles
sont les lois qui président à son développement
logique et continu. Or je soutiens qu'il est urgent
de répondre à cette question dans la mesure du
possible et que l'histoire du Japon peut nous
signaler, pour atteindre à ce but, des phéno-
mènes ethniques à tous égards dignes de nos
plus sérieuses méditations.

Je viens de dire « l'histoire ». J'éprouve,
je l'avoue, une sorte de remords d'avoir prononcé cette parole et je tiens à m'expliquer pour
ma justification. En thèse générale, je ne crois
pas que la culture de l'histoire ait jamais rendu à
l'humanité les services dont on s'est plu à lui faire
honneur. En nous signalant les fautes de nos de-
vanciers, l'histoire, a-t-on dit, nous apprend de

quelle façon nous pouvons éviter les mêmes
erreurs et comment nous devons agir pour
l'amélioration constante de notre sort ici-bas.
Or l'étude des annales d'une foule de pays divers
tant anciens que modernes, m'a conduit à une
toute autre conclusion. Plus j'ai feuilleté de livres
d'histoire, plus je me suis convaincu que nous
n'avons guère à en tirer autre chose que des témoignages sans cesse répétés de l'inconscience,
de l'égoïsme et de la sottise humaine. C'est à
peine si, dans quelques récits mythiques, œuvres
de pure imagination, il arrive parfois de découvrir
un appoint réconfortant pour les défaillances et
les inquiétudes de notre esprit.

Je ne veux pas dire pour cela que l'histoire
n'a pour nous aucune espèce de valeur. En pareille matière, les jugements trop absolus sont
fâcheux à plus d'un égard. Je tiens seulement
à soutenir que la recherche des faits historiques ne nous apporte guère autre chose que
des mensonges et qu'elle coûte presque toujours
une dépense de travail intellectuel peu propor-
tionnée avec les bénéfices que nous pouvons en
tirer.

L'opinion que je professe à cet égard a d'ailleurs été celle de bien des hommes de bon sens
et de savoir ; maintes fois, elle s'est traduite par
des vœux tendant à donner aux œuvres historiques un caractère tout autre que celui qu'on
leur a infligé dans les ténèbres du passé. On a
dit, par exemple, que ce qu'il y avait intérêt à
connaître, c'était, non pas la liste des monarques,
empereurs, rois, césars, sultans ou matamores
quelconques qui ont soumis pendant un temps
la masse corvéable à leurs caprices, mais tout
au contraire les actes et les tendances de cette
masse corvéable pour se soustraire à l'abrutissement dans lequel des institutions criminelles l'avaient plongée pendant des siècles
d'obscurantisme et de servitude.

Dans la voie que je signale en termes vagues,
parce qu'il ne me semble pas encore possible de
l'indiquer autrement, je pense qu'il y a avantage
à prévoir ce qui peut advenir d'un pays où, comme
au Japon, on a vécu durant bien des siècles sous
l'empire des idées traditionnelles de la Chine et
où, tout d'un coup, on s'est résolument engagé
dans une politique inverse en adoptant à la hâte

la manière de vivre et le système évolutif des sociétés occidentales.

Ayant été un des premiers en Europe à signaler l'intérêt qui s'attache à l'étude des insulaires de l'Extrême - Orient, après m'être vu dans l'obligation de disputer de toutes parts pour convaincre le grand public de la différence profonde qui sépare les Japonais des Chinois, j'ai eu l'idée de réunir en un volume quelques-uns des articles que j'ai fait paraître de côté et d'autres sur les étonnants envahisseurs des îles du Soleil-Levant.

Ces articles, ainsi qu'on doit s'y attendre, représentent le monde Japonais à des points de vue fort différents, mais il leur manque la cohésion qu'il n'est pas possible de donner dans un recueil de pièces ou de notices détachées. Plusieurs de ces articles ne sont en somme que de simples essais d'érudition qui, comme la plupart des écrits de ce genre, ne peuvent pas servir à grand chose pour le progrès de l'esprit humain. Je caresse toutefois l'espoir que leur lecture ne sera pas absolument inutile pour les hommes en état de comprendre le

parti qu'on peut tirer aujourd'hui de l'examen
général des causes qui ont produit la transformation si rapide du monde Japonais.

Un coup d'œil sur le passé du Nippon, — et
plusieurs des notices réunies dans ce volume
permettront de porter ce coup d'œil sans trop
de fatigue sur les limites orientales de l'ancien monde, — suffira pour montrer le pays du
Yamato à une époque où toutes les superstitions
étaient accueillies avec une foi naïve et enfantine dans ce pittoresque archipel. On verra de la
sorte mentionnée une religion comptant huit
cent myriades de dieux et des miracles de toutes
les farines, puis une division de la société en
gens positivistes et en gens croyants, en gens des
castes nobiliaire, soldatesque et exploitable; puis
tout à coup une transformation complète dans les
idées faisant adopter à la foule à peu près au
hasard toutes les doctrines philosophiques religieuses et sociales de l'étranger avec vente aux
enchères publiques des statuettes des dieux
nationaux et des ustensiles de leur culte ;
puis le renversement des institutions de la
veille, sans se préoccuper de ce qu'on pourra

mettre à leur place le lendemain. Telle est en
résumé la façon suivant laquelle un peuple, qui
est sans conteste le plus actif des peuples Orientaux, entend préparer encore une fois la transformation sociale de son pays.

Je ne veux pas dire par là qu'il faille voir très
en sombre l'avenir réservé aux Japonais et affir-
mer qu'ils s'exposent aux plus terribles impré-
vus et aux plus cuisantes désillusions. L'intelligence exceptionelle de ces insulaires et leurs
facultés extraordinaires d'assimilation, peut-être
plus encore leur charmante courtoisie et leur
amabilité sociale, peuvent les faire triompher de
tous les périls auxquels ils s'exposent en ce moment le cœur léger et l'imagination joyeuse. Que
sortira-t-il de la fournaise où s'agite ce peuple,
depuis un demi siècle surtout, sans trève ni
repos ? Il serait peut-être plus opportun qu'on ne
le pense de le prévoir sans trop de retard. Tout
en ne jugeant pas une telle tâche impossible, je
pense que, pour l'accomplir, une somme considérable de recherches et de réflexions est absolument indispensable.

On me pardonnera donc de crier bien haut

« prenez mon ours » et de rappeler, à l'appui de mon dire, que l'ours fut, dans les îles de l'Asie Orientale, une des divinités les plus populaires des Aïnos, habitants primitifs de l'archipel du Yamato. J'ajouterai enfin que c'est par un métissage entrepris dans des conditions excellentes entre les Aïnos et les Japonais que ces derniers occupent de nos jours une place exceptionnelle en face des Européens et de leurs habiles rivaux du Nouveau-Monde transatlantique. Aux bons entendeurs et à tous ceux qui voudront bien parcourir ce volume avec une bienveillance très indulgente, — je ne réclame pas davantage, — salut !

I

LES ORIGINES DU SINTAUISME

et la Grande Déesse Solaire

La nation japonaise, dont les progrès nous étonnent et qui imite l'Europe avec un si remarquable génie d'assimilation, ne se serait certainement pas transformée, comme elle l'a fait en moins de vingt ans, si elle eût été un pur rameau de ce qu'on appelle la *race Jaune*. Elle est la résultante d'un de ces métissages réussis qui émancipent les sociétés humaines et créent les nationalités vivaces. Les métissages peuvent affaiblir les peuples comme ils peuvent les fortifier. Le sang arabe et persan n'a fait qu'amoindrir les Hindous au point de les rendre indifférents à tout progrès social ; le sang espagnol, au contraire, a donné aux Néo-Mexicains la tonique sans laquelle les descendants des Aztèques eussent été très probablement condamnés à disparaître comme les misérables tribus mélanésiennes de l'Australie et de la Papouasie. L'infusion du sang blanc paraît, en général, assez propice à la régénération des hommes de couleur ; mais encore faut-il, pour qu'elle soit féconde, que cette infusion soit faite dans des conditions favorables de temps et de milieu. Les produits des alliances souffrent souvent de l'inégalité des coefficients : les facteurs n'ont qu'à gagner à avoir des aptitudes différentes, mais il faut que ces aptitudes soient en somme équivalentes, harmoniques. En d'autres termes, il faut que, dans les croisements, la combinaison soit possible à toutes ses puissances, et qu'il s'opère une réaction réciproque et analogue à celle qui, en chimie, permet de produire des composés doués de propriétés différentes de celles que possédaient individuellement les corps associés pour leur formation.

Tels sont, en peu de mots, les principes que nous enseigne l'ethnographie. Lorsque ces principes n'ont pas été suivis, les hybrides sont imparfaits. A notre époque, toutes les races de couleur se sont laissé distancer considérablement par la race Blanche dans la voie de l'évolution matérielle et positiviste. Le mode de vie, les instincts, les facultés des unes et des autres, n'ont presque plus rien d'homogène : la fusion devient difficile, pour ne pas dire impossible. Mais là où s'est opérée une infusion de sang blanc, dans ces temps lointains où notre civilisation était moins développée que celle des races de couleur, que celle de la race Jaune par exemple, la présence du sang blanc est un indice incontestable de supériorité, ou tout au moins une garantie que l'assimilation à l'Europe est possible, normale. C'est parce que les Japonais sont la résultante du métissage de populations Jaunes et Blanches qu'ils ont pu entreprendre la prodigieuse révolution sociale qui s'accomplit dans leur pays. Il n'en résulte pas que les Japonais soient nécessairement supérieurs aux Chinois, leurs voisins. La théorie de l'équivalence virtuelle des races est encore loin d'être ébranlée par eux. L'école de Darwin, qui est celle où l'on compte le plus de partisans de la doctrine de l'inégalité ethnique, soutient seulement que l'être individuel ou collectif, une fois engagé dans une voie de développement, ne peut plus sortir de cette voie pour s'engager dans une autre ; elle ne déduit pas de là que toutes les voies ne sont pas équivalentes dans l'évolution générale de la nature.

La présence du sang blanc, parmi les éléments constitutifs de la nation japonaise, a été soupçonnée par plusieurs savants, entre autres par Quatrefages. Elle peut être tant bien que mal reconnue par divers ordres de procédés scientifiques. L'anthropologie est sans doute appelée à constater des différences physiques suffisantes pour séparer les Japonais des Chinois et des populations mongoliques de l'Asie centrale et méridionale ; mais jusqu'à présent ses patientes investigations n'ont abouti à aucun résultat plausible. La linguistique comparée marche à tâtons dans ce domaine peu connu de ses recherches ; elle nous signale quelques faits curieux, mais ces faits sont insuffisants. L'ethnographie, appuyée sur l'histoire, sur la critique des monuments de la littérature et de l'art, sur l'exégèse des livres religieux et mythiques, nous a apporté seule une argumentation solide en faveur d'une théorie qui, sans le secours de cette science, serait probablement demeurée longtemps encore à l'état de doctrine hypothétique.

Les mythes, sur lesquels repose la religion nationale du Japon appelée *Sintauïsme* [1], ont été l'objet de publications basées sur une connaissance plus ou moins solide, plus ou moins étendue de la littérature indigène. Ces publications ne nous donnent cependant pas une idée précise de leur portée religieuse et philosophique, parce qu'au lieu de s'appuyer sur les textes originaux des premières époques, elles renferment des renseignements puisés dans des compilations modernes, pour la plupart peu développées, souvent inexactes, en tout cas fort incomplètes. Il en résulte qu'on nous parle presque toujours du Sintauïsme comme on parlerait, par exemple, du Judaïsme, si on ne connaissait pas l'existence de la *Bible*, ou du Brahmanisme, si l'on ne savait pas qu'il existât des *Védas*.

Pour se former une idée tant soit peu exacte du Sintauïsme, pour y découvrir des indications sûres au sujet des origines ethniques des insulaires de l'Extrême-Orient, il faut recourir tout au moins à deux anciens ouvrages d'une authenticité établie et qui sont les véritables livres canoniques des Japonais, à savoir : le *Fourou-koto boumi* [2] et le *Yamato boumi* [3]. Les

---

1. *Sintauïsme* est formé de deux mots chinois *sin* et *tau* qui signifient « la Voie des Dieux », ou « Doctrine des Génies, » le mot *sin* (chinois : *chin*) étant communément traduit par « génie ». L'école des purs sintauïstes répudie ce mot, en raison de son origine étrangère et lui substitue son équivalent japonais *Kami-no mitsi*.

2. C'est le livre souvent désigné par son titre chinois de *Ko-zi ki*.

3. Cet ouvrage, l'un des plus beaux monuments de l'ancienne littérature du Japon, est également nommé *Ni-hon Syo-ki* ; on l'appelle d'ordinaire *Ni-hon gi*. — La forme *Yamato boumi* est purement japonaise.

grandes traditions du Sintauïsme y sont conservées comme celles du Mazdéisme le sont dans l'*Avesta*, et celles de l'Islamisme dans le *Coran*.

Non-seulement ces ouvrages n'ont pas encore été publiés dans une langue européenne, mais aucun orientaliste, autant que je sache, n'a mentionné l'existence des vastes travaux d'exégèse entrepris par les indigènes sur ces écrits qui acquièrent de la sorte une nouvelle importance historique et religieuse[1]. Parmi ces travaux d'exégèse, il en est qui font certainement grand honneur à l'esprit japonais ; et, pour me borner à citer le nom de deux critiques éminents, je dirai que les commentaires de Moto-ori Nori-naga sur le *Fourou-koto boumi* et les discussions archéologiques de son disciple Hirata Atsou-tané témoignent d'une érudition et d'une supériorité de critique qu'on était bien loin de soupçonner chez les mystérieux insulaires de l'Asie orientale.

Le *Fourou-koto boumi* et le *Yamato boumi*, qui n'est qu'une recension à certains égards meilleure du premier de ces deux livres, comprennent l'un et l'autre deux parties : la première, qu'on peut appeler la théo-

---

1. Le premier de ces ouvrages vient d'être traduit par M. Basil Hall Chamberlain dans les *Transactions of the Asiatic Society of Japan*, tome X, supplément. — Je dois également faire exception pour un savant article que je viens de recevoir de M. Satow et intitulé « *The revival of pure Shintô* (dans le *Même recueil*, réimpression de 1883, t. III). Il faut enfin citer de M. Aug. Pfizmaier, un mémoire intitulé « Die Theogonie der Japaner », dans les *Sitzungsberichte der K. K. Akademie der Wissenschaften*, année 1894, et une belle étude de M. le professeur Antelmo Severini publiée sous le titre de *Jasogami e Camicoto* (Florence, 1882). — M. Pfizmaier ne possédait malheureusement aucun des ouvrages canoniques des anciens Japonais et a dû rédiger son savant travail sur des compilations de seconde main.

gonie (*Kami yo-no maki*) et qui est essentiellement
mythique et légendaire ; la seconde qui traite des premières périodes semi-historiques et historiques des
annales des Mikados.

Au premier abord, la mythologie japonaise nous
apparaît comme un ensemble assez mal coordonné de
récits bizarres, parfois grossiers et puérils, dont on
hésite à attribuer l'invention à un peuple déjà sorti des
langes de la barbarie. Au Japon, où l'on est sans cesse
tenté de chercher l'influence de la Chine, on est surpris
du caractère farouche et inculte de quelques-unes de
ces légendes qui contrastent si profondément avec la
politesse et le raffinement des idées chinoises. On s'é-
tonne enfin de ce défaut d'unité qui règne d'un bout à
l'autre dans cette singulière composition cosmogonique,
et l'on se demande si l'on ne se trouve pas en présence
de plusieurs systèmes de mythes qui, par suite de circonstances inconnues, se seraient juxtaposés sans
parvenir à fondre leurs éléments divers de manière à
constituer une production méthodique et en apparence
du moins quelque peu concordante et homogène.

Les soupçons que l'on conçoit déjà lorsqu'on étudie
le Sintauïsme dans les ouvrages populaires et de
seconde main, se transforment bientôt en conviction
du moment où l'on peut recourir aux sources même de
cette religion, c'est-à-dire aux livres anciens qui en
ont conservé les premières manifestations. La lecture
de la Genèse du Japon, dans le *Fourou-koto boumi* ou
dans le *Yamato boumi*, ne permet pas de douter longtemps que cette genèse ait été fondée sur deux ordres
de traditions essentiellement distinctes, dont l'ethno-

génie de l'Extrême-Orient peut seule nous révéler le caractère et les véritables origines.

Quelques documents nouveaux, signalés dans ces derniers temps par des savants indigènes, tendent à donner aux Japonais une antiquité bien autrement lointaine que celle qui leur était attribuée jusqu'à présent [1]. Ces documents n'ont malheureusement pas été suffisamment étudiés, discutés. Il en résulte qu'il faut, encore aujourd'hui, se borner à placer le berceau de la civilisation japonaise au siècle de l'empereur *Zin-mou*, qui commença à régner dans le sud de la grande île du Soleil-Levant (*Hi-no moto*), en 660 avant notre ère.

Ce Zin-mou est considéré comme un étranger sur le sol du Japon qu'il vient conquérir avec une bande de partisans et d'aventuriers. Sa provenance est inconnue ; mais ce que nous apprend l'histoire sur sa personne et celle de ses soldats ou courtisans fait présumer qu'il était chef d'une émigration venue du continent asiatique, sinon de la Chine, du moins d'un pays occupé par l'un des rameaux de la grande famille mongolique de l'Asie Centrale. S'il eût été Chinois, il n'aurait certainement pas manqué d'apporter avec lui la connaissance de l'écriture idéographique et celle de la philosophie de Confucius ou de Lao-tse. Mais, sans être Chinois, Zin-mou pouvait bien appartenir à quelqu'une de ces tribus errantes de la Tartarie qui semblent avoir abandonné un foyer de civilisation établi

---

1. Voy. le notamment *Ouyc-tsou foumi*, de M. Kira Yosi-kazé, le *Sin-zi Hi-foumi den*, de M. Taka-basi, etc.

vers le nord de la Perse, à une époque peut-être antérieure à la fondation des grands empires cités dans les
annales asiatiques.

Malgré quelques faits militant en faveur d'une telle
doctrine, on ne doit y voir qu'une hypothèse vraisem-
blable sans doute, mais dont la solidité est loin d'avoir
été établie d'une façon satisfaisante.

En revanche, ce qui n'est pas une hypothèse, mais
un fait historique avéré, c'est qu'à l'apparition de Zin-
mou dans les îles de l'Extrême-Orient, il les trouva occupées par un peuple actif, intelligent, jouissant
déjà d'une existence politique et sociale assez complexe
et d'une certaine somme de civilisation rudimentaire.
Ce peuple, dont les descendants refoulés vers le nord
occupent de nos jours Yézo, Saghalien et les îles Kouriles, est désigné sous le nom d'*Aïno* [1] par les ethnographes qui les considèrent comme l'élément autochtone de la population, non seulement de l'archipel japonais, mais encore de la pointe sud du Kamtchatka
et de la côte orientale de la Tartarie.

Si, partant de ces données acquises à l'ethnographie,
on examine attentivement la cosmogonie du *Fourou-
koto boumi* et celle du *Yamato boumi,* on ne tarde pas
à s'apercevoir que cette cosmogonie est un composé de
traditions aïno et de mythes imaginés par les conqué-

---

1. *Aïno* est un mot de la langue de Yézo qui signifie « homme »,
tout comme le mot *kourou,* d'où on a tiré « Kouriles » et « Kou-
rilien ». Je ne crois pas qu'on puisse admettre l'opinion suivant
laquelle *aïno* serait une altération du japonais *inou* « chien ».
(Voy. mon article sur les plus anciens monuments de la civilisation japonaise, dans les *Mémoires du Congrès international des
Orientalistes,* première session, Paris, 1873, t. I, p. 63 n.)

rants pour faciliter leur domination sur les tribus indigènes. La lutte des Dieux du Ciel contre les Dieux de la Terre, dans la seconde partie du *Kami yo-no maki*[1], n'est rien autre que la lutte des envahisseurs Japonais contre les chefs Kouriliens qui gouvernaient le pays avant leur arrivée.

Au début du *Fourou-koto boumi*, figure une triade de dieux supérieurs dont les habitants du Nippon paraissent n'avoir pas tardé à abandonner le culte et la tradition. Au fond de cette triade, il n'est pas impossible d'apercevoir la vague expression d'un monothéisme primitif représenté par le dieu *Naka-nousi*, dont le nom désigne « le Maître Central » de l'Univers. Ce dieu, qu'on appelle également « le Dieu *Unique*, parfait ou absolu du Ciel », semble se confondre tout d'abord avec les deux autres personnes divines qui complètent la Trinité dont il est en quelque sorte l'expression suprême et la raison sociale. Bientôt, il est vrai, c'est la seconde personne de cette trinité, *Mousoubi*, qui joue le plus grand rôle dans cette triade ; mais des substitutions analogues se constatent dans l'histoire religieuse de bien des pays différents. Chez les Hindous, par exemple, on sait que, d'après les temps et les milieux, c'est tantôt Brahma, tantôt Vichnou ou Çiva qui est l'objet de la plus grande somme d'adoration dans les pratiques de la religion populaire.

A la trinité de Nakanousi succède, dans le *Fourou-koto boumi*, une Dualité qu'on est tenté de rattacher au

____

1. Cet ouvrage n'est autre que la reproduction de la partie mythologique du *Yamato-boumi*.

grand courant d'idées qui domine les monuments religieux de la Chine antique, où toutes les causes et leurs
effets dans l'univers sont attribués à l'influence des
deux forces opposées, le principe « femelle » et le
principe « mâle », désignés sous les noms de *Yin* et de
Yang.

Cette Trinité et cette Dualité figurent en tête du
Fourou-koto boumi, mais c'est à peine s'il y est fait
allusion dans le *Yamato boumi* dont la date de publication n'est cependant postérieure que de quelques années
et qui fut composé par un prince de la famille impériale,
le sin-'au *Tonéri*, avec le concours de quelques collaborateurs. Pourquoi cette suppression de la donnée la
plus haute, la plus considérable de la religion indigène ?
On ne saurait le dire avec certitude ; mais il est à
penser que les intérêts politiques des ten-'au (empereurs) japonais ont motivé l'élimination des Dieux
supérieurs qui manquaient de liens avec les divinités
secondaires dont on voulait faire les ancêtres directs
des Mikados [1]. Peut-être aussi ces Dieux primordiaux
avaient-il des attaches trop étroites avec les chefs Aïnos
pour qu'on ait jugé opportun de les maintenir au rang
suprême dans le panthéon japonais. Ce qu'il importait
de graver dans la mémoire du peuple, c'était le triomphe
des divinités nouvelles sur les vieilles divinités de

---

1. Suivant quelques historiens, l'empereur Zin-mou, fondateur
de la monarchie japonaise (en 660 avant notre ère), descendrait
à la cinquième génération de la grande déesse solaire Ama-
térasou oho-kami. Quelques auteurs indigènes ont contesté
l'exactitude de cette donnée qui, si elle était définitivement
acceptée, rapprocherait considérablement la date qu'on voudrait
fixer pour l'époque des divinités créatrices Izanaghi et Izanami.

l'archipel. *Mousoubi*, qu'on semble avoir à cœur de confondre avec le Dieu suprême, l'*Amé-no kami*, doit présider à la victoire des dieux Japonais sur les dieux Aïnos : la lutte sera longue, pénible, mais le triomphe restera au dieu favori des envahisseurs ; et, lorsque ses conquêtes seront terminées, une autre divinité essentiellement japonaise, la grande divinité Solaire, l'*Amatérasou oho-kami*, prendra, dans les croyances du peuple, la plus large part de la vénération publique.

L'idée d'établir non-seulement une généalogie divine aux mikados, mais même de faire croire à l'existence d'une seule lignée commençant avec la création et se poursuivant d'âge en âge dans la dynastie unique des empereurs Japonais, est une préoccupation constante dont on trouve des traces incontestables dans la cosmogonie populaire du Sintauïsme. Cette cosmogonie est évidemment plus récente que celle où nous voyons figurer la triade de Nakanousi, et l'influence des idées chinoises y est manifeste. Le début est emprunté presque littéralement à la Chine :

« 1. A l'origine, lorsque le Ciel et la Terre n'étaient pas encore séparés, que le principe femelle et le principe mâle n'étaient pas divisés, le Chaos, semblable à un œuf, se forma en nuage renfermant un germe ;

« 2. La partie pure et lumineuse s'évapora et forma le Ciel ; la partie lourde et trouble se coagula et forma la Terre ;

« 3. La combinaison des éléments purs et parfaits fut facile ; la coagulation des éléments lourds et troubles fut difficile. Aussi le Ciel fut-il accompli tout d'abord, et la Terre constituée plus tard ;

« 4. On dit, de la sorte, qu'au début de la création, les îles et les terres surnageaient comme des poissons qui flottent sur l'onde ;

« 5. A ce moment, entre le Ciel et la Terre, naquit une chose qui avait une forme semblable à un roseau et devint ensuite un Dieu appelé le divin *Kouni-toko-tatsi*, puis le divin *Kouni-sa-tsoutsi*, puis le divin *Toyo-kounnou*, en tout trois dieux ;

« 6. Émanant d'eux-mêmes, sur la voie céleste, ils étaient absolument mâles[1] ».

Le divin Kouni-toko-tatsi « Celui qui est perpétuellement debout dans l'empire » inaugura une dynastie de sept kamis célestes et une dynastie de cinq kamis terrestres, après lesquels le monde passa entre les mains de leurs héritiers directs, les *ten-'au* ou empereurs du Japon.

Ici se présente une question d'exégèse religieuse qui mérite d'être examinée. Quels sont les termes employés dans les anciens textes pour désigner les divinités du panthéon sintauïste, et quelle est la signification de ces termes ?

Ces termes sont au nombre de deux : *kami* et *mikoto*.

Kami a plusieurs sens en japonais qui se rattachent tous, dit-on, à l'idée de « chef » ; il signifie « élevé, ce qui est en haut » ; puis « les cheveux », c'est-à-dire les poils placés à la partie supérieure du corps » ; puis « un maître ». Employé dans le langage religieux, il pourrait être traduit de la sorte par « le Seigneur, le Très-haut ». Il n'est cependant pas impossible que ce

____

1. Extrait de ma traduction du *Yamato boumi*, t. I, p. 3.

mot, en langue ancienne, dérive de *ka* « caché, subtil, non tangible », et de *mi* « corps » ; d'où *ka-mi* signifierait « un être subtil, invisible ».

Mikoto, ou plus exactement *mi-koto*, signifie « une chose auguste » ; mais cette traduction ne donne pas une idée claire de la valeur de *mi*, qui veut dire en outre, « voir » ; d'où *mi-koto*, à l'opposé de *ka-mi*, signifierait « une chose visible ». L'étymologie des mots de ce genre restera probablement fort longtemps, si non toujours, plus ou moins douteuse ; je ne donne celles qui précédent que sous toutes réserves.

Si nous recherchons cependant dans quel cas ces deux dénominations sont employées, nous voyons que *kami* est le seul usité lorsqu'il s'agit de *Naka-nousi*, le Dieu suprême, le Maître central du Ciel ; tandis que les dieux inférieurs et surtout les demi-dieux ou héros ne sont d'ordinaire appelés que du nom de *mi-koto*.

Il faut reconnaître, il est vrai, que certaines divinités de la période terrestre sont parfois désignées avec le titre de *kami*, tandis que des dieux de rang élevé le sont avec le titre de *mikoto*. On dit, par exemple, *Iza-naghi-no kami* (le créateur des îles de l'archipel Japonais) pour *Iza-naghi-no mikoto*, bien que ce soit sous cette dernière forme que paraît le nom de cette divinité dans les trois livres canoniques du Japon (*Sam-bou hon-ki*). L'emploi du mot *kami*, pour ce personnage, peut être considéré comme abusif, aussi bien que celui de *ten-'au* « empereur » que lui donne un savant philologue et exégète, M. Kira Yosi-kasé, dans son *Ouyétsou-foumi* « le Livre des temps primitifs ». Enfin le premier dieu du *Yamato-boumi* est aussi appelé *Kouni-toko-tatsi-no mikoto*.

Quoi qu'il en soit, s'il est possible de désigner une foule de dieux de l'ordre secondaire surtout, tantôt sous le nom de *Kami*, tantôt sous celui de *Mikoto*, le premier de ces titres est le seul qui s'applique à Naka-nousi, parce que Naka-nousi est, en réalité, le seul Dieu Suprême de l'antiquité Japonaise.

Naka-nousi d'ailleurs n'est pas présenté dans les livres canoniques du Japon au même titre que les divinités qui apparaissent après la mention de la Trinité dont il est en quelque sorte la formule supérieure et synthétique. Les dieux qui font partie de cette trinité, et les deux divinités qui viennent immédiatement après eux, ne meurent point : ils disparaissent ; tandis que les dieux de la période ultérieure subissent au contraire toutes les conséquences de leurs attaches terrestres : ils vivent, ils souffrent, ils engendrent et ils périssent, tout comme le dernier des humains. *Iza-naghi* et *Iza-nami*, ancêtres des îles du Japon et des divinités nationales du pays, n'échappent point eux-mêmes à la loi commune.

Iza-naghi et Iza-nami, avant d'accomplir leur destinée sur la terre, habitent le Ciel. Le Dieu Suprême, l'Amé-no kami, leur *ordonne* de descendre de l'empyrée et de créer l'archipel Japonais, la mer, les montagnes, les végétaux et la foule des dieux qui doivent meubler le panthéon sintauïste. Leur première tentative de procréation est un insuccès : ils donnent le jour à *Hirou-ko*, la Sangsue. Ils remontent donc au Ciel demander à l'Amé-no kami de leur expliquer la cause de ce

qui est arrivé. Grâce aux nouvelles instructions du
Dieu Suprême, de retour ici-bas, ils réussissent à
engendrer des êtres supérieurs, mais de temps à autre
ils échouent encore dans leur « œuvre charnelle ».

LA GRANDE DÉESSE SOLAIRE.

Parmi les produits de leur alliance, il en est un qui,
par son éclat et sa splendeur, l'emporte à un haut degré
sur toutes les créations qui l'ont précédé. Cet enfant
incomparable est appelé *Ama-térasou oho-kami*, c'est-à-
dire « la Grande Déesse qui brille au Ciel [1] ». Ses

parents la trouvent trop belle pour demeurer sur la Terre et l'envoient au firmament pour gouverner le monde. Elle devient ainsi la Grande Déesse Solaire.

Cette déesse, a conservé au travers des âges un immense prestige dans le culte sintauïste. Elle est l'objet de la plus profonde vénération chez les Japonais qui la désignent sous plusieurs titres honorifiques différents dont le plus répandu est celui de *Ten-syau daï-zin*, lequel n'est rien autre que l'équivalent chinois du nom de *Ama-térasou oho-kami* mentionné plus haut. Son histoire occupe une place exceptionnelle dans les livres indigènes ; et, par le fait même qu'elle est montée au Ciel de son vivant, elle jouit de la prérogative de l'immortalité qui n'a pas été accordée à son père et à sa mère [2].

Il reste encore de nombreuses recherches à accomplir avant qu'il soit permis de porter un jugement quelque peu autorisé sur le caractère de la théogonie des Kamis et sur les éléments de provenances diverses qui ont pu s'y trouver confondus dans la suite des temps. Les études déjà longues que j'ai faites de la religion indigène

---

1. Le Soleil, qui est donné comme mâle chez les Chinois, est représenté par une déesse chez les Japonais. Le célèbre voyageur Engelbert Kœmpfer en a fait à tort une divinité masculine.

2. Suivant une tradition populaire, Iza-naghi et Iza-nami, son épouse, une fois leur tâche accomplie sur la terre, ne seraient pas morts. Ils auraient réuni leurs nombreux enfants et, après avoir donné leurs instructions, seraient remontés au Ciel. (Voy. le curieux récit rapporté à ce sujet par M. Aimé Humbert, dans son *Japon illustré,* t. I, p. 124). D'après le *Yamato boumi,* Izanaghi, ayant achevée son œuvre créatrice, retourna au Ciel, tandis que son épouse défunte depuis longtemps résidait dans la région Infernale.

des Japonais, la lecture de nombreux ouvrages originaux que j'ai dû accomplir avant d'entreprendre la
traduction que j'imprime en ce moment du second
livre canonique des anciens Japonais [1], m'ont suggéré
quelques idées dont on me permettra de présenter ici
un résumé succinct.

Je crois apercevoir, au milieu des données plus ou
moins précises, plus ou moins contradictoires que
renferment les livres sacrés du Japon, des traces
palpables de plusieurs doctrines religieuses différentes
qui ont dû se confondre dans l'esprit populaire,
comme plus tard le Bouddhisme lui-même est venu en
quelque sorte s'amalgamer avec le Sintauïsme de l'ancien Yamato [2].

Parmi ces doctrines religieuses, la plus ancienne
peut-être dont il est fait seulement mention dans le
premier livre canonique, est très probablement au fond
une doctrine monothéiste. La triade. donnée au début
du *Fourou-koto boumi*, n'oblige pas à renoncer à cette
opinion. Dans cette triade, Naka-nousi est supérieur

1. Le *Yamato boumi*. — Ce titre signifie littéralement « le
Livre du Japon », c'est-à-dire le « Livre par excellence », la
« Bible ». Le titre de l'un des cinq principaux livres canoniques
de l'antiquité Chinoise, le *Chou-king,* a la même signification.
2. On attribue au célèbre *Kô-bau daï-si* la création d'une
doctrine religieuse mixte qui, sous le titre de *Ryau-bou Sin-tau,*
résulterait d'un mélange d'idées bouddhistes et sintauïstes. J'ai
fait paraître, avec un commentaire perpétuel, la traduction d'un
des livres de ce fameux docteur de la Loi (*L'Enseignement de la
Vérité*, ouvrage du philosophe Kô-bau Daï-si, ainsi que celle de
l'Enseignement de la Jeunesse, publiés avec une transcription
européenne du texte original et traduits pour la première fois
du Japonais. Paris, 1876, in-8°).

aux deux Mousoùbi, s'il n'est pas identique avec eux, c'est-à-dire s'ils ne sont pas deux simples manifestations de la personne unique du Dieu-Suprême (l'Amé-no Kami). Ce Naka-nousi reparaît plus tard, dans la Genèse du Japon ; mais alors il s'y présente seul, avec tous les caractères de la puissance absolue, et il est désigné sous le titre de Dieu Unique du Ciel. Mousoubi reparaît à son tour, mais il reste douteux s'il s'agit encore du même Mousoubi dont il a été question au début de la théogonie, et s'il ne faut pas voir désormais sous ce nom une divinité nationale japonaise, une sorte de divinité de la patrie, inventée après coup pour signaler la domination des dieux des Japonais envahisseurs sur les dieux des Aïnos autochtones et soumis.

A côté de ce culte probablement monothéiste de Nakanousi, il me semble qu'on aperçoit des traces manifestes d'un autre culte supérieur qui aurait été le Culte du Soleil.

Dans les livres originaux que nous possédons, la grande divinité Solaire, *Ama-térasou oho-kami*, n'entre en scène qu'à une période secondaire de la mythologie Japonaise. Cette divinité prend naissance sur la terre, mais elle est immédiatement renvoyée au Ciel ; et, dès lors elle devient la *Grande Déesse* de la religion nationale de l'Extrême-Orient.

Au Ciel, d'où le dieu Naka-nousi a disparu (*mi miwo kakousi-tamaïki*), elle jouit immédiatement d'une autorité sans égale ; et un jour où, mécontente des mauvais procédés de son frère, elle a résolu de se retirer dans une grotte, laissant ainsi l'univers plongé dans une obscurité profonde, nul parmi les innombrables dieux de l'Olympe ne se croit assez puissant pour l'obliger à sortir de sa retraite. Les 80,000 divinités tiennent conseil ; et ce n'est qu'au moyen d'une ruse qu'ils parviennent à rendre au monde la lumière du Soleil qui s'était un moment éclipsée.

On voit alors apparaître, dans le panthéon japonais, les Deux Principes qu'on retrouve à l'origine de presque toutes les religions : le Bon principe, représenté par la déesse *Ama-térasou oho-kami*, et le Mauvais principe représenté par son frère, le terrible *Sosa-no-o*.

Ama-térasou oho-kami est fille de ces deux personnages que les chrétiens japonais appelaient « l'Adam et Ève » de leur pays, et que ces insulaires, à l'époque où les idées chinoises commencèrent à être en honneur parmi eux, nommèrent les deux *réï*, c'est-à-dire les deux puissances créatrices des êtres [1]. Suivant une des traditions conservées dans le *Yamato boumi*, le dieu Iza-naghi lui donna naissance en prenant un miroir métallique dans sa main gauche, comme il donna naissance à sa sœur cadette *Tsouki-youmi* « le croissant de la Lune, » en prenant un miroir métallique de la main droite. Suivant une autre tradition, ce même Iza-naghi engendra seul les deux astres du Ciel, après son retour de l'Enfer où il avait été visiter Iza-nami, son épouse morte en enfantant le Dieu du Feu.

Sosano-o est le frère de *Ama-térasou oho-kami*, d'après les livres sacrés, mais j'incline à croire qu'il l'était au même titre que le premier mikado du Japon

1. Voy. ma traduction du *Yamato boumi*, p. 40 et pass.

Zin-mou ten'au était cousin de Moumazi-maté-no mikoto,
prince des Aïnos [1].

Or voici ce que l'histoire nous raconte à cet égard.
L'empereur Zin-mou, à son arrivée sur le territoire
qu'il venait conquérir, le trouva défendu par une puissante armée qui lui présenta tout d'abord une vive
résistance et mit plusieurs fois son sort et celui de
ses soldats dans le plus sérieux péril. Il est évident,
par l'examen des textes, que l'envahisseur ne se sentit

1. On m'a souvent demandé si je considérais comme authentique l'histoire du Japon antérieurement à la guerre de Corée. Je
crois que cette histoire, même après le siècle de cette guerre, est
en grande partie romanesque et légendaire. Cependant je pense
que, dans les récits qui nous ont été conservés des époques
les plus anciennes, il y a des faits qui doivent être acceptés
comme positifs. Si je repousse comme douteux les règnes de la
plupart des mikados qui ont succédé au ten'au Zin-mou, je juge
qu'il n'est pas possible de reléguer tout ce qu'on nous rapporte
du fondateur de la monarchie japonaise dans le domaine de la
fable. La tradition populaire avait, suivant moi, conservé le
souvenir de l'invasion étrangère qui était venue, plusieurs siècles
avant notre ère, fonder un empire dans les îles de l'Asie Orientale ; mais elle n'avait gardé que de vagues réminiscences des
successeurs de ce Zin-mou ; de sorte que bientôt il se trouva,
dans la chronologie des souverains japonais, certaines lacunes
qu'on fut embarrassé de combler. C'est ce qui explique pourquoi
plusieurs mikados de la période qui nous occupe sont représentés comme ayant vécu un nombre d'années inadmissible. Les
anciens chroniqueurs du Nippon ont fait aussi bien d'attribuer
des longévités extraordinaires aux princes de ces temps obscurs,
que d'inventer de toutes pièces des noms de personnages pour
nous donner, au moins en apparence, une généalogie vraisem-
blable de la famille de leurs empereurs. Du moment où il s'agit
des époques primitives, il faut s'attendre à rencontrer des
légendes. Ce n'est peut-être pas une raison pour renoncer, sans
examen minutieux et sans critique, à tout ce que la tradition
nous a conservé. Avec un tel procédé, il ne resterait très probablement pas grand' chose, chez aucun peuple, des annales de
l'antiquité.

pas de force pour lutter à main armée contre les autochtones qu'il venait déposséder et qu'il dut recourir à la ruse pour arriver à ses fins.

Un puissant seigneur de cette époque, Naga-souné-hiko, avait proclamé roi des Aïnos un fils de Nigi-hayabi-no mikoto nommé Moumasi Maté-no mikoto. Ce prince avait battu les troupes de Zin-mou dans un grand combat où le frère aîné de ce dernier avait été tué par une flèche. La fortune, au dire des annales japonaises, ne tarda toutefois pas à redevenir favorable au futur mikado ; mais il est évident qu'il entrevit encore bien des difficultés avant d'acquérir la confiance d'arriver à ses fins.

A un certain moment, en effet, le seigneur aïno Naga-souné-hiko, pour prouver aux envahisseurs de son pays qu'ils luttaient contre des princes comptant les dieux du Ciel parmi leurs ancêtres, envoya un émissaire à Zin-mou avec ordre de lui montrer un carquois que le roi des Aïnos tenait de ses divins aïeux. Zin-mou, de son côté, montra à l'émissaire un carquois en tous points semblable à celui de Nigi-hayabi. Il devint de la sorte évident que tous deux descendaient de la grande déesse Solaire ; aussi le roi des Aïnos résolut-il de suite faire sa soumission au conquérant japonais. Naga-souné tenta de s'y opposer : sa résistance lui coûta la vie [1].

Ce récit, et la généalogie même que la tradition a faite à l'empereur Zin-mou, montrent clairement, ce me

___

1. J'emprunte le récit de cette légende au *Kok'-si ryak'*, l'une des histoires les plus répandues au Japon et dont il n'existe pas encore de traduction dans aucune langue européenne.

semble, que, dans les traditions primitives de la
théogonie japonaise, une part importante doit être
faite aux divinités de la religion indigène des Aïnos.
Le caractère autochtone de certaines de ces divinités
est trop transparent pour qu'il puisse subsister le
moindre doute à cet égard. Dans d'autres cas néanmoins
on est plus embarrassé pour déterminer auquel des
deux groupes ethniques en présence il convient d'attribuer les dieux accumulés dans le panthéon japonais.
Les dieux des Aïnos sont généralement les kamis
malfaisants ou ceux que la tradition nous représente
sous une forme barbare et parfois hideuse. Une
des premières créations des deux *réi*, mentionnée plus
haut, celle de *Hirou-ko* ou la Sangsue, est sans aucun
doute une déification aïno que les envahisseurs se font
un devoir de chasser du pays où ils sont venus s'établir.
Ce Hirou-ko porte également le nom de *Yébisou*, mot
qui signifie « les Sauvages », et par lequel on désigne
communément les indigènes Kouriliens.

Parfois, il semble qu'on a réuni dans la personne
d'un seul et même dieu des particularités qui en font
tour à tour une divinité aïno et une divinité
japonaise. Il en est ainsi, je pense, de *So-sa-no-o*, le
Mauvais principe, c'est-à-dire le principe qui représente
les Kouriliens en opposition avec *Ama-térasou oho-
kami*, le Bon principe c'est-à-dire le principe des
Japonais envahisseurs et conquérants. A l'un échoit
le gouvernement du *Né-no kouni*, l'empire des Régions
Infernales, à l'autre le gouvernement de l'*Amé-no
hara*, l'empire des Régions Célestes, et en même
temps celui du Japon.

Ama-térasou oho-kami, ou le Soleil, est la déesse de la lumière et de la vie, la déesse des champs et de l'agriculture : les produits du sol sont son œuvre ; elle fait germer les grains par la chaleur vivifiante du printemps et de l'été. Sosa-no-o est le génie destructeur ; c'est la tempête, c'est le tonnerre, c'est l'océan, c'est l'obscurité, c'est l'hiver qui détruit les moissons et répand partout la terreur et la mort sur son passage. Les deux divinités nous sont dépeintes dans l'exercice de leurs fonctions, tantôt en dehors des limites de ce monde, l'une au Ciel, l'autre aux Enfers, tantôt sur la Terre même où elles s'associent aux travaux des hommes.

En dehors de ce que je viens de rapporter, trop brièvement, sans doute, le récit des livres sacrés du Japon nous fournit une foule d'indices du mélange qui s'est opéré dans les données religieuses dont ils nous ont conservé le souvenir. Ce mélange s'est produit vraisemblablement à l'époque où l'on s'est préoccupé de réunir en un corps de doctrines toutes les vieilles traditions répandues parmi le peuple, Il est possible que les compilateurs primitifs des livres canoniques du Japon aient admis, sans en avoir conscience, des éléments hétérogènes, et en aient fait, sans parti pris, sans arrière-pensée, un tout plus ou moins homogène, plus ou moins bien assorti. Il est plus probable encore, qu'en donnant une forme définitive à ce qui devait être le code historique et religieux de leur pays, ils ont été dirigés par une pensée dominante : celle d'établir une généalogie d'après laquelle leurs mikados, ou empereurs, seraient les descendants directs des antiques divinités locales et les souverains légitimes de leur archipel.

Cette pensée dominante, — qu'on retrouve d'ailleurs énoncée d'une façon peu équivoque par les plus célèbres docteurs du Sintauïsme, — a dû motiver bien des altérations dans les récits traditionnels recueillis au VIIIe siècle de notre ère, récits qui, dès cette époque, étaient loin de concorder entre eux, ainsi qu'on peut s'en convaincre en comparant le *Fourou-koto boumi* avec le *Yamato boumi*, et même en lisant seulement ce dernier ouvrage où le rédacteur, en véritable érudit, a eu soin de reproduire dans des appendices un certain nombre de documents contradictoires qu'il avait recueillis et sur la valeur relative desquels il ne jugeait pas à propos de se prononcer.

La Grande Déesse Solaire renvoyée du Ciel dès sa naissance est-elle bien la même déesse solaire que nous rencontrons un instant après sur la terre où elle préside aux travaux de l'agriculture? Est-elle bien la même enfin qui donne notamment le jour à un fils duquel doit descendre l'aïeul du premier mikado japonais, l'empereur Zin-mou Ten-'au?

Ce sont là, parmi bien d'autres, des questions sur lesquelles il serait aujourd'hui prématuré de se prononcer, mais qui méritent, je pense, de fixer quelque peu l'attention des savants adonnés à l'étude du Sintauïsme primitif de l'Extrême-Orient.

II

LE PREMIER MIKADO DU JAPON

Il n'y a pas sans doute de problème d'ethnogénie japonaise plus important que celui qui se rattache à la légende de l'empereur Zin-mou [1]. Malheureusement ce problème, comme tous ceux qui touchent à des questions d'histoire ancienne et surtout à des questions d'origine, est des plus obscurs pour ne pas dire des plus inextricables. On peut prétendre cependant qu'il n'est pas sans intérêt de grouper des documents de nature à l'éclaircir tant bien que mal, d'examiner la valeur des opinions qui ont été formulées à son égard et de montrer dans quelle mesure il a été abordé et entrevu par les critiques historiques du Japon. Je n'hésite pas à donner ce titre de « critiques historiques », dans l'acception toute moderne et toute européenne du mot, à la brillante école d'exégèse dont

---

1. Voy. ci-contre un portrait de l'empereur Zin-mou emprunté à une belle édition du *Daï-Nippon kok' kaï-byak' iou-raï ki*. On peut le considérer comme reproduisant les traits du fondateur de la monarchie japonaise d'une façon au moins aussi identique que les portraits qu'on nous donne du fameux roi Pharamond et autres, dans quelques histoires de France à l'usage de la jeunesse studieuse et crédule.

Kamo Ma-boutsi a été l'un des glorieux fondateurs au

皇 天 武 神

L'EMPEREUR ZIN-MOU ET L'IMPÉRATRICE

commencement du XVIIIᵉ siècle, et qui s'est continué

avec *Moto-ori Nori-naga* et avec son disciple *Hira-ta Atsou-tané*.

L'histoire de la Chine nous offre sans doute des caractères d'authenticité qu'on trouverait difficilement ailleurs dans des conditions aussi satisfaisantes, surtout lorsqu'il s'agit des temps primitifs. Cette histoire a été discutée d'une façon très remarquable par une foule d'écrivains qui ont été des appréciateurs habiles des événements dont ils voulaient transmettre le souvenir à la postérité. Je ne crois pas néanmoins qu'il soit juste de les mettre au niveau de ce que j'ai appelé tout à l'heure les critiques historiques du Japon. A quelques exceptions près, les annalistes chinois ont tous manqué de ce scepticisme en matière d'érudition qui empêche d'accepter à la hâte les traditions insuffisamment établies ; et si des remarques ingénieuses, souvent justes et mêmes profondes, ne leur ont pas toujours fait défaut, il est bien rare qu'ils aient su tirer un parti sérieux de la philologie, ni des autres branches de la science ethnographique pour la justification de leurs doctrines. Les Japonais, au contraire, ont compris tout l'avantage que pouvait offrir l'étude en quelque sorte anatomique d'un idiome pour jeter les bases de l'ethnogénie d'une région : et c'est à peine si l'on est en droit de prétendre que, malgré les beaux progrès de la linguistique en Occident, ils se sont montrés inférieurs à nous pour découvrir, dans le domaine de la philologie, une source de faits peu ou point connus et d'observations d'une véritable portée scientifique. Il faut ajouter enfin, à l'honneur des vieux écrivains du Nippon, qu'ils ont montré dans leur manière d'enregistrer les traditions populaires une honnêteté et une impartialité des plus dignes d'éloges[1].

Les Japonais de la grande école de Ma-boutsi, qui ont étudié d'une manière si remarquable les plus anciens documents de leur littérature et l'histoire des âges primitifs de leur nation, n'ont toutefois pas jugé à propos d'émettre une doctrine formelle sur la provenance de Zin-mou et de ses compagnons d'armes. Tout en ne pensant pas que les conquérants de leur pays, au viie siècle avant notre ère, étaient de même race que les autochtones Aïno, ils ont hésité à leur attribuer une origine étrangère et se sont bornés à recueillir de vieilles données généalogiques qui faisaient du premier mikado un descendant direct des divinités de leur olympe national. Les ethnographes et les orientalistes européens n'ont pas eu les mêmes hésitations : ils ont montré plus de hardiesse dans leur manière de voir, et plusieurs d'entre eux n'ont pas craint d'attribuer aux envahisseurs des îles de l'Extrême-Orient une origine continentale. Nous essayerons d'examiner ce qu'il y a lieu de maintenir dans leurs théories.

La question ethnogénique que soulève l'histoire de Zin-mou peut, je crois, se poser à peu près en ces termes : Les envahisseurs du Japon, au viie siècle avant notre ère, étaient-ils des insulaires de l'Extrême-Orient, ou bien venaient-ils du continent asiatique ou de quelque autre région de l'Asie orientale ?

Klaproth a prétendu, non sans quelque vraisem-

---

1. Les variantes que l'on rencontre dans le *Ni-hon Syo-ki* nous en fournissent un frappant témoignage.

blance, que Zin-mou était un conquérant étranger ;
mais l'argument qu'il a fait valoir à l'appui de son
opinion est sans valeur. La preuve de l'origine étrangère de Zin-mou, d'après ce savant orientaliste [1], aurait
été son nom chinois *Zin-mou* « le divin guerrier ». Or
ce prince n'avait pas de son vivant une telle dénomination qui ne lui fut donnée que plus de treize siècles
après sa mort par Omi-mi-funé [2], arrière petit-fils
de l'empereur Odomo, l'an 784 de notre ère [3], en
même temps qu'il dotait d'un nom chinois [4] tous ses
successeurs, pour se conformer aux idées du Céleste-
Empire qui étaient devenues prépondérantes dans les
îles du Soleil-Levant. Le véritable nom, ou plutôt le
titre impérial de Zin-mou, si l'on en croit les plus
anciens documents historiques du pays, était *Kam
Yamato Ivaré-hiko-no mikoto*. On verra plus loin ce
qu'il y a lieu de penser de cette dénomination purement japonaise.

Les arguments les plus plausibles en faveur de
l'origine étrangère de Zin-mou reposent sur les données
historiques relatives à l'itinéraire du Sud au Nord des
envahisseurs qui accompagnaient ce prince, et plus
encore sur le fait que le Nippon, à cette époque, était

---

1. *Tableaux historiques de l'Asie*, 1826, p. 78.
2. *Ni-hon Séi-ki*, liv. v, p. 8 ; Moto-ori, *Ko-zi ki den*, liv. xviii,
p. 3, Commentaire.
3. *Kara-zama-no mi-na*, c'est-à-dire « un nom honorifique à la
manière chinoise » (Moto-ori, *Ko-zi ki den*, liv. xviii, p. 3, Comment.
4. Voy. ma *Civilisation Japonaise*, 1883, p. 88 et suiv. — *Sanou*
était le petit nom ou nom d'enfance de l'empereur Zin-mou,
(Moto-ori, *Ko-zi ki den*, liv. xvii, p. 91, Comment.) Il ne prit le
titre de *Kam Yamato Ivaré hiko-no mikoto* que lorsqu'il se fut
emparé du pays des Huit-Iles (*Ya-sima*).

déjà occupé par un peuple d'une importance peu contestable, d'une civilisation plus que rudimentaire et
d'une origine ethnique différente des Japonais proprement dits.

Si, en dehors de ce fait, il existe dans les historiens
du Yamato des allusions à l'origine étrangère de Zinmou, ces allusions ne sont guère apparentes dans les
documents primitifs, c'est-à-dire dans les ouvrages
appelés *Sam-bou hon-ki* et que nous sommes habitués à
désigner en Europe sous le titre de « Livres canoniques
du Yamato »[1]. Les recherches entreprises depuis ces
dernières années par plusieurs savants du Japon à l'effet
de retrouver les tombeaux des souverains *antérieurs* à
Zin-mou[2], contribuent également à rendre de plus en
plus douteuse la solution du problème que nous avons
essayé de poser sous son véritable jour.

L'occupation du Japon aux époques reculées par une
population *sui generis*, différente à tous égards des
Japonais actuels, est une donnée acquise aux sciences
historiques et anthropologiques. Cette population, que
les ethnographes désignent sous le nom d'*Aïno*[3], a

1. Voy. à ce sujet, mon Introduction à l'étude de la Littérature japonaise, dans les *Annales de l'Alliance Scientifique*, t. XI,
p. 153.

2. Voy. notamment : Kira Yosi-kazé, *Uyé-tsou foumi seô-yéki*, t. I,
p. 2 ; M. Tsouboï Syau-go-rau, Mémoire sur l'Ethnographie préjaponaise, dans les *Annales de l'Alliance Scientifique*, t. XI, p. 27
et suiv. ; ma *Civilisation Japonaise*, conférences faites à l'École
spéciale des Langues orientales, p. 91, note, et mes *Peuples
Orientaux connus des anciens Chinois*, 2e édition, 1886, p. 53 et
passim.

3. Le mot *aïno*, dans la langue des indigènes de Yézo,
signifie « un homme ».

survécu à ses envahisseurs : elle existe, de nos jours
encore, non seulement dans la partie septentrionale de
la grande île de Nippon, mais aussi plus au Nord, à
Yézo, à Karafouto, sur la côte orientale de Tartarie, à
la pointe sud de la péninsule du Kamtchatka et dans
l'archipel des Kouriles. La dénomination même de
« Kouriles » provient d'un mot aïno [1], et non point d'un
mot russe comme on l'a prétendu très à tort [2]. Nous
savons en plus que Zin-mou, lorsqu'il voulut s'emparer
des territoires occupés par les Aïnos, eut à subir de leur
part non seulement une sérieuse résistance, mais même
des échecs qui auraient réduit sans doute ses projets à
néant, s'il n'avait su faire usage de la ruse pour triompher de ses redoutables adversaires [3]. En tout cas, si
l'on ne veut pas attribuer à ce Zin-mou et à ses compagnons d'armes une origine étrangère à l'archipel de
l'Extrême-Orient, il faut supposer dans cet archipel
l'existence de deux races absolument distinctes : la race
Aïno, répandue à cette époque dans tout le Nippon, et
la race Japonaise qui aurait été celle des îles les plus
méridionales, telles que les Loutchou, Formose, etc.

Cette supposition a été caressée par Klaproth [4] qui
attribue, comme je l'ai dit, aux Japonais une origine
chinoise, et suivant lequel la mère de Zin-mou aurait

---

1. *Kourou*, mot qui, comme *aïno*, signifie « homme ». (Voir
mes *Peuples Orientaux connus des anciens Chinois*, p. 20).

2. *Voyage de Paul Ricord au Japon* (trad. de Breton), t. II. p. 191,
et mes *Études Asiatiques de géographie et d'histoire*, 1864, p. 62, note.

3. Voir mes conférences publiées sous le titre de : *La Civilisation Japonaise*, 1883, p. 82 et suiv.

4. *Annales des empereurs du Japon*, traduites par Isaac Titsingh,
1834, p. 1, note.

été fille du roi des îles Lieou-kieou. Ces îles, au nombre
de trente-trois, forment un long cordon depuis Taï-
wan, qui n'est séparée de la Chine que par le détroit du
Fouh-kien, jusqu'à Kiou-siou, la plus méridionale des
trois grandes îles du Japon, au nord du détroit de Van
Diémen.

L'argument en faveur de la provenance méridionale
de Zin-mou s'appuie sur ce fait que le début de la campagne contre les Aïnos nous montre ce prince dans le
Hiouga, au sud-est de l'île de Kiou-siou, où il se marie
et arme ensuite une flotte de guerre en vue de s'emparer du territoire de Tsoukousi, situé au nord de la
même île.

Il semblerait que les deux « livres sacrés du Japon »,
le *Ko-zi ki* et le *Ni-hon Syo-ki,* qui sont, en dehors de
leur caractère religieux et canonique, les plus anciens
monuments écrits des îles de l'Extrême-Orient, doivent
nous fournir les moyens d'élucider tout au moins le
côté géographique de la question. Ce que nous racontent
ces deux livres au début de l'histoire de l'empereur
Zin-mou n'est certainement pas sans valeur, mais il
s'en faut de beaucoup qu'on y trouve des arguments
péremptoires pour établir la provenance, chinoise ou
autre, du fondateur de la monarchie japonaise. Loin
de là, Zin-mou y apparaît bien plutôt comme un indigène que comme un étranger. Il ne pouvait pas d'ailleurs
en être autrement dans des ouvrages composés pour
soutenir un intérêt dynastique, et où l'on se proposait
d'asseoir solidement la famille des mikados sur le trône
imaginaire des anciennes divinités célestes et terrestres
du Nippon.

Voici d'ailleurs la traduction du passage du *Ko-zi ki*[1], dans lequel ce livre nous expose les débuts de la carrière de l'empereur Zin-mou sur le sol sacré de la Grande Déesse Solaire Ama-térasou oho-kami :

Les deux Altesses, l'auguste prince *Kam Yamato Ivaré hiko* et son frère aîné l'auguste prince *Itsou-sé*[2], alors qu'ils habitaient dans le palais de *Taka-tsi-ho*, tinrent conseil et dirent : « En quel endroit faut-il aller pour prendre le mieux possible en mains le gouvernement de l'Empire ? Il semble que le plus avantageux est de se diriger vers l'Est ».

En conséquence, ils partirent de *Himou-ka*, pour se rendre au pays de *Tsoukousi*[3]. Lorsqu'ils arrivèrent à *Ousa*[4], dans la province de *Toyo*, deux indigènes[5], nommés l'un le prince d'Ousa et l'autre la princesse d'Ousa, construisirent un palais érigé « sur une seule base » et leur offrirent un grand banquet.

De cet endroit, les deux augustes frères se rendirent au palais d'*Oka-da* et y demeurèrent une année. Ensuite ils poursuivirent leur marche en avant et s'établirent pendant sept années au palais de *Takéri*, dans la province d'*Aghi*. Puis ils partirent de cet endroit et montè-

---

1. Édition de Moto-ori Nori-naga, t. XVIII, p. 1.

2. Itsou-sé était l'aîné des quatre fils de *Hiko-nagisa-také Ou-gaya-fouki Awasézou-no Mikoto*. Les textes traditionnels ne sont pas d'accord sur l'ordre de primogéniture des autres frères de l'empereur Zin-mou (Moto-ori, *Ko-zi ki den*, t. XVII, p. 92).

3. Situé dans l'île des Kiou-siou.

4. Suivant le *Wa-mei seô*, il s'agit de la circonscription d'*Ousa*, dans la province de Bou-zen. C'est également le nom d'une île ; sa signification est inconnue (Moto-ori, *Ko-zi ki den*, t. XVIII, p. 11).

5. *Kouni-bito* « hommes du pays ».

rent encore jusqu'à la province de *Kibi,* où ils résidèrent
pendant huit années au palais de *Taka-sima.* Lorsqu'ils
quittèrent cette localité pour poursuivre leur marche
en avant, ils rencontrèrent dans le canal de *Haga-sou'i*
un individu qui venait au devant d'eux, monté sur la
carapace d'une tortue, agitant ses manches (litt. « ses
ailes ») comme pour les atteindre. Alors ils lui crièrent
d'approcher et lui demandèrent : « Toi, qui es-tu ? ». Il
répondit : « Votre serviteur est une divinité du pays ».

Ils lui dirent ensuite : « Veux-tu nous suivre et te
mettre à notre service ? » Il leur répondit : « Je suis
prêt à vous servir ».

En conséquence, ils lui tendirent une perche, le
firent entrer dans leur vaisseau et lui conférèrent le
nom honorifique de prince de *Sawoné.*

Lorsque les deux princes partirent de ce pays pour
poursuivre leur marche en avant, ils traversèrent le
Nami-haya et atteignirent le port de Sira-ka.

A cette époque, le prince *Naga-souné,* de Tomi, leva
une armée ; et comme il l'attendait pour lui livrer
bataille, Zin-mou fit prendre les boucliers qui avaient
été apportés sur son vaisseau et opéra une descente à
terre[1]. On appela, pour ce motif, le lieu du débarquement
Taté-dzou « le port des Boucliers ». C'est l'endroit qu'on
nomme aujourd'hui le *Taté-dzou* de *Kousaka.* Lorsqu'eut
lieu le combat avec le prince de Tomi, l'auguste prince
Itsou-sé (frère de Zin-mou) eut la main percée par une

---

1. Voir ci-contre la reproduction due à Siebold d'un dessin
japonais représentant le débarquement de l'empereur Zin-mou
sur le sol occupé par les populations dites aborigènes des îles
de l'Extrême-Orient.

flèche mortelle du prince de Tomi. Il dit alors : « Du moment où je suis fils de la Déesse Solaire, ce n'était pas mon devoir de me battre en face du Soleil ; c'est pourquoi j'ai été blessé dangereusement par la main d'un vil esclave. Désormais je ferai un tour et je l'attaquerai en tournant le dos au Soleil ». En conséquence, il se rendit dans la direction du Sud et atteignit la mer de *Tsi-nou* où il lava le sang de sa main. C'est pour ce motif qu'on emploie le nom de « mer de Tsinou ». Il continua à tourner et arriva à l'estuaire de *O*, dans le pays de *Ki*, et dit : « Je vais donc mourir de la blessure que m'a faite cette main d'esclave ! » ; puis il s'effondra (c.-à-d. « il mourut ») en brave. C'est pour cette raison qu'on nomma l'estuaire « rivière de O ». La colline sépulcrale de ce prince se trouve sur le mont *Kama*, dans le pays de Ki.

Dans tout le passage initial de l'histoire de Zin-mou dont on vient de lire la traduction, il n'y a pas un mot qui attribue à ce prince une origine étrangère au pays dont il avait résolu d'entreprendre la conquête. A sa première étape, alors qu'il tint conseil avec son frère Itsou-sé, nous le trouvons déjà établi non pas dans des petits îlots au sud du Japon, mais bien dans une des trois grandes îles de cet empire, la plus méridionale il est vrai, l'île de Kiou-siou. Le palais où eut lieu cette espèce de conseil de guerre se trouvait en effet dans le Tsoukou-si, dénomination ancienne de toute la grande île qui forme l'extrémité sud-ouest du Japon, et le nom d'*Himou-ka* qu'on y voit mentionné n'est rien autre chose que la prononciation ou plutôt l'orthographe antique de celui de la province actuelle de *Hiou-ga*. Le

palais de *Taka-tsi-ho* semble, lui aussi, rappeler son
édification sur la montagne appelée de nos jours encore
Taka-tsi-ho yama, bien que quelques auteurs préfèrent
placer le lieu de la résidence primitive de Zin-mou sur
le mont *Kiri-sima yama* [1].

La rencontre des deux divinités locales dans la région
de Hayasou'i indiquerait-elle aussi que non seulement
Zin-mou n'était pas un étranger dans le pays qu'il
venait de conquérir, mais qu'il y jouissait déjà
d'un grand prestige, puisque ces deux personnages
n'eurent pas la moindre hésitation à se mettre à son
service et à l'aider dans sa marche envahissante.
On peut répondre, il est vrai, qu'il ne faut voir là
qu'un conte inventé à plaisir par les premiers apo-
logistes du fondateur de l'empire Japonais ; mais
on peut en dire autant de la plupart des faits que
renferment les vieilles annales du Nippon, et dès lors
toute discussion ethnogénique devient impossible lorsqu'elle n'a pas d'autre base que les vieilles traditions
historiques. Nous verrons plus loin si un autre ordre
de recherches peut projeter des lumières un peu
moins vacillantes sur l'ensemble des faits relatifs à
cette discussion.

Le *Ni-hon Syo-ki*, pas plus que le *Ko-zi ki*, ne renferme donc aucune allusion apparente à une origine
étrangère de l'empereur Zin-mou. Ces deux livres canoniques sont d'accord pour établir en faveur de ce
prince une généalogie qui remonte à la création du
monde et le font descendre en ligne directe des *ten-zin*

----

1. Hall Chamberlain, *Records of ancient matters*, p. 111, note.

« génies célestes » et des *tsi-zin* « génies terrestres » de l'ancien panthéon japonais [1].

Dans le discours que les historiens indigènes mettent dans la bouche de l'auguste fondateur de l'empire du Soleil-Levant, — discours qui, par parenthèse, rappelle ceux que Tite-Live prête aux héros de la Rome antique et mérite un égal crédit, — Zin-mou « le Divin Guerrier » tient à déclarer tout d'abord que le Japon est un pays dont le Ciel a confié le gouvernement à ses ancêtres [2]. Ces mêmes historiens n'ont pas le moindre scrupule à admettre comme authentique les données du *Ko-zi ki* et du *Syo-ki* suivant lesquelles leur premier souverain descendait à la quatrième génération de la Grande Déesse *Ama-térasou oho-kami*, et cette même déesse, fille des deux *Réi* [3], le divin *Iza-nagi* et la divine *Iza-nami*, du premier dieu du panthéon japonais, le divin *Ama-no toko-tatsi-no mikoto* « le Génie éternellement debout dans l'empire » qui naquit au milieu d'une touffe de roseaux, alors que le Ciel et la Terre sortirent du chaos primordial.

Il ne me semble pas importun d'établir ici comment la cosmogonie imaginée pour la circonstance tire sa

1. *Ama-térasou oho mi-gami*, ancêtre de l'empereur *Zin-mou* habitait le *Takama-no hara*, c'est-à-dire la Plaine céleste ou le firmament. Tous les dieux envoyèrent les petits-fils du Ciel habiter (sur la terre) le pays central d'*Asi-vara* (c'est-à-dire l'archipel japonais) qui tire son origine des roseaux et les instituèrent maîtres de ce pays (*Daï Ni-hon si*, liv. I).

2. *Nippon Sei-ki,* liv. I, p. 1.

3. Voir la notice que j'ai donnée sur Les deux Réi, dans le *Recueil de textes et de traductions publié par les professeurs de l'École spéciale des Langues orientales* à l'occasion du VIIIe Congrès international des Orientalistes tenu à Stockholm en 1889, t. 1er, p. 301.

source de la grande doctrine dualiste chinoise du *Yin*
et du *Yang*, doctrine introduite au Japon plusieurs
siècles après la mort de Zin-mou. Il y a tout lieu de
rapporter, en effet, la vulgarisation de cette cosmogonie à l'époque de l'introduction des lettres de la Chine
dans les îles de l'Extrême-Orient où elles furent accueillies et cultivées aussitôt avec un énorme enthousiasme,
comme l'ont été depuis lors toutes les productions
étrangères qui ont pénétré chez ce peuple dont on
connaît la rare intelligence et les merveilleuses aptitudes assimilatives.

Je crois également devoir renvoyer à une autre occasion l'examen du grand problème d'histoire religieuse
qui soulève la substitution du génie *Kouni toko-tatsi-no
mikoto* à l'*Amé-no kami*, Dieu suprême du monothéisme primitif de l'archipel Japonais. J'espère arriver
alors à faire reconnaître la superposition et, dans une
certaine mesure, la fusion de deux antiques mytholo-
gies, dont la plus ancienne fut altérée avec intention
pour servir la cause des mikados en rattachant leur
dynastie aux antiques divinités du pays. Qu'il me suf-
fise, pour l'instant, de rappeler que les historiens dont
j'ai fait mention ont tous eu à cœur d'établir le caractère essentiellement « national » de Zin-mou. Ce prince,
à leurs yeux, n'est pas un envahisseur, un conquérant
étranger : il n'a pris les armes que pour rentrer en
possession du patrimoine de ses divins ancêtres.
Aussi ont-ils grand soin de nous donner comme
une date certaine celle où il fut proclamé *taï-si*[1], c'est-

1. Litt. « grand-fils ».

à-dire « héritier présomptif » de la couronne de « ses pères [1] ».

Reste à décider jusqu'à quel point nous pouvons avoir confiance dans les données de ce genre que nous fournissent les annales du règne de Zin-mou et de ses successeurs immédiats. On a fait observer avec raison que les Japonais ne connaissaient pas l'art de l'écriture avant l'introduction des lettres chinoises dans leur archipel. Leur histoire primitive, de la sorte, ne repose que sur de simples traditions orales ; et, quoique l'on possède des poésies japonaises d'une haute antiquité, il ne paraît pas que ces traditions aient été conservées dans des récits en vers de nature à en faciliter la réminiscence. On nous dit bien que le récit des faits et gestes des premiers mikados avait été apprise par cœur, comme l'avait été le *Chou-king* chinois [2]; mais de telles affirmations laissent beaucoup à désirer et ouvrent très large la porte à toutes les incertitudes. Le plus probable est même que non seulement la légende de Zin-mou, mais aussi celle de ses successeurs immédiats a été en grande partie, sinon en totalité, une œuvre d'imagination et, qui pis est, peut-être une œuvre entreprise uniquement pour servir des intérêts personnels, ceux des détenteurs de l'autorité dans les îles de l'Extrême-

1. Zin-mou était le quatrième fils de *Hiko Nagi-sa-také Ou-gaya-fouki Awa-sézou-no mikoto*. On prétend que ce prince mourut dans un « palais des provinces occidentales » et que son tombeau se trouve dans la province de Hiou-ga, sur la colline sépulcrale de *A-hira-no ouyé*. La mère de ce prince se nommait *Tama-yori himé* (Voir *Kok'-si ryak'*, t. I, p. 3).

2. J'ai mentionné ce fait, avec quelques détails, dans le recueil de mes conférences à l'École spéciale des Langues Orientales (*La Civilisation Japonaise*, pp. 57 et 64).

Orient [1]. En dehors de ces intérêts qu'ils avaient sans doute l'ordre formel de servir dans leurs écrits, les annalistes en question semblent ne s'être pas même préoccupés de rendre leurs récits vraisemblables. On est tenté de croire qu'ils ont dû inventer un peu à la hâte une série de règnes et d'événements dans le seul but de remplir une lacune de six à sept siècles pour laquelle les informations authentiques faisaient défaut, et qu'ils se sont acquittés de cette tâche de la manière la plus commode et la plus naïve. Il leur a semblé notamment à propos d'attribuer à plusieurs des souverains dont ils ont imaginé les règnes une longévité supérieure à celle du commun des mortels. Zin-mou, par exemple, mourut suivant eux, à l'âge de 127 ans, et parmi les successeurs de ce prince jusqu'au temps de la guerre de Corée on compte presque exclusivement des centenaires [2]. Ces mêmes annalistes ont été plus généreux encore pour un des premiers ministres de la période semi-his-

1. Cette manière de voir, qui diffère un peu de celle que j'ai énoncée dans des publications antérieures, résulte des nouvelles études que j'ai entreprises depuis lors sur les temps primitifs de l'histoire japonaise, à l'occasion de mon édition du *Ni-hon Syo-ki* ou « Bible du Japon ».

2. Les trois successeurs immédiats de *Zin-mou* sont les seuls, dans cette série, qui n'atteignent pas l'âge de cent ans. Parmi les mikados suivants, il en est plusieurs qui meurent à un âge bien plus avancé : *Kau-gen* à 116 ans, *Kau-rei* à 128, *Kan-an* à 137, *Kei-kau* à 143, etc. Les anciens historiens, il est vrai, ne sont pas toujours d'accord sur ces cas extraordinaires de longévité : le *Ko-zi ki* tend à en réduire la longueur, bien qu'il attribue, par exemple, à l'empereur *Soui-nin* une vie de 153 ans, alors que le *Kou-zi ki*, ailleurs moins modéré, ne le fait vivre que 140 ans. (Voir *Daï Ni-hon si*, t. Ier, pp. 15, 16, 17, et t. II, pp. 10, 17 ; *Nippon Sei-ki*, t. Ier, p. 16). L'empereur *Kei-kau*, qui régna de l'an 71 à l'an 130 de notre ère et dont la longévité fut tout

torique de leurs annales, car ils font vivre plus de trois cents ans le fameux *Také-no Outsi Soukouné*[1], qui fut conseiller de six mikados successifs, notamment de la fameuse Zin-gô Kwau-goû, surnommée par les orientalistes « la Sémiramis du Japon ».

Durant ces règnes plus ou moins fantaisistes, les évènements qu'on nous rapporte appartiennent parfois bien plus au domaine de la poésie qu'à celui de la vie positive. Les mikados hypothétiques qu'on nous mentionne n'ont vécu, à bien peu d'exceptions près, que pour jouir des beautés de la nature et faire profiter leurs heureux sujets des bons sentiments de leur excellent caractère. Parmi les actes les plus remarquables de leur époque, nous voyons maintes fois la Cour qui se déplace pour aller jouir au printemps du coup d'œil des pruniers en fleurs, ou en automne de l'épanouissement des chrysanthèmes multicolores.

Les premières relations des Japonais avec le continent asiatique ont été très vraisemblablement le départ de leur évolution civilisatrice. Il demeure toutefois bien des doutes sur la date à laquelle il faut faire remonter ces rapports. On a, je crois, attaché d'une façon assez gratuite une certaine importance au récit du voyage d'une mission chinoise dans les îles de l'Asie centrale, sous le règne du terrible Chi Hoang-ti, de la dynastie

particulièrement considérable, est représenté comme l'un des souverains les plus glorieux de cette période. « Ses mérites sont égaux à ceux de l'empereur de Chine Yu-le-Grand (qui sauva la Chine de l'irruption diluvienne à laquelle on a donné son nom) (*Kok'-si ryak'*, t. Ier, p. 14).

1. *Také-no Outsi Soukouné*, mort en l'an 390 de notre ère, sous le règne de l'empereur *Nin-tok' Ten-'au*.

des Tsin, voyage entrepris en vue d'aller chercher au
delà des mers un breuvage donnant l'immortalité. Cette
mission, à la tête de laquelle était un personnage nommé *Siu-fouh*, est bien mentionnée par quelques historiens japonais ; mais ces historiens, de date relativement récente, l'ont sans doute emprunté aux récits
de Sse-ma Tsièn qui nous en a conservé le souvenir.
Il me paraît bien dangereux d'en tenir compte en matière d'ethnogénie.

Les relations des anciens Japonais avec le continent
asiatique sont néanmoins plus anciennes qu'on ne l'a
prétendu, et il n'est pas impossible que la connaissance
de l'écriture chinoise au Nippon ne remonte à une
époque sensiblement antérieure au règne de l'empereur
'Au-zin, sous lequel on prétend qu'un lettré coréen
nommé *Wa-ni*[1] apporta à la cour du Japon plusieurs
monuments de la littérature chinoise et y devint
précepteur du prince impérial. J'ai fait observer ailleurs[2]
que des ambassades coréennes, plus anciennes que
ces événements[3], avaient dû signaler l'existence de
l'écriture de la Chine aux Japonais qui ne manquèrent
certainement pas d'en tirer parti pour le développement
de leur civilisation.

Quoi qu'il en soit, il est avéré que l'histoire de
l'empereur Zin-mou n'a pu être écrite que près de

---

1. *Wa-ni* (et non *Wo-nin*, comme l'écrit Klaproth).

2. *La Civilisation Japonaise*, Conférences faites à l'École spéciale des Langues Orientales, p. 60.

3. La première ambassade japonaise envoyée en Chine se
rendit sur le continent en l'an 56 de notre ère, sous le règne du
mikado *Soui-nin*. (Mitsoukouri, *Sin-sen Nen-hyau*, p. 15). La mention de cet évènement, dans le *Kouang-wou ki* du recueil des

mille ans après sa mort, par l'excellente raison que
l'écriture n'existait pas plus tôt dans les îles de
l'Extrême-Orient ; que la tradition orale qui nous l'a
conservée, et que nous trouvons consignée dans le
Ko-zi ki et dans le *Syo-ki*, ne doit être admise que sous
certaines réserves ; qu'il y a des motifs pour penser
que cette histoire traditionnelle du fondateur de la
monarchie japonaise a été une fabrication de nature à
laisser de sérieux doutes dans notre esprit sur la
réalité des événements dont elle prétend nous transmettre le souvenir ; qu'enfin, cette tradition fût-elle
vraie, il ne s'y trouve pas d'arguments pour servir à la
théorie suivant laquelle Zin-mou avait tiré son origine
des Chinois ou de quelque autre population du continent
asiastique.

Voyons maintenant si, en dehors de l'histoire
proprement dite, il existe des sources d'information
auxquelles on puisse recourir pour projeter un peu de
lumière sur le problème de l'ethnogénie japonaise en
général, et sur celui de l'invasion de Zin-mou en particulier.

Les naturalistes, par exemple, ont signalé un certain
nombre de caractères somatologiques dont quelques-uns
ne sont pas sans valeur et permettent de réunir, dans
un groupe déterminé de l'espèce humaine, des populations assez semblables au point de vue des formes
extérieures et qui sont disséminées sur une vaste étendue

Heou-Han chou, à la seconde année de l'ère impériale *tchoung-
youen* (an 57 de notre ère), donne à ce fait un caractère
d'authenticité dont il y a lieu de tenir compte (*Daï Ni-hon si*, livr.
II, p. 10).

du continent asiatique. Ils ont donné à ce groupe le
nom de « Race Jaune ». Une telle dénomination,
empruntée à la couleur de la peau, a eu l'avantage
d'être aisément comprise. Claire et explicite, en apparence du moins, elle a en outre rendu facile le premier travail de classification anthropologique, mais
elle n'a pas été sans inconvénients. On peut lui
reprocher, entre autres défauts, de s'appliquer à des
peuples dont la parenté n'est pas établie par l'histoire,
et ensuite à une foule de métissages où sa signification devient sans cesse des plus vagues et des plus
douteuses [1].

D'autres caractères somatologiques qu'on constate
chez les Japonais ont peut-être plus d'importance et de
précision. Les yeux dits « bridés » et les pommettes
saillantes sont des particularités qui permettent, sans
autre étude préalable, de reconnaître avec assez de
sûreté et au premier coup d'œil les habitants de la
plupart des contrées de l'Asie centrale et orientale.
Quant aux observations craniométriques et aux
mensurages fort en honneur chez quelques anthropologistes, ils n'ont produit jusqu'à présent que des consta-
tations en général contradictoires au sujet des peuples
qui nous occupent. La grande division crânienne des
hommes en brachycéphales et en dolichocéphales n'a
fait qu'embrouiller le problème au lieu de l'éclaircir ;
et, en admettant la mésaticéphalie comme propre aux
Chinois [2], les anthropologistes n'ont guère démontré

1. Voir à ce sujet, A. de Quatrefages, *Rapport sur les progrès
de l'Anthropologie*, p. 287 et passim.

2. A. de Quatrefages, *Libr. cit.* p. 298.

rien de plus que l'inutilité des mensurations qu'ils
opèrent sur les os.

En ce qui concerne l'ethnogénie du Japon, si nous
admettons l'hypothèse que Zin-mou et ses compagnons
de conquête avaient le même type que les Japonais
actuels, nous pouvons peut-être en conclure qu'ils
étaient apparentés aux Chinois. On rencontre cependant
chez les Japonais plusieurs types assez distincts pour
prévenir les conclusions trop promptes. J'ai constaté,
par exemple, chez ces Asiatiques, trois types différents [1]
auxquels la crâniologie a cru pouvoir en ajouter un
quatrième [2]. L'un de ces types rappelle à tous égards
celui des Chinois. Il serait néanmoins excessif d'en
tirer une déduction ethnogénique analogue à celle de
Klaproth dont j'ai parlé plus haut. A partir de notre
ère, et surtout cinq ou six siècles plus tard, les relations
entre le Japon et la Chine, par la voie de la Corée
surtout, sont devenues assez fréquentes, et on ne
saurait douter qu'il ne soit opéré de nombreux croisements. Il n'en a pas fallu davantage pour produire
ces nombreux spécimens du type sinique qui ont frappé
les voyageurs dans les îles de l'Extrême-Orient, et la
question d'origine des conquérants de Kiou-siou reste
absolument indécise. Il est de toute évidence qu'il
coule du sang chinois dans les veines de plus d'un

1. Dans les *Mémoires du Congrès international des Orientalistes*,
session inaugurale, Paris, 1873, t. I, p. 173. — On trouve, dans
le même volume, des notices de M. X. Gaultier de Claubry sur
les *Rapports des Japonais avec l'Océanie* (p. 184), de M. l'abbé
Jules Pipart sur les *Rapports du Japon avec l'Amérique* (p. 187),
etc.

2. Dr Paul Topinard, *L'Anthropologie*, 1877. p. 459.

insulaire du Nippon, mais il serait excessif d'en conclure que ces insulaires doivent leur existence ethnique à des migrations continentales.

La linguistique comparée ouvre, à son tour, une large carrière à des hypothèses curieuses, vraisemblables si l'on veut, mais qui, en somme, ne sont et ne seront probablement jamais autre chose que des hypothèses. La grammaire japonaise, ou plutôt sa syntaxe, c'est-à-dire la manière de comprendre l'énonciation de la pensée et d'en mettre en ordre les formules, tend à établir une sorte de parenté chez les peuples qui occupent la zone centrale de l'Asie depuis la mer Caspienne jusqu'aux rivages du Pacifique. Quelques-unes des particularités de cette syntaxe sont si originales, si caractéristiques, qu'on n'est pas absolument sans droit de les attribuer à une seule source étrangère aux autres grands rameaux de l'espèce humaine. On peut même prétendre que le problème de l'ethnogénie japonaise s'éclaircit dans une certaine mesure par ce fait que la langue aïno, idiome originel des populations autochtones de l'Extrême-Orient, n'appartient pas à la même famille linguistique que l'idiome dit *yamato kotoba*, c'est-à-dire l'idiome japonais pur qui, par le fait de sa pureté, est plus facile à comparer avec les autres langues asiatiques que le japonais moderne, envahi d'âge en âge par un nombre sans cesse plus considérable de mots et de locutions chinoises originelles.

La langue de Zin-mou et de ses compagnons n'était donc pas la même que celle des vaincus Aïnos : elle appartenait à une souche différente, à une souche qui nous est connue, au moins au point de vue grammatical,

à la souche des idiomes dits tatares ou mongoliques. Où
les envahisseurs avaient-ils appris cette langue, si ce
n'est en Chine ou dans la Tartarie? Ces envahisseurs,
si non leurs ancêtres, avaient donc habité la Chine ou la
Tartarie à une époque reculée sans doute, probablement
même antérieure à la fondation déjà si ancienne des
grands empires asiatiques, mais cependant à une
époque dont on est obligé de concevoir l'existence.

Il y a certainement dans cette manière de raisonner
quelque vraisemblance en faveur de l'origine continentale de l'émigration dirigée par l'empereur Zin-mou ;
mais la linguistique qui nous signale ces vraisem-
blances ne peut guère nous en apprendre davantage,
l'histoire écrite lui refusant tout concours pour développer ses aperçus rudimentaires. Nous lui devons une
sorte de pressentiment de la façon suivant laquelle on
pourrait tenter de résoudre le problème, mais ce pressentiment n'a, à aucun titre, la portée d'une certitude. Il est
fort à craindre néanmoins qu'il faille nous en contenter
pour longtemps encore et peut-être pour toujours.

L'ethnographie cependant nous apporte un appoint
sérieux pour fortifier nos présomptions en faveur de
l'origine continentale de la nation qui s'est en quelque
sorte superposée sur la race indigène des îles du Japon
au viie siècle avant notre ère. Cette science qui, sans
dédaigner les caractères somatologiques d'un peuple,
les relègue toutefois sur un plan secondaire pour donner la préséance aux caractères moraux et intellectuels,
nous montre les Japonais sous un jour si particulier
qu'il semble impossible de les confondre avec les
Chinois, ni même de les rapprocher d'eux autrement

que par le fait de l'adoption pendant plusieurs siècles
de l'enseignement classique de la Chine dans le pays de
Yamato.

Au point de vue des aptitudes, les Japonais diffèrent
du tout au tout de leurs civilisateurs du continent asiatique. Tandis que ces derniers représentent la population
la plus constante, la plus immuable dans ses idées qui
soit sur la terre, les Japonais nous offrent à l'opposé
le tableau d'un peuple essentiellement versatile dans sa
manière de voir et dans ses vues civilisatrices. La
Chine, les yeux sans cesse fixés sur son passé plusieurs
fois millénaire, ne caresse d'autre rêve que le retour à
ses institutions primitives. Dédaigneuse du reste du
monde et convaincue de la supériorité de son « Empire
du Milieu » sur tous les états établis « autour d'elle »,
elle n'a garde d'ambitionner aucun des progrès accomplis par l'Occident moderne. Elle ne laisse pénétrer
qu'à contre-cœur sur son vaste territoire nos grandes
créations industrielles, et nos théories politiques con-
temporaines, quelles qu'elles soient d'ailleurs, lui
semblent à peine dignes de son dédain.

La nation japonaise, au contraire, n'a aucun scrupule, aucune hésitation à faire l'abandon de son passé et
même, à l'occasion, d'en médire joyeusement. Douée
de puissantes aptitudes assimilatrices, elle se jette à
corps perdu dans toutes les voies nouvelles dont elle
aperçoit l'ouverture. Elle s'est faite chinoise et confucéiste pendant un temps ; elle a ensuite embrassé le
bouddhisme, et peu s'en est fallu qu'elle ne devint
chrétienne au XVIIIe siècle. De nos jours, elle est volontiers sceptique en matière religieuse, libérale en

matière politique, européenne dans toute la force du terme en matière de commerce et d'industrie.

Les qualités extraordinaires et les défauts souvent poussés fort loin qu'on a reconnus de nos jours chez les Japonais sont-ils la résultante expliquée par l'atavisme de leur origine aïno, c'est-à-dire de leur origine identique à celle des anciens autochtones des îles de l'Extrême-Orient, et viennent-ils justifier la prétention historique ou légendaire de Zin-mou d'appartenir à la famille des anciennes divinités locales du Nippon? Ce que nous savons des aptitudes de la race kourilienne ne nous permet pas de le croire. Par contre, il semble très probable que la supériorité qu'on se plaît à reconnaître aux Japonais actuels provient en grande partie du métissage auquel ils ont participé et des conditions le plus souvent excellentes dans lesquelles s'est opéré ce métissage. Tout ce qu'on a pu recueillir jusqu'à ce jour sur les rapports des Aïnos aborigènes et des Japonais conquérants, aux diverses périodes de l'histoire, vient à l'appui d'une telle appréciation ethnographique.

La grande école d'exégèse, dont Moto-ori Nori-naga a été l'un des plus illustres représentants, n'a pas eu l'idée de recourir à des sciences telles que l'anthropologie et l'ethnographie pour élucider les questions d'origine qui la préoccupaient. Ces sciences d'ailleurs, à bien des égards nouvelles parmi nous, — tout au moins dans la large acception qu'on donne aujourd'hui à leur nom, — semblent lui avoir été absolument inconnues. En revanche, elle a su découvrir par l'examen critique et philologique des vieux textes indigènes de précieuses ressources pour interpréter les légendes cos-

mogoniques et religieuses du Japon. L'intelligence
qu'elle a acquise des livres réputés canoniques et des
anciennes poésies du Yamato a ouvert une voie féconde
pour des recherches ultérieures qui seront désormais
poursuivies parallèlement en Asie et en Europe. Ces
recherches gagneront, en effet, à être entreprises des
deux côtés suivant les principes de la méthode scientifique contemporaine dont les Japonais commencent
à connaître assez bien les brillantes ressources et la
portée.

Est-ce à dire qu'on est en droit d'espérer une solution
certaine et définitive du problème qui se rattache à la
personne de l'empereur Zin-mou et au récit traditionnel de ses aventures belliqueuses dans les îles de l'Extrême-Orient? Assurément non. Le problème restera à
tout jamais vague, obscur, douteux, vacillant, fugitif,
comme le sont d'ailleurs tous les problèmes d'histoire
ancienne et parfois même d'histoire contemporaine.
Son étude n'en sera pas moins fort goutée pour cela, et
d'âge en âge elle provoquera de savants mémoires
d'érudition de la plus haute envolée. Les théories fantaisistes qu'on formulera à son égard seront intéressantes, si leurs auteurs ne pèchent pas complètement
du côté de l'imagination. Le roman historique fait
avec talent ne manque pas de valeur; il a surtout le mérite de ne pas faire jouer le rôle de dupe à ceux qui en
font la lecture. Il n'en est malheureusement pas de
même d'une foule de doctes travaux qui ont la prétention ingénue de nous apprendre des choses vraies sur
l'antiquité et qui arrivent parfois à nous en convaincre
pendant un certain temps. Voltaire faisait de l'histoire

le même cas, disait-il, que des cancans de son quartier, ce qui ne l'empêchait pas d'être historien à son heure pour se délasser d'occupations plus sérieuses. Il n'y a aucun motif de condamner l'étude des vieilles chroniques du monde oriental, quand bien même il n'y aurait à en tirer que des mensonges et des inepties. Le seul devoir des orientalistes, en nous en communiquant le contenu, est de faire des efforts pour ne pas être par trop ennuyeux.

III

LA LITTÉRATURE GÉOGRAPHIQUE

et la Cartographie des Japonais

L'étude de la Géographie paraît avoir été de tout temps fort en honneur chez les peuples de l'Extrême-Orient. J'ai eu l'occasion de rappeler qu'il existait en Chine, sous la dynastie impériale de Tcheou (1134 à 256 avant notre ère), un corps spécial de mandarins chargé de veiller à la culture et aux progrès de cette science [1]. Enfin j'ai entrepris la traduction du *Chan-haï King* [2], qui est très probablement la plus ancienne composition orographique et hydrographique dont on connaisse l'existence.

Les Japonais, qui doivent aux Chinois leur première civilisation intellectuelle, ont souvent dépassé leurs maîtres. Tout au moins, l'ont-ils fait en Géographie ;

1. Voy. *Les peuples Orientaux connus des anciens Chinois* (mémoire couronné par l'Académie des Inscriptions et Belles-Lettres), 2ᵉ édition, 1886, p. 5.

2. *Chan-haï King, antique Géographie chinoise*, traduite pour la première fois sur le texte original, t. I, 1891 (le tome II est en cours de publication dans les *Mémoires du Comité Sinico-Japonais de la Société d'Ethnographie*).

et c'est à peine si j'hésite à dire que, dans cette branche
de la recherche humaine, ils se sont mis au niveau des
nations occidentales les plus savantes, si tant est qu'ils
ne les aient pas surpassées. En ce qui concerne la
géographie de leur archipel, par exemple, ils ont produit
des œuvres dont il serait bien difficile de trouver l'équivalent parmi nous ; et s'ils n'ont pas encore publié des
livres de haute valeur sur les pays étrangers à leurs
îles, c'est que pendant de longs siècles les exigences de
leur politique soupçonneuse les ont tenus isolés presque
complètement du reste du monde. Depuis ce qu'on
appelle « l'ouverture du Japon », c'est-à-dire depuis 1852,
ils ont fait de louables efforts pour réparer cette fâcheuse
lacune dans le cadre de leurs connaissances, et la composition en leur langue de nombreux récits de voyages
a déjà donné lieu à une ample moisson de renseignements sur les divers états de l'Europe et de l'Amérique. Le mouvement est donné, et je suis convaincu
qu'avant peu ils possèderont des traités de géographie
universelle aussi dignes d'admiration que les ouvrages
de géographie nationale qu'ils ont fait paraître jusqu'à
présent.

Si l'on voulait écrire une Histoire de la Géographie
chez les Japonais, il faudrait s'occuper des données
précieuses que renferment les plus anciens monuments
de leur littérature, c'est-à-dire les ouvrages que j'ai
appelé ailleurs les livres sacrés ou canoniques de l'ancien
Yamato [1]. Ces livres, en effet, ne renferment pas seulement une théogonie, mais on y trouve tous les

—————

1. *Sam-bou hon-syo.*

renseignements qu'on a pu recueillir, avec d'incroyables
efforts de patience, sur les premiers itinéraires de la
migration civilisatrice qui s'est établie dans le Nippon
à une époque antérieure de plus de six siècles à l'ère
chrétienne. Une carte insérée dans ma traduction de la
Bible des Japonais [1] montre que le récit qu'on y donne
de la création des *Kami* ou « Divinités locales » renferme
lui-même un véritable exposé géographique, ainsi que
l'a d'ailleurs établi avec talent le regretté japoniste de
Clarens, feu Léon Metchnikoff [2].

En dehors de ces documents en quelque sorte primordiaux de la littérature des Japonais, les plus anciennes
descriptions de leur pays dont nous connaissions l'existence nous paraissent être les *Foŭ-do ki*. Malheureusement aucun de ces précieux ouvrages n'est encore
parvenu en France. Je n'en puis donc dire que peu
de mots d'après les catalogues indigènes que j'ai
pu me procurer.

On manque d'informations précises sur l'origine du
fameux *Nippon Foŭ-do ki* ou « Géographie ethnographique du Japon ». Des données traditionnelles, dont
il est bien difficile de vérifier l'exactitude d'ailleurs
contestée, rapportent que l'impératrice Ghen-myau [3], qui
régna de 708 à 715 de notre ère, résolut d'attribuer des

1. *Syo-ki* (ou *Yamato boumi*). Le Livre canonique de l'antiquité
japonaise, publié en japonais et en français, 1887, t. I, p. 125.

2. Dans les *Mémoires du Comité Sinico-Japonais* de la Société
d'Ethnographie, t. V, p. 5.

3. Cette princesse s'est rendue célèbre par la haute protection
qu'elle accordait à ceux de ses sujets qui pratiquaient le plus
la « Piété Filiale ». Deux d'entre eux furent en conséquence
dispensés pour toute leur vie de l'acquittement des impôts.

noms fastes à un certain nombre de villes et villages
de ses états. Elle ordonna en même temps de faire des
recherches sur l'origine des dénominations locales et
de réunir sur chacun des endroits, des renseignements
relatifs aux productions du sol, aux mines, aux animaux,
aux insectes, aux plantes, etc. Elle voulut enfin qu'on
y joignit tous les renseignements qu'on pourrait se
procurer sur les mœurs et coutumes des habitants,
ainsi que les contes et légendes dont ils auraient
conservé le souvenir. Il en résulta la composition d'un
Foû-do ki qui fut achevé durant l'année 713. Cet
ouvrage, dont on ne possède plus aujourd'hui que 50
volumes et qui en comptait un bien plus grand nombre,
a été complété par la suite, sur l'ordre de plusieurs des
princes qui succédèrent à l'impératrice Ghen-myau[1].

*
* *

Parmi les œuvres de longue haleine que les Japonais
ont fait paraître sur la géographie de leur archipel, je
ne puis me dispenser de dire quelques mots de ceux
auxquels a été donné le titre de *Meï-syo dzou-yé*, ou
« Illustrations des localités célèbres ». Ces ouvrages,
rédigés par divers auteurs du XIXe siècle[2], forment
une série très étendue de volumes aussi intéressants
par les notices de tous genres qu'ils renferment que
par les curieuses gravures qu'on y a jointes. On peut
avec justice les qualifier de véritables descriptions
encyclopédiques des provinces de l'empire du Soleil-

1. *Goun-syau itsi-ran*, t. VI, p. 1 et sv.
2. Hall Chamberlain, *Things Japanese*, p. 211.

Levant. Conçues en général sur le même plan, ils nous font connaître, de la façon la plus minutieuse, toutes les particularités intéressantes de chaque endroit : orographie, hydrographie, viabilité, histoire naturelle, archéologie, légendes et traditions populaires, biographie des hommes célèbres, monuments de l'art, industrie, commerce, que sais-je? Rien n'a été oublié. Les *Meï-syo dzou-yé* sont tellement nombreux, qu'ils font l'objet d'une classe spéciale de livres géographiques dans les Bibliographies japonaises[1]. On n'a fait jusqu'à présent que de rares emprunts à ces excellents ouvrages : ils méritent à tous égards la sollicitude des japonistes. Malheureusement, je ne sache pas qu'il en existe une collection complète, dans aucune bibliothèque de l'Europe[2].

En parcourant les *Meï-syo dzou-yé* dont j'ai pu prendre connaissance, j'ai tout particulièrement remarqué les notices relatives aux coutumes, fêtes et cérémonies religieuses, ainsi que celles qui concernent les nombreux monastères du pays où sont conservés une foule de documents sur les époques primitives de l'histoire du Japon et sur les antiquités de ses différentes provinces. Chacun peut reconnaître au premier coup d'œil, les chapelles et couvents sintauïstes dans les dessins dont fourmillent ces notices par les célèbres *tori-ï* ou « perchoirs » qui en indiquent l'entrée. Ces perchoirs étaient construits, dans les temps anciens,

---

1. Voy. notamment *Goun-syo itsi-ran*, t. VI, p. 19 et sv.
2. Les deux collections les plus étendues des *Meï-syo dzou-yé* sont à ma connaissance celle du baron de Nordenskiœld, à Stockholm et celle de M. Aug. Lesouëf, à Paris.

en vue d'y attirer les oiseaux chargés d'annoncer le
point du jour aux Dieux et bien entendu, à leurs très
humbles serviteurs cléricaux. C'était à peu près le

TORI-Ï DES TEMPLES SINTAUÏSTES

seul ornement dont on entourait les temples du Culte
des Kami, la plus grande simplicité architecturale y
étant rigoureusement recommandée par les rites.

*
* *

Trois contrées limitrophes du Japon proprement dit
et qu'on nomme les *San-kok'*, à savoir les îles des Aïnos
l'archipel Loutchouan et la Corée, ont donné lieu à
la publication d'une foule d'ouvrages d'un intérêt
des plus réels, si j'en juge par ceux qu'il m'a été

possible de parcourir. Un de ces ouvrages, le *San-kok' tsou-ran to-sets'*, est connu depuis longtemps des orientalistes par la traduction que Klaproth en a fait paraître à Paris en 1832 ; mais je le considère comme un écrit d'une valeur assez minime. Les livres indigènes que je possède sur les régions kouriliennes, par exemple, renferment infiniment plus de renseignement curieux, non seulement au point de vue purement géographique, mais encore et surtout à celui de l'histoire des mœurs et des coutumes des habitants. En ce qui concerne l'archipel Loutchouan et la Corée les bibliographies japonaises m'apprennent l'existence de livres qui semblent renfermer sur ces deux régions les détails les plus minutieux et les plus explicites.

Je ne possède qu'un seul ouvrage sur les îles appelées par les indigènes *Lou-tchou*, par les Japonais *Riou-kiou* et par les Chinois *Lieou-kieou*[1]. Il est intitulé *Tyou-san den sin-rok'* et renferme, outre des notions très précises sur l'histoire et le gouvernement de ce pays, une description substancielle des trente-six îles qui composaient cet archipel, ainsi que de ses principales localités. Des cartes géographiques, de curieux dessins, et jusqu'à l'image des coiffures ou objets de toilettes du Roi et des grands de la Cour, sont intercalés dans le texte. On y trouve également des notices fort intéressantes sur l'usage de l'écriture syllabique du Japon chez

---

1. Le nom primitif est *Lieou-kieou* « Dragon flottant » ; il lui a été donné sous la dynastie chinoise des Soui, parce que son aspect était celui d'un dragon flottant au milieu des eaux. (Voy. *Tyou-san den sin-rok'*, t. IV, p. 12).

les Loutchouans et un vocabulaire de leur dialecte national[1].

Quand à la péninsule Coréenne, elle a donné lieu à des publications historiques et géographiques non moins instructives. Malheureusement celles que je vois mentionnées dans les bibliographies japonaises ne sont pas encore, autant que je sache, parvenues en Europe. Par les renseignements qu'on rencontre dans les catalogues indigènes, j'ai toutefois lieu de croire que ces ouvrages ont surtout de l'importance pour nous faire connaître la Corée aux époques anciennes sur lesquelles les livres chinois eux-mêmes ne renferment que des informations à tous égards insuffisantes.

*
* *

Les Japonais sont profondément artistes et contemplateurs de la nature. Aussi aiment-ils avec passion les sites pittoresques qui se rencontrent à chaque pas dans leurs îles. Les montagnes notamment ont à leurs yeux des charmes exceptionnels, et il semble que de tous temps ils ont pris à cœur de les peindre et de les décrire avec un véritable enthousiasme. De même que les Arabes se servent d'une foule de mots distincts pour désigner les divers genres de chameaux que nous confondons sous un même nom, les insulaires du Yamato font usage de termes spéciaux pour indiquer jusqu'aux moindres particularités de leurs montagnes. Ils ont, par exemple, des expressions techniques spéciales pour

1. Voy. ce que j'ai dit de la langue loutchouanne dans mon *Introduction à l'étude de la langue japonaise,* Paris, 1856, p. 6.

distinguer celles qui renferment de grosses pierres et celles qui n'en ont que des petites. L'enthousiasme qu'ils professent pour les hautes régions de leurs pays a donné naissance chez eux à une sorte de littérature orographique qui n'a peut-être pas d'analogue dans aucune autre contrée du globe.

Tout le monde a entendu parler de la fameuse montagne que les Japonais nomment *Fouzi-yama*[1] et dont ils sont enthousiastes au point de prétendre qu'il n'en est pas de pareille sur la terre[2]. Suivant les historiens indigènes, elle s'éleva au milieu du sol essentiellement volcanique de la grande île du Nippon en 285 avant notre ère et répandit depuis lors maintes fois la terreur dans le pays par ses violentes éruptions. Située à peu de distance de Yédo, où résidait naguère le lieutenant-général du Japon (l'empereur temporel des voyageurs) et entre cette ville et Miyako, l'antique capitale de l'empire où résidait le souverain légitime ou mikado (l'empereur spirituel des anciens auteurs), les Japonais la citent comme une merveille incomparable de leur archipel. Ils l'on décrite à tous les points de vue et leurs artistes ne cessent de la peindre sous ses aspects les plus divers. Ses éruptions même ont eu l'art de les charmer, tout au moins ceux qui n'en ont pas été victimes.

Le Fousi-yama d'ailleurs n'est pas le seul volcan de

---

1. Le *Fouzi-yama* est la montagne la plus élevée; vient ensuite le *Hak' san*, puis les sept monts suivants : le *Hi-yeï san*, le *Hira-no yama*, le *I-fouki yama*, l'*Atago yama*, le *Kin-bou sen*, le *Kami-miné-no yama* et le *Katsoura-ki yama* (voy. l'Encyclopédie *Wa-Kan San-saï dzou-yé*, t. LVI, p. 1).

2. *Tô-kaï dau Meï-syo dzou-yé*, t. V, p. 5.

l'archipel japonais : on en rencontre, les uns en pleine activité, les autres éteints, sur toute son étenduc. On cite notamment l'*Aso-san*, dans la province de Bingo, dont le cratère est un des plus larges que l'on connaisse sur

LE MONT ASO-SAN

le globe. Les matières flamboyantes et de trois couleurs qui en sortent sont projetées jusqu'au ciel. On y trouve des pierres précieuses de couleur verte, grosses comme des œufs de poule et resplendissantes pendant la nuit[1]. La chaîne du Sina-no hida, pour ne pas prolonger le nombre de mes citations, est également célèbre par ses pics granitiques gigantesques dont quelques-uns ne s'élèvent pas à moins de huit à neuf mille pieds de hauteur[2].

La variété infinie de formes des montagnes du Japon qui présentent les particularités les plus bizarres et les plus inattendues à donné lieu à des publications qu'on pourrait qualifier « d'albums orographiques » et dont on ne saurait se dispenser d'admettre l'incontestable mérite de curiosité[3].

1. *Wa-Kan San-saï dzou-yé* (Grande Encyclopédie Japonaise), t. LVI, p. 17.

2. Hall-Chamberlain, *Things Japanese*, p. 132.

3. Voy. notamment le *Nippon meï-san dzou-yé*, publié à Yédo en 1862, par le maître Tani Boun-teô, éminent artiste japonais. (Trois vol. in-4).

Plusieurs lacs du Japon sont également l'objet de notices aussi minutieuses qu'instructives dans les livres géographiques des indigènes. On vante surtout le plus vaste d'entre eux, le *Biwa-no Oumi* ou « Lac de la Guitare », ainsi nommé parce que ses contours rappellent

LE LAC BIWA

la forme de cet instrument de musique. Il est situé dans les environs de l'ancienne capitale des mikados, en vue du mont Hira.

Les grandes routes du Japon ont acquis une célébrité exceptionnelle par les curiosités que l'on rencontre à chaque pas sur leur parcours. Personne en Europe

n'ignore plus aujourd'hui l'existence de la principale
d'entre elles appelée le *Tô-kaï dau* « Route de la mer
Orientale », qui traverse la grande île du Nippon de
Kyau-to, ancienne résidence des mikados[1], à Tô-kyau,
leur capitale actuelle. C'est par cette voie que les princes
féodaux, avant la dernière révolution, avaient l'habitude d'aller chaque année à Yédo pour rendre
hommage au Syaugoun ou Genéralissime de l'Empire
japonais. D'innombrables livres et albums de planches
en noir et couleur nous en font connaître les particularités les plus intéressantes.

Plusieurs autres grandes artères du Nippon ne méritent pas moins l'attention. Je me bornerai à citer ici
deux d'entre elles : le *Naka-sen dau* dans la partie
orientale du Nippon et le *Ki-sô dzi* surtout remarquable
par les sites infiniment variés des montagnes qu'il
traverse sur presque toute son étendue.

*
* *

Après les grands recueils géographiques dont je
viens de dire quelques mots, je dois mentionner un
genre de livres dans la composition desquels les Japo-

---

1. Les Japonais actuels ont jugé à propos de remplacer par
sa dénomination chinoise *Kyau-to* le nom indigène de *Miyako*
qu'ils employaient jadis pour désigner le lieu (*ko*) où se trouvait la résidence impériale (*mi-ya*) de leur mikados. La grande
encyclopédie *Wa Kan San-saï dzou-yé* rapporte que le mot *to*,
dans le sens de capitale, date de l'époque où l'empereur Fouh-
hi (XXXIVe siècle avant notre ère) donna ce nom à sa résidence
dans le pays de *Tchin*. Ce terme fut changé durant les âges postérieurs. Quant au mot *kyau*, il signifie « multitude, grandeur », parce que l'endroit où habitait le Fils du Ciel était nécessairement très peuplé et très grand (t. LXXII, p. 4).

nais ont excellé de la façon la plus remarquable. Je veux parler des Guides des Voyageurs et des Routiers, sortes d'écrits qui n'ont guère obtenu en Europe une certaine perfection que depuis peu d'années. Ces petits ouvrages sont entrepris au Nippon essentiellement dans un but d'instruction populaire. « Partant du principe que les leçons de géographie doivent être au début des leçons de topographie très restreinte, qu'avant de s'occuper des cinq parties du monde, il faut bien connaître son village et ses environs, les Japonais ont publié des atlas portatifs dont les cartes se déroulent au fur et à mesure qu'on avance sur un chemin donné et signalent toutes les particularités des stations qu'on est appelé à rencontrer.

Une route vient-elle à se bifurquer, l'atlas indique par un double tracé de lignes parallèles les deux voies nouvelles qui se présentent au touriste et, par de courtes notes, la direction, l'aboutissement de l'une et de l'autre. Notions succintes sur les curiosités de tous genres que le voyageur est à même de visiter sur son passage, indications précises sur les auberges où l'on peut prendre un repas ou passer la nuit, rien n'y manque. L'atlas est aussi intelligible pour l'enfant que pour l'homme adulte : il éveille sans cesse une curiosité féconde en enseignements; il crée des géographes dont les érudits peuvent sourire, mais en somme des praticiens d'un genre fort utile et qui nous a trop souvent manqué en France pour que nous ayons le droit de nous en moquer »[1]. On trouve même

1. Léon de Rosny, *L'Enseignement des Vérités*, Introduction, p. VII-VIII.

au Japon des traités de géographie contenant les renseignements les plus minutieux sur les chemins, les
habitations et même les chambres du charmant quartier
de *Yosi-vara* « la Source du Bien » réservé aux filles
libres dans les environs de la Capitale de l'Est [1].

*
* *

Les Cartes géographiques que les Japonais joignent à
leurs livres ou qu'ils publient séparément sont dignes
d'une mention spéciale. Si l'on peut leur reprocher parfois quelques défauts de projection, elles méritent des
éloges par leur excellent coloris, par les curieuses
« illustrations » dont elles sont presque toujours ornées, et souvent aussi par les intéressantes légendes que
leurs auteurs jugent à propos d'intercaler partout où il
reste des places vides et utilisables.

Pour donner une idée de ces remarquables productions japonaises de la xylographie en couleurs, on me
permettra de reproduire ici une notice que j'ai rédigée
en 1865, à la demande du Ministre de l'Instruction
publique, sur une Carte qui avait été offerte au gouvernement français par un de mes anciens élèves, le D[r]
Mourier, chargé d'une mission scientifique dans les îles
de l'Asie orientale.

Le titre de cette carte, écrit en caractères chinois et
qui doit être lu à la japonaise *Fouzi mi zyoŭ-san syou yo-
tsi-no zen-dzou*, signifie : « Carte complète des pays
d'où l'on aperçoit le mont Fousi-yama. »

1. *Catalogue de la Bibliothèque Japonaise de Nordenskiœld.*
Paris, 1873 ; p. 163, n° 542.

Les treize départements auxquels il est fait allusion dans ce titre sont les suivants : 1. Mousasi ; — 2. Awa ; — 3. Kadzousa ; — 4. Simôsa ; — 5. Hitats ; — 6. Kôts'ké ; — 7. Simots'ké ; — 8. Sagami ; — 9. Sourouga ; — 10. Kaï ; — 11. Idzou ; — 12. Sinano ; — 13. Tôtomi.

Un avertissement de l'éditeur nous fait connaître sa date et son origine. On y lit : « Composé par Founa-kyosi Syoû-gou, de Nagato, au printemps, dans l'année *midz'-no yé tora* de l'ère Ten-pau (c'est-à-dire en 1842 de notre ère) ». Au bas de la carte se trouve une légende précédée de l'explication des signes conventionnels, usités par l'auteur japonais qui se nomme Naga-tosi Bok'-sen, d'Aki-yama, à Yédo.

Voici maintenant la traduction de la notice gravée à la partie supérieure de ce curieux document carto-graphique :

« **Les cartes complètes de notre pays datent-elles du moyen-âge ?** — Ce qu'il y a de certain, c'est que toutes les cartes officielles sont conservées dans les archives secrètes (du gouvernement) où personne, parmi le pu-blic, ne peut en prendre connaissance.

« Sous la période ou ère impériale *Gen-wa* (de 1615 à 1623 de J.-C.), lorsque les guerres furent terminées, le mouvement littéraire prit un grand développement. A cette époque parut le Vieillard de l'Eau-Rouge, qui fut en réalité le promoteur des études géographiques. Il connaissait l'astronomie. En toute simplicité (littéra-lement : « avec des souliers de paille et un parasol sans manche »), il parcourut l'empire pendant plus de dix années. A son retour, il composa cette carte qui, en raison de ces circonstances, est bien digne d'admiration.

« Ceux qui firent des cartes après lui n'eurent ni sa sincérité ni son zèle (pour la science) et, dans celles qu'ils dessinèrent pour les vendre au public, ils se contentèrent de copier les cartes des anciens auteurs, en n'y introduisant que de légers changements. Aussi, est-ce bien naturel ! aujourd'hui, en fait de cartes géographiques (du genre de celle qui nous occupe), il n'y en a point qui vaillent celle du Vieillard de l'Eau-Rouge. Ce qu'il a accompli était difficile, mais (il faut l'avouer), ceux qui suivent ses traces obtiennent une gloire peu coûteuse.

« D'où vient qu'on peut accomplir (par fois) ce qui est difficile, et qu'au contraire on ne réussit pas (d'autres fois) dans des choses faciles. Cela vient de ce que l'on possède ou de ce que l'on ne possède pas la sincérité, de ce qu'on a du zèle ou de ce que l'on n'en a pas. *Bok'-sen d'Aki-yama*, l'Immortel sombre des Montagnes d'automne, aimait la géographie et les longues pérégrinations. Les lieux où ses pieds ont atteint, les objets qui ont frappé sa vue, il les a (soigneusement) peints et décrits. Il a pris des informations (de toutes sortes) et a établi la véracité de ses descriptions. Quand il n'arrivait pas à obtenir la vérité tout entière sur un fait, il s'abstenait de le consigner. Il m'a confié un moment sa carte des treize arrondissements et m'a démontré l'exactitude de son travail.

« Quant à moi, je dis : L'Empereur améliore aujourd'hui toutes choses (en haut), et pendant ce temps-là le peuple se réjouit (en bas). Combien cela est splendide et

majestueux ! *Il* s'occupe des affaires, et *Il* emploie les
forces qui lui restent à se réjouir de la joie de ceux
qui fouillent dans l'antiquité et qui en admirent les
beautés !

« Parmi tous les lieux où peut atteindre l'influence
littéraire d'un siècle florissant, parmi toutes les choses
grandioses que l'on aperçoit en voyageant dans les Provinces Orientales, il n'y a rien d'aussi beau que le mont
Fousi-yama !

« C'est pourquoi cette carte a été faite pour les touristes auxquels elle est recommandée. L'une après l'autre
les treize provinces y sont mises en évidence. Et, par
cela même qu'elle a été faite pour les touristes, on y a
indiqué en détail ce qui concerne les routes. La
perfection du travail et le talent de celui qui l'a composé l'emportent sur tout ce qu'on connaît des anciens
auteurs.

« Quant à la distinction des marées, qui intéresse
spécialement les astronomes, on n'en avait que faire :
aussi n'en a-t-on rien dit.

« Ah ! grâce à cette carte, le voyageur peut tout
reconnaître par ses yeux et il n'a pas besoin qu'on le
conduise ! Celui qui poursuit sa route de station en
station ne trouve-t-il pas en effet les indications qu'il
désire lorsqu'il y jette les yeux ? »

Au bas de la carte figure un tableau des signes
conventionnels employés par l'auteur. Quant aux
points cardinaux, ils sont disposés comme dans les
cartes européennes où le Nord occupe la partie supérieure du dessin.

On aperçoit des traces fréquentes de l'influence
européenne dans les livres de géographie publiés
depuis ces derniers siècles par les Japonais ; mais
jusqu'en 1852, époque de la mémorable expédition
des États-Unis commandée par le commodore Perry,
cette influence a été à peu près exclusivement hol-
landaise.

Dans la section ethnographique de la grande Encyclopédie Japonaise, de Simayosi An-kau[1], dont la
préface est datée de l'an 1713, on ne rencontre en effet
qu'un très petit nombre de notices consacrées aux
peuples Européens. C'est tout au plus si on y mentionne
avec quelques détails deux de ces peuples : les *Oranda*
ou Hollandais qui habitent un pays très froid où l'on
mange beaucoup de viandes et en particulier du cochon,
ainsi que des gâteaux de froment appelés *pan* (pain);
puis les habitants de l'*Is'panya* ou Espagne, royaume
situé « à l'ouest de la Hollande » et dans lequel on professe la *Ya-so Siou* ou Religion de Jésus[2].

Après le retour à Yédo de l'ambassade envoyée en
Europe par le syaugoun durant l'année 1863, on a vu
paraître au Nippon un certain nombre de livres qui
ont été la résultante du contact des membres de cette

---

1. *Wa Kan San-saï dzou-yé*, t. XIV, pp. 8 et 58.
2. Les géographies chinoises de la même époque, — au moins
si j'en juge par celles dont j'ai pu prendre connaissance, — ne
sont pas beaucoup plus complètes. Dans une d'elles, qui date du
milieu du XIXᵉ siècle et a été rédigée par un mandarin du Fouh-
kien, c'est-à-dire d'une des provinces cotières.

ambassade avec les Français, les Anglais, les Prussiens, les Russes et les Portugais. Je possède notamment le premier volume d'une narration très curieuse composée par un de ses membres les plus distingués, M. Foukousawa Youkitsi, qui avait été secrétaire-interprète des trois chefs de la mission. Le plan de cet ouvrage intitulé *Saï-yau zi-zyau*[1] est indiqué dans l'index et dans l'introduction de l'auteur. L'idée dominante y est exprimée par une sentence chinoise mise au commencement de l'œuvre de l'éminent diplomate : « l'Univers ne forme qu'une famille ; les hommes « des cinq races (dont il présente, par parenthèse, le « portrait type ») sont des frères. »

M. Foukousawa débute par des considérations générales sur la forme constitutive des différents états, sur leur système administratif, sur les impôts et la fortune publique, sur les principales institutions qui caractérisent les puissances européennes et font leur force et leur grandeur, sur les établissements scientifiques et scolaires, etc. Il entreprend aussitôt après une étude descriptive des pays qu'il a eu l'occasion de visiter.

Le style de l'ouvrage est d'une remarquable clarté malgré le grand nombre de néologismes qu'il renferme, et l'auteur a trouvé l'art de se faire lire d'un bout à l'autre avec un vif intérêt. Bien que quelques-unes de ses appréciations laissent un peu à désirer, on est surpris de l'ensemble des données justes qu'il a su recueillir pour l'instruction de ses compatriotes.

Il ne faut pas toutefois remonter à une date bien

---

1. Publié à Yédo en 1866 (Voy. la notice que j'en ai donné dans le *Journal Asiatique*, oct.-nov. 1868).

lointaine pour trouver dans les livres japonais des informations sur l'Europe qui ne brillent pas précisément par leur exactitude, mais qui ont du moins le mérite d'être parfois assez amusantes. Je possède

FRANCE. — HOMME ET FEMME.

entre autres un recueil intitulé *Gaï-ban yo-bou dzou-yé*, qui a paru en 1854 et dans lequel les notices sur les peuples de l'Occident ne sont pas moins curieuses que les images en couleurs qu'on a jointes au texte pour faire connaître les divers types et les costumes. En tout cas, la France n'a pas trop à se plaindre de l'article qui lui est consacré.

On y rapporte, par exemple, que les habitants de ce pays, dont la capitale est *Pareis*, sont des gens intelligents et très courtois. Doués d'une constitution vigoureuse, ils aiment beaucoup les batailles où ils obtiennent de fréquents succès. Quant à l'Angleterre, — je me bornerai à cette seconde citation, — c'est un royaume dont la grande capitale est d'une richesse sans parcille en Europe. Sur la rivière appelée le *Deims*, les ponts qu'on a construits sont merveilleux par leur longueur ; il s'y trouve même des reverbères qui en rendent la circulation nocturne très facile. « Les hommes de cette contrée ont un naturel énergique ; mais, comme ils manquent de générosité, ils sont profondément enclins à la vengeance. »

Les publications géographiques et cartographiques récentes des Japonais ne présentent plus pour nous cette originalité que nous éprouvions un véritable plaisir de trouver dans les produits plus anciens de l'intelligence et de

ANGLETERRE. — HOMME ET FEMME.

l'art indigène du Nippon. Elles ne diffèrent pour ainsi dire plus à aucun égard de ce que nous faisons paraître en Europe.

La plupart des Atlas imprimés depuis ces dernières années au Japon sont en tout semblables aux nôtres dont ils semblent n'être plus que de pures et simples copies. Sur les cartes qu'ils renferment, les longitudes et les latitudes sont tracées avec soin et il n'y a pas jusqu'aux « signes conventionnels » qui ne soient conformes à ceux qu'on emploie communément chez nous. Il en est de même des plans de villes ou autres qui n'ont plus en rien l'apparence de ceux qu'on éditait naguère dans les îles de l'Extrême-Orient.

Les Japonais sont fiers de nous ressembler en toutes choses chaque jour davantage. Je souhaite que cette manière de voir aboutisse pour eux à des résultats satisfaisants, mais je n'en suis pas absolument convaincu.

IV

L'ADAM ET ÈVE

de l'antique Yamato

Le célèbre Yasou-maro, auquel on doit la publication primitive du livre canonique des Japonais intitulé *Ko-zi Ki*, donne le nom de *Reï*[1] à deux divinités de la période secondaire du panthéon sintauïste : le dieu

1. Les diverses nuances de sens qui se rattachent à ce mot en rendent l'explication assez difficile. Il signifie : « un esprit, dans le sens de « force créatrice » ; — ce qui est subtil et lumineux dans l'esprit ; — les dieux du Ciel, également appelés *yang-ling* « esprits mâles » ou *ling-sing* « étoiles-esprits » ; — « le dieu des nuages » ; — « les trois puissances » ou *san-tsaï*, c'est-à-dire « le Ciel, la Terre et l'Homme » ; — un magicien ou *vou* ; — les hommes du pays de Tsou appelaient les magiciens *ling-tse* « fils de l'Esprit » ; — « le vide » ou plutôt « l'éther », « l'immensité de l'empyrée » ; « le principe femelle », c'est-à-dire « la matière en repos, la perfection inactive, l'obscurité » ; — l'essence sub-tile du principe femelle » ; — « la clarté », sens opposé à celui *yin ;* — « la lumière » ; — « la vie » ; — « le calme de la félicité » ; — « le bien » ; — « le principe des choses et des êtres » ; — « la base de l'esprit, qui est le *Tao* et la vertu » ; — « la tour de l'Es-prit » qui est le cœur; — les mots *ling-fou* « palais de l'Esprit », signifient « la demeure de l'Esprit subtil ». Le philosophe taoïste Tchouang-tse a dit : « Il n'est pas possible de pénétrer dans la tour de l'Esprit..... dans le palais de l'Esprit, c'est-à-dire « dans le for intérieur » ; — « la Connaissance parfaite des deux prin-cipes de l'âme » ; — « l'Esprit circulaire ou sphérique » est une

Iza-naghi et la déesse *Iza-nami*, son épouse[1]. Ce mot *reï*, qui entre d'ailleurs dans la composition du nom de plusieurs autres Kamis, désigne non point « un Esprit », comme on l'a dit, mais « une force créatrice ». C'est qu'en effet les dieux Iza-naghi et Iza-nami sont les créateurs non-seulement des îles qui formaient le monde connu des anciens Japonais, mais encore de l'océan, des rivières, des montagnes, des arbres, des plantes, du soleil, de la lune, du vent, du feu, etc. Aussi les insulaires du Nippon, qui embrassèrent le christianisme au XVIIe siècle, les appelaient-ils leur « Adam et Ève[2] ».

Il ne paraît pas cependant que, dans l'ancienne mythologie sintauïste, on ait entendu la création comme on la comprend d'ordinaire dans les religions occidentales. « Créateur » signifie chez nous « celui qui crée, qui tire du néant[3] ». Une telle notion semble étrangère à l'idée cosmogonique des anciens Japonais.

Le Dieu suprême de la première période du sintauïsme et sa plus haute expression religieuse, le *Naka-nousi* ou l'*Amé-no Kami*, ne crée rien. Tout ce qu'on

appellation du Ciel ; — la plante *ling*, remède contre la mort ; — les quatre *ling* sont : le cerf fabuleux appelé *Ki-lin*, le phénix ou roi des oiseaux, la tortue et le dragon ; — l'une des dénominations des Esprits » ; — « l'esprit du Sage ». — Il me serait facile de multiplier les explications que les dictionnaires chinois indigènes donnent du mot *ling ;* celles que je viens de rapporter me paraissent suffisantes pour faire comprendre l'acception que doit avoir ce mot dans le sujet dont je m'occupe en ce moment.

1. Moto-ori, *Ko-zi Ki*, Prolégomènes, Commentaire de la préface de Yasou-maro, livre II, p. 3.

2. Kæmpfer, *Histoire de l'empire du Japon*, livre I, chap. 7.

3. *Dictionnaire de l'Académie Française*, au mot « Créateur ».

peut dire, c'est qu'à un moment donné il délègue la mission d'engendrer le monde à des divinités inférieures qui sont précisément « les deux Reï ». Il en est de même dans la tradition populaire qui place à l'origine du panthéon japonais le dieu *Kouni-toko-tatsi-no Mikoto*. Ce dieu est produit par la métamorphose d'un roseau qui avait surgi d'une chose flottant dans le

LE DIEU KOUNI-TOKO-TATSI-NO MIKOTO

takama-no hara, c'est-à-dire dans « l'espace céleste »; et cette chose dont « la forme est difficile à décrire », dit le *Syo-ki*[1], semble avoir existé de toute éternité. L'idée de l'identifier avec le grand Dieu primordial Naka-nousi me paraît être une interprétation

1. Chap. I *a*, et chap. IV *c*, pp. 54 et 117 de ma traduction publiée par l'Ecole spéciale des Langues Orientales, *Histoire des Dynasties divines*, tome I. Paris, 1884, gr. in-8.

relativement récente des exégètes du sintauïsme.
Même lorsqu'il s'agit des deux Reï, l'œuvre qu'ils ac-
complissent n'est pas une création proprement dite,
une production d'objets dérivés de rien : c'est un véritable enfantement, puisque ces objets n'apparaissent
que lorsque les deux époux divins se sont connus à la
manière des simples mortels, suivant l'exemple de deux
oiseaux qu'ils avaient aperçus accouplés [1].

A ces réserves près, on peut appeler, si l'on veut,
Iza-naghi et Iza-nami, les créateurs du monde d'après
la doctrine sintauïste ; mais l'histoire de ces deux
thaumaturges se rattache si mal à celle des grands dieux
primordiaux de la théogonie indigène, qu'on est porté
à y voir une conception tout à fait distincte et hétéro-
gène. La légende des deux Reï ne nous est d'ailleurs
pas parvenue sans avoir subi de graves altérations. On
reconnait en la lisant qu'elle a été remaniée de façon à
la faire concorder avec le courant des idées chinoises
qui étaient en faveur à la cour des mikados, lorsque le
Ko-zi Ki et le *Ni-hon Syo-ki* ont été coordonnés. Dans ce
dernier ouvrage surtout, on constate des traces manifestes de ces idées. On y lit notamment qu'à l'origine,
« le principe femelle et le principe mâle n'étaient pas
séparés » [2]. Or l'on sait que ces deux principes, appelés
en chinois *yin* et *yang*, sont les deux éléments essen-
tiels et générateurs du dualisme philosophique des antiques riverains du fleuve Jaune et que, dans les plus
anciens livres de la Chine, on voit déjà ces deux élé-

1. *Ni-hon Syo-ki,* chap. IV (p. 88 de ma traduction).
2. *Genèse,* chap. I, § 1 (p. 3 de ma traduction).

ments énoncés dans le même ordre, c'est-à-dire le yin avant le yang, le principe femelle avant le principe mâle. Ensuite la discussion engagée entre les deux Reï, au sujet de la déférence que la femme doit à l'homme, l'oracle rendu par le Dieu suprême, suivant lequel l'insuccès des premières créations d'Isa-naghi et d'Izanami provient de ce que celle-ci s'est permis de parler dès l'abord pour provoquer chez son époux des sentiments amoureux qu'il appartenait à l'homme d'exprimer le premier ; tout cela est tellement chinois de sentiment, qu'il m'est impossible de n'y pas voir une œuvre étrangère au génie des anciens habitants du Yamato.

Mais ce n'est pas seulement l'immixtion des idées chinoises dans la légende d'Iza-naghi et d'Iza-nami qui provoque le doute sur le caractère homogène des données qu'elle renferme ; ce sont encore les inconséquences et les anachronismes qu'on y rencontre à chaque pas. On peut dire, il est vrai, que l'imagination populaire qui invente les mythes primitifs des religions se préoccupe assez peu d'être logique avec elle-même, et qu'il serait exorbitant de lui demander une exactitude qui n'est évidemment pas de son ressort. Je crois néanmoins que, dans la cosmogonie à laquelle président les deux Reï, il y a plus que de tels écarts et qu'il faut y voir un mélange mal dissimulé de récits provenant de sources différentes.

Le Soleil est créé à une époque postérieure à la plupart des autres créations ; d'où il résulterait qu'avant la naissance de cet astre engendré par Iza-naghi, l'univers aurait vécu dans une obscurité profonde. L'existence des végétaux avant le soleil se retrouve, il est vrai, dans la *Genèse* du peuple hébreu ; mais je ne pense pas qu'il faille voir là une théorie scientifique de l'apparition successive des êtres, théorie qui appartient essentiellement au courant des idées modernes.

La création des animaux est à peine mentionnée dans les livres canoniques du sintauïsme [1]. On serait cependant en droit de supposer qu'elle y est antérieure non seulement au soleil et à la lune, mais même aux continents, aux mers et aux végétaux, puisque les deux Reï, à leur descente du Ciel et avant d'avoir procédé à leur première œuvre, aperçoivent des hoche-queues qui leur apprennent la manière de s'accoupler. Comment ces hoche-queues, qui n'étaient probablement pas les seuls animaux existant, pouvaient-ils se nourrir et sur quoi pouvaient-ils se reposer, alors qu'il n'existait ni terre ni eau ? Voilà une question à laquelle il n'est pas donné de réponse et qu'il me paraît d'ailleurs inutile de trop approfondir.

Ce qui me semble plus intéressant à examiner, bien que le terrain fléchisse à chaque instant sous les pas, c'est la question de savoir dans quelle mesuré la mythologie des autochtones Aïnos se trouve mêlée ou associée à celle des envahisseurs Japonais dans les traditions religieuses et cosmogoniques que ces derniers nous ont transmises.

Hirou-ko ou « la Sangsue », ce premier enfant des

---

1. Dans l'annexe *f* du chap. v du *Ni-hon Syo-ki*, on dit : « Plus tard, Iza-nami donna successivement naissance à toutes sortes d'êtres », parmi lesquels il faut sans doute compter les animaux (p. 163 de ma traduction). Des poissons et divers animaux furent créés plus tard (ch. v *k ;* p. 194 et suiv. de ma traduction).

deux Reï qu'ils abandonnent dès sa naissance au gré
des flots, qu'ils chassent loin d'eux comme un être
indigne de leur sang divin, Hirou-ko est évidemment
la représentation, sinon des Aïnos proprement dits, du
moins des hommes étrangers à la race Japonaise d'une
manière générale. Les fidèles du sintauïsme l'ont placé
en tête de la liste de leurs « Sept Dieux du Bonheur »
(*Sitsi foukou-zin*), sous le nom de *Yébisou*. Quelques
auteurs indigènes se sont, il est vrai, refusés à admettre
que, sous ces deux noms, il faille reconnaître un seul
et même Kami[1]; mais l'opinion qui les a identifiés
paraît avoir généralement prévalu[2].

La légende raconte que lorsque Hirou-ko eut été
livré par ses parents au hasard des flots, la petite
barque de bois de camphrier dans laquelle il avait été
déposé vint échouer sur le rivage de la baie de Mou-
kau-no Kôri, province de Setsou. Les habitants de la
localité s'empressèrent de recueillir l'enfant qui devint
l'une des principale divinités tutélaires de leur région.
Dans le département de Nisi-nori, il est adoré conjoin-
tement avec Sosa-no-o, autre fils des deux Reï, qui, lui
aussi, représente un élément ethnique étranger à la
souche japonaise. Ces trois divinités sont également
adorées à Nisi-no miya, situé dans le département de
Mou-kau[3].

La province de Setsou, où vint aborder Hirou-ko, se
trouve au nord-est de la Mer intérieure du Japon, à peu
de distance de l'île d'Avadzi. Or, nous savons que

1. *Wa Kan San-saï dzou-yé*, t. LXXIV, p. 29.
2. Puini, *I sette Genii della Felicità*, p. 9.
3. *Wa Kan San-saï dzou-yé*, t. LXXIV, p. 17.

cette île fut le berceau de la théogonie japonaise et le point de départ des migrations des Kamis terrestres. Nous savons en outre qu'à cette époque reculée les autochtones Aïnos occupaient toute l'étendue de la grande île de Nippon et que ce fut seulement à l'arrivée du conquérant Zin-mou que ces autochtones commencèrent, non sans présenter une vigoureuse résistance, à perdre du terrain et à se voir refouler vers le Nord.

La situation très méridionale du pays de Setsou n'est donc pas une objection contre la théorie qui veut faire de Hirou-ko une divinité spéciale aux Aïnos. Le nom de *Yébisou*, attribué à Hirou-ko et qui désigne « les Barbares », c'est-à-dire « les Aïnos », vient également à l'appui de cette théorie qui est fortifiée d'ailleurs par ce fait que certaines divinités du panthéon sintauïste sont représentées sous des dehors désavantageux, tandis que d'autres, au contraire, sont figurées sous les traits qui paraissent les rendre au plus haut degré sympathiques à la population du pays. Or Hirou-ko, d'après le *Syo-ki*, était d'une constitution tellement chétive qu'à l'âge de trois ans il ne pouvait pas se tenir debout sur ses jambes [1]. Ses parents, désolés d'avoir donné le jour à un être aussi imparfait, ne voulurent pas l'admettre au nombre de leurs enfants et, comme on l'a vu, ils l'abandonnèrent à l'inclémence des flots.

Les rédacteurs primitifs du *Kami yo-no maki*, c'est-à-dire du Livre des dynasties divines, ont eu évidemment l'intention de raconter l'histoire du peuplement de l'univers entier ; et, tout en donnant en détail celle

---

1. *Ni-hon Syo-ki*, chap. v, 8 (p. 130 de ma traduction).

du Japon, pays privilégié des dieux, ils ont cru nécessaire d'expliquer l'existence des barbares que leurs
ancêtres avaient chassés du centre de leur évolution
politique et sociale. La faiblesse des jambes du dieu
Hirou-ko est une image de l'infériorité des Aïnos qui
ne purent se tenir longtemps debout en présence de la
vigueur des soldats du conquérant Zin-mou. C'est du
moins la seule manière d'expliquer, je crois, le rôle de
Hirou-ko dans la mythologie sintauïste, à moins qu'on
préfère n'y voir que des récits enfantins et en désordre
n'ayant pas même le mérite de conserver la mémoire de
quelques faits ethniques des annales de l'Extrême-
Orient.

§ II

L'idée d'adorer l'astre du jour est toute naturelle
chez les peuples encore à l'aube de la civilisation.
Aussi voyons-nous le culte du Soleil en honneur dans
une foule de pays différents de l'antiquité. Il ne me
paraît pas impossible que ce culte soit plus ancien
que tous les autres dans l'archipel Japonais, et que le
panthéon sintauïste, tel que nous le connaissons,
ait été formé par le groupement d'une suite de
légendes hétérogènes autour de celle du Soleil.

Examinons :

D'après les livres canoniques du Yamato, *Ama-té-
ràsou Oho-kami*, c'est-à-dire « la Grande Déesse qui
brille au Firmament », serait née de l'union charnelle
des deux Réï, après qu'ils se furent établis dans les îles
du Japon. Suivant une autre version, cette déesse ne

devrait le jour qu'au seul Dieu mâle Iza-naghi[1]. Toujours est-il que ses parents, la trouvant d'une beauté sans pareille, ne voulurent point qu'elle demeurât sur la Terre et lui donnèrent l'ordre de se rendre dans l'Empyrée, d'où elle gouvernerait le monde. Établie de la sorte sur la Plaine du Ciel élevé (*Takama-no hara*), la déesse Ama-térasou Oho-kami put jouir de l'immortalité, tandis que son père et sa mère moururent comme de simples humains. Un ancien texte rapporte, il est vrai, que le divin Iza-naghi, après avoir accompli sur terre la mission créatrice que lui avait confiée l'*Améno kami* ou Dieu suprême, s'en retourna dans le séjour des grands kamis ; mais ce texte ne semble pas s'accorder avec les autres données mythiques qui l'entourent. En tout cas, le doute n'est pas possible pour ce qui concerne la déesse Iza-nami, puisqu'on dit expressément qu'elle mourut en enfantant le dieu du Feu et que son époux se rendit aux régions infernales dans le vain espoir de l'en faire sortir et de la ramener avec lui.

Il appert de tout ceci que Ama-térasou Oho-kami répond à la conception que nous pouvons nous faire d'une déesse, puisqu'elle jouit du rare privilège sinon de l'éternité, du moins de l'immortalité, tandis que nous avons peine à qualifier du titre de dieux des personnages qui, tels que les deux Reï, naissent à un certain moment pour mourir quelque temps après. Les sectateurs du sintauïsme l'ont évidemment bien compris. C'est pour cela qu'ils ont relégué sur un plan assez éloigné le divin Iza-naghi et son épouse Iza-nami,

---

1. Voy. mon *Histoire des Dynasties divines*, t. I, p. 137.

pour offrir tout particulièrement leurs hommages à leur prétendue fille, la Grande Déesse Solaire.

Lorsque les anciens Japonais résolurent de donner un corps à leur religion nationale, ils se trouvèrent en présence d'une foule de légendes traditionnelles qui manquaient de corrélation et qu'il était bien difficile d'accorder entre elles sans leur faire subir de profonds remaniements. C'est sans doute à cette époque qu'ils se décidèrent à attribuer des aïeux à la Grande Déesse Solaire, de façon à la rattacher à la doctrine tout d'abord monothéiste de l'Amé-no Kami. A moins cependant, — ce qui n'est pas invraisemblable, — que cette doctrine n'ait été imaginée après coup et que le besoin d'y associer les réminiscences populaires du culte solaire n'ait motivé l'invention des récits théogoniques qui sont parvenus jusqu'à nous.

Quoi qu'il en soit, il me semble inadmissible que la généalogie des dieux, telle que nous la trouvons dans le *Ko-zi Ki* et dans le *Syo-ki*, ait été une œuvre autonome, sortie d'un seul et même moule ; et plus j'examine les mythes de la *Kami-no mitsi*, plus j'incline à croire qu'ils sont la résultante d'un travail de condensation d'éléments épars et de provenances différentes.

Dans un mémoire que j'ai publié en 1884[1], je me suis demandé si la Grande Déesse Solaire, envoyée au Ciel au moment de sa naissance, était bien la même Déesse du Soleil que nous rencontrons un instant après sur la Terre[2] où elle préside à l'agriculture, et si c'était

1. Dans la *Revue de l'histoire des Religions*.
2. Il paraît peu admissible que les champs de culture de la Grande Déesse, bien qu'ils soient appelés « champs céles-

enfin la divinité qui donna le jour à un fils duquel devait descendre l'aïeul du premier mikado japonais, l'empereur Zin-mou Ten-'au. J'ai hésité à me prononcer à cet égard et je préfère encore aujourd'hui me maintenir sur l'expectative. Je ne puis cependant m'empêcher de faire remarquer que la légende d'Ama-térasou Oho-kami, qui nous montre cette déesse occupée aux travaux de la campagne, aux ensemencements, aux récoltes et dirigeant le tissage des étoffes, nous représente bien plus une divinité terrestre qu'une divinité incorporelle régnant dans l'espace immense (*oho-sora*); et je suis tenté de voir dans cette légende la déification de l'art le plus nécessaire aux hommes, — l'Agriculture, — rattachée à l'idée du Soleil, parce que le soleil est considéré comme le bienfaiteur des campagnes et de la classe des paysans (*nô-ka*).

On pourrait au besoin trouver une autre preuve que Ama-térasou Oho-kami est bien la personnification d'un peuple essentiellement agricole, dans la querelle engagée entre cette déesse et son frère, le divin Sosa-no-o. Cette querelle, qui occupe la plus large place dans la seconde partie du *Syo-ki*, repose exclusivement sur ce fait qu'Ama-térasou Oho-kami avait reçu en partage des champs fertiles, tandis que Sosa-no-o n'avait hérité que de champs incultes. La jalousie de ce dernier le pousse à saccager les terres de sa sœur qui, ne sachant plus comment sauvegarder ses plantations, se décide,

tes » c'est-à-dire « champs divins », aient été placés ailleurs que sur la terre. Dans le domaine de la mythologie, je le sais, on peut tout soutenir; mais il faut cependant admettre une certaine somme de sens commun, même dans les œuvres de l'imagination religieuse.

dans son désespoir et peut-être aussi par malice, à se réfugier dans une grotte. Et comme Ama-térasou Oho-kami est en même temps le Soleil, du moment où elle est enfermée entre des rochers, une éclipse se produit, qui plonge l'univers dans une obscurité profonde. Pour recouvrer sa lumière bienfaisante et obtenir de nouveau son précieux concours, l'expulsion de Sosa-no-o est décidée par le Conseil des Dieux. L'envahisseur étranger du sol et des cultures japonaises est contraint de s'enfuir dans le *Né-no kouni*, c'est-à-dire dans sa patrie inculte, dans les pays du Nord, dans les îles actuellement occupées par les Aïnos. Ces pays sont des pays de malheur ; l'imagination populaire en fait un séjour de malédiction et de tourment. Les mots *Né-no kouni* deviennent en conséquence un synonyme d'Enfer.

On aperçoit, dans tout le récit des créations cosmiques dues aux deux Reï, des linéaments de géographie et d'histoire primitive d'un intérêt incontestable pour la connaissance des origines japonaises ; et l'on peut suivre sur la carte, en lisant les livres canoniques du Sintauïsme, plusieurs cycles distincts[1] qui nous font connaître autant de centres traditionnels de la théogonie de l'Extrême-Orient. Néanmoins, malgré quelques remarquables travaux d'érudition publiés sur ce grand problème d'ethnographie et d'ethnogénie reli-

---

1. M. Hall-Chamberlain admet trois cycles de légendes dans le *Ko zi Ki*, savoir : le cycle d'*Idzoumo,* le cycle de *Hiou-ga* ou de *Kiou-siou* et enfin le cycle de *Yamato*. (Voy. *Transactions of the Asiatic Society of Japan,* t. X). — J'ai publié, de mon côté, une carte sur laquelle figure l'itinéraire des créations des deux Reï (*Histoire des Dynasties divines,* trad. du japonais, t. I. p. 125). Elle a été reproduite dans ce volume, p. 91.

gieuse[1], il est encore bien difficile d'établir la véritable.
provenance du fondateur de la nation et de la monarchie
japonaise, auquel on donnait anciennement le nom de
Kan Yamato Ivaré Hiko et qui reçut par la suite celui
de *Zin-mou*, par lequel il est connu des orientalistes
européens. Ce Zin-mou doit le jour à un petit-fils de la
Grande Déesse Solaire[2], mais la provenance de ce
petit-fils reste cachée sous les voiles du mythe qui le
fait descendre du Ciel pour devenir l'aïeul des mikados
du Japon.

Au moment où la bande d'envahisseurs commandée
par Kan Yamato Ivaré Hiko apparut dans les îles de
l'Extrème-Orient, ces îles étaient occupées, peut-être
toutes, à coup sûr les principales, par des autochtones
à corps velus que les anciens Chinois connaissaient
comme tels sous le nom de *Mau-zin*[3] et que les ethnographes ont identifiés avec les Aïnos, population
actuelle de Yézo, de Krafto, des Kouriles, de la pointe
sud du Kamtchatka et de la côte orientale de la Tartarie.
Le conquérant qui se présentait dans ces pays où régnait
déjà une certaine somme de civilisation était évidemment un étranger ; et ce caractère d'étranger lui rendait
difficile l'accomplissement de ses ambitieux desseins.

1. Voir notamment la belle étude de Léon Metchnikoff, dans
les *Mémoires de la Société Sinico-Japonaise*, t. V, p. 5 et suiv.

2. *Ama-tsou Hidaka Hiko Hoho Ni-nigi-no Mikoto*, descendu du
Ciel et qui s'est établi dans le palais de *Taka-tsi-ho*, ou pays de
Hiou-ga (île actuelle des Kiou-siou).

3. Ces hommes velus de l'Extrème-Orient, ou *Mao-jin*, sont
déjà mentionnés dans la partie ethnographique de cette vieille
géographie, peut-être la plus ancienne du monde, qui porte le
titre de *Chan-haï King* et dont j'ai composé, pour la première
fois, une traduction en langue européenne (Paris, 1891, in-8°).

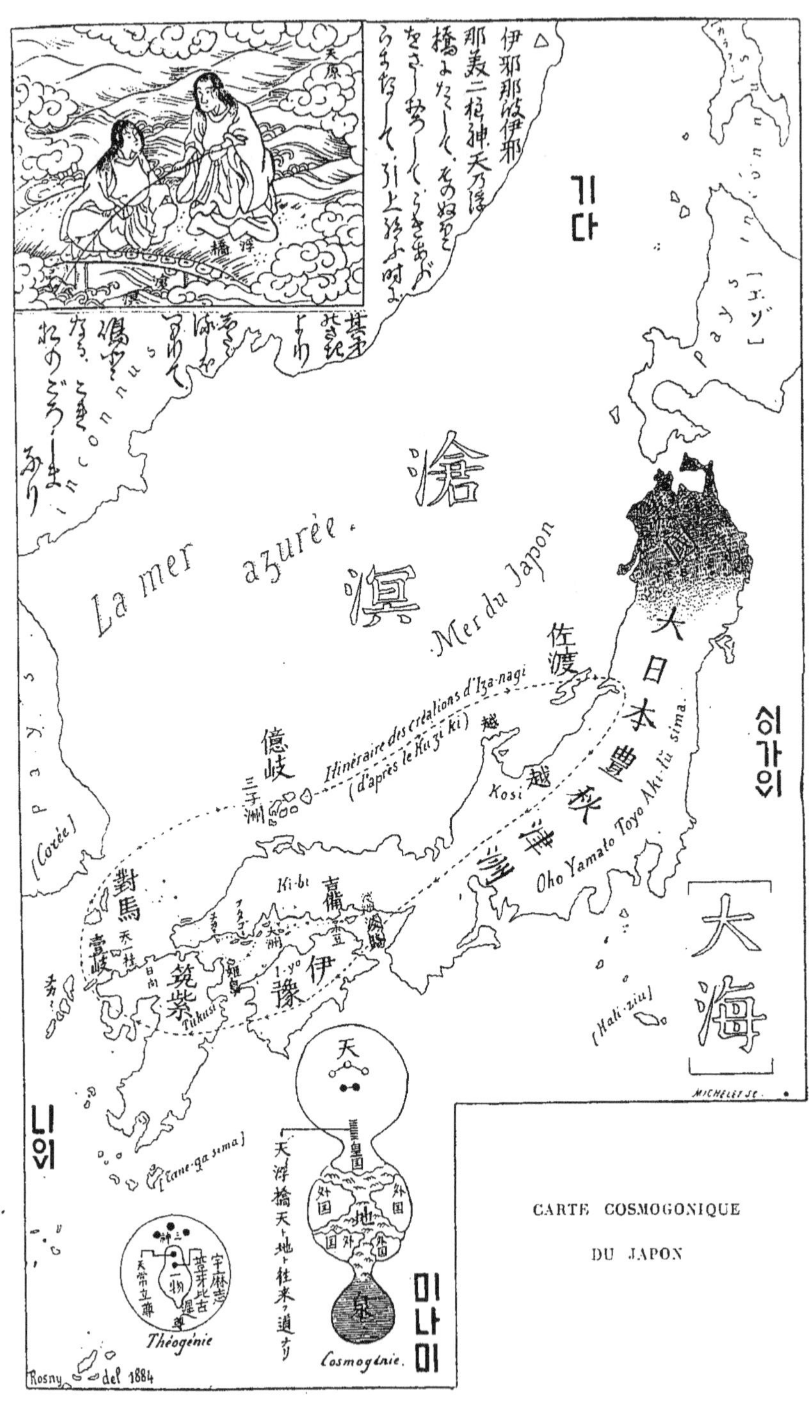

CARTE COSMOGONIQUE

DU JAPON

C'est sans doute après plusieurs insuccès, dont l'histoire nous a d'ailleurs conservé le. souvenir, qu'il comprit la nécessité de s'assurer des attaches avec la population indigène. Pour y réussir, il soutint qu'il était issu des dieux du pays et, à ce titre, proche parent des chefs Aïnos.

Les intérêts politiques de Zin-mou furent évidemment le principal mobile des créations théogoniques du sintauïsme. On peut supposer que ces créations furent d'abord formulées d'une façon qui leur donnait le caractère d'un tout homogène et bien coordonné ; mais, à cette époque très ancienne, les Japonais ne connaissaient pas l'art d'écrire qui ne fut introduit que plusieurs siècles après dans leur archipel. La légende fondamentale de la *Kami-no mitsi* ou « Culte des Génies » fut donc confiée à la mémoire populaire, et toutes sortes d'évènements contribuèrent à en altérer la pureté originelle. Lorsque les livres sacrés du Sintauïsme furent reconstitués au viii⁰ siècle de notre ère, on se trouvait en présence de plusieurs traditions discordantes. Il eut peut-être été facile à cette époque de choisir, parmi les récits divergents qui circulaient dans le pays, celui qui paraissait le plus favorable à la cause monarchique qu'on avait l'intention de servir. Ce système d'altération consciente et volontaire des données anciennes ne fut cependant pas pratiqué, et les rédacteurs du *Syo-ki* jugèrent à propos de reconstituer les vieilles annales religieuses de leur patrie avec toute l'honnêté et le désintéressement qu'on pourrait à peine attendre de l'érudition européenne. De là viennent les incertitudes continuelles et même les contradictions que l'on découvre dans les livres sacrés de l'antiquité japonaise ;

de là, viennent aussi ces mélanges mal dissimulés des mythes aïnos associés aux mythes imaginés par les conquérants des îles de l'Asie orientale.

Je n'ai pas l'intention de m'occuper en ce moment de ces contradictions fréquentes qui, dans le *Ko-zi Ki* et dans le *Syo-ki*, contribuent à altérer les données généalogiques relatives aux dieux du sintauïsme et en particulier aux Kami qui nous sont donnés comme devant le jour aux deux Réï. On me permettra néanmoins de signaler l'incertitude qui règne au sujet de la parenté de la Grande Déesse Ama-térasou Oho-kami, propriétaire des campagnes fécondes, et du dieu Sosa-no-o, héritier des champs incultes.

Ces deux divinités nous sont généralement présentées avec le caractère de frère et de sœur, et l'une et l'autre comme ayant eu pour père Iza-naghi et pour mère Iza-nami. La légende raconte notamment que lorsqu'il eut été condamné par les dieux du Ciel à un exil lointain comme châtiment des crimes qu'il avait commis en dévastant les campagnes fécondes de la Grande-Déesse Solaire, le divin Sosa-no-o demanda à se rendre au pays de sa mère défunte, la divine Iza-nami, dans le *Né-no Kouni*, c'est-à-dire dans le Royaume des Racines. Mais le *Ko-zi Ki*, qui est le plus ancien livre canonique du Japon, ne donne point de mère à ce futur roi des contrées septentrionales où l'imagination du peuple ne tarda pas à placer les Enfers, et il le fait naître du souffle du seul dieu Iza-naghi. Ce serait peut-être aller un peu loin que de vouloir tirer de ce désaccord au sujet de la parenté de Sosa-no-o et de la déesse du Soleil un argument pour soutenir qu'ils n'étaient pas parents, qu'ils représentaient au contraire deux éléments ethniques en rivalité dans le pays, que leur caractère de frère et de sœur n'a été imaginé qu'après coup pour donner plus d'ensemble et plus d'unité à la théogonie sintauïste. Je juge néanmoins qu'il y a là une trace des embarras qui ont assailli les premiers coordinateurs des légendes sintauïstes, embarras qui résultaient surtout de la nécessité d'avoir à réunir des légendes empruntées à des sources absolument différentes.

D'autres données viennent à l'appui de l'opinion que je présente ici au sujet de la promiscuité qui règne dans l'antique mythologie japonaise. Le divin Sosa-no-o, chassé du Ciel, se rend avec la permission des dieux au pays de sa mère défunte, dans la contrée d'Idzoumo ; il y épouse la fille d'une divinité locale et s'établit avec sa femme dans le *Ina-da-no Miya* « Palais des Rizières » ; sa nombreuse progéniture arrive par la suite à étendre les limites du territoire sur lequel elle domine, jusqu'à ce qu'enfin elle vienne menacer la contrée que la Grande Déesse Solaire avait réservée pour ses propres descendants. Ama-térasou Oho-kami réclame alors l'intervention des Dieux du Ciel pour opposer une digue à la marche envahissante des petits-fils du divin Sosano-o. Le Céleste Conseil envoie sur la terre un messager qui réussit à conclure un pacte garantissant l'intégrité du territoire central d'Asi-vara. « Tout cela, dit avec raison un savant japoniste [1], peut être considéré comme une sorte de « prologue au Ciel » du drame terrestre que

____

1. M. Léon Metchnikoff, dans les *Mémoires de la Société Sinico-Japonaise*, t. V, p. 17.

nous raconte la partie du *Ko-zi Ki* concernant l'arrivée et l'installation de l'empereur Zin-mou dans le Yamato. »

Il est bien évident que les récits sur lesquels repose la théogonie des anciens Japonais, et tout particulièrement l'histoire des deux Réï, fourmillent d'inconséquences qu'il serait puéril de vouloir justifier. Quelques exégètes indigènes, désireux de reconstituer sur de nouvelles bases la religion nationale de leur pays, ont tenté cette tâche aussi ingrate que périlleuse. Les plus célèbres d'entre eux, Ka-da, Ma-boutsi, Moto-ori, Hira-ta, ont fait des prodiges d'érudition pour y réussir. Tant qu'ils se sont maintenus sur le terrain de la philologie proprement dite, leurs efforts intelligents ont abouti à de remarquables résultats : ils ont restitué à « l'idiome de Yamato » le caractère d'une langue savante et en même temps celui d'une langue sacrée. Mais, lorsqu'ils se sont lancés dans les discussions morales et philosophiques, leurs tentatives ont été moins heureuses. Ils voulaient trouver, dans les vieux textes du Sintauïsme, la base d'une restauration religieuse qui n'était plus possible dans le milieu où ils vivaient. C'est à grand peine si le Bouddhisme, cette puissante et splendide doctrine indienne, a pu résister au choc des idées européennes introduites au Japon à l'arrière-garde de nos diplomates et de nos commerçants. La religion toute primitive et souvent enfantine de la Kami-no mitsi ne pouvait renaître au milieu d'un peuple qui se lance sans cesse à corps perdu et sans y être suffisamment préparé dans le domaine de la révolution philosophique et de la libre pensée.

Ce n'était pas assez de soutenir, ce qui d'ailleurs

n'est pas encore suffisamment établi, que le monothéisme personnifié par le dieu Naka-nousi avait existé
à l'aurore de la religion sintauïste. Le fait d'avoir
mentionné, mais seulement mentionné, l'existence d'un
Dieu suprême, s'il permet l'emploi du mot « monothéisme » pour caractériser une religion, ne suffit pas
pour assurer à une croyance des garanties de durée et
d'avenir. Il faut tout au moins que cette idée monothéiste soit associée à un ensemble de principes d'une
valeur quelconque. Le Naka-nousi des anciens Japonais
n'est entouré d'aucun corps de doctrine, et bientôt il
disparaît dans l'inextricable confusion du panthéon de
Yamato. Ce Dieu suprême, dans la croyance et dans le
culte populaire, n'est rien à côté de la Grande Déesse
du Soleil, issue du mariage des deux Réï. Confondu
parfois, comme j'ai eu l'occasion de le dire, avec le
dieu Kouni-toko-tatsi-no Mikoto, qui occupe sa place
dans les catéchismes à l'usage de la foule, il est à peu
près complètement oublié des derniers sectateurs de la
religion des Kamis. Seule, la déesse Ama-térasou Oho-
kami est encore l'objet de la vénération des paysans et
des classes inférieures du Japon. Le Sintauïsme, malgré
le zèle ardent d'une petite école d'érudits indigènes, est
condamné à disparaître dans un temps très prochain.
Les partisans enthousiastes de la pure Sin-tau ont eu
grand tort de ne pas conserver à leur œuvre un caractère exclusivement historique ; leurs incursions dans
les voies de la propagande religieuse ne pouvaient en
aucune façon les conduire à la restauration d'un édifice
à jamais vermoulu.

C'est en vain que Hirata cherche à prouver que le

pays où sont nés tous les dieux est nécessairement le premier pays du monde ; que l'existence de ces dieux a été connue sur le continent par l'intermédiaire des Coréens qui avaient appris du Japon l'histoire véritable des origines du monde[1]. Le chauvinisme des insulaires de l'Asie orientale n'est pas assez puissant pour faire adopter de telles théories ; et, lors même qu'on admet qu'ils sont les hommes les plus parfaits de la terre, parce que, tous sans exception, comptent des dieux parmi leurs ancêtres, ils ambitionnent un honneur plus modeste, celui d'être assimilés aux Européens. La restauration du Sintauïsme, au point de vue pratique, n'est rien moins qu'une impossibilité : ceux qui rêvent d'accomplir une pareille tâche ont fait une énorme erreur de chronologie.

1. Voir, sur les singulières spéculations théologiques de Hirata Atsoutané, le curieux article de M. Satow, dans les *Transactions of the Asiatic Society of Japon*, vol. III, Appendice, p. 41 et passim.

V

LES NOVATEURS BOUDDHISTES

de l'Extrême-Orient

Il était onze heures du soir, il m'en souvient ; je travaillais tranquillement, quand on vint faire à ma porte quelque bruit.

— Monsieur, me dit ma bonne en entrant brusquement dans mon cabinet, *c'est* beaucoup de curés qui demandent à vous parler, mais des curés pas comme les autres.

— Beaucoup de curés, à onze heures du soir, chez moi, quel honneur ! Mais est-ce bien moi qu'ils demandent ?

— Oh ! oui, monsieur, ils demandent M. *Roni Sama*.

Je commençai à comprendre, mais à moitié, je l'avoue. Je donne ordre néanmoins qu'on fasse entrer tous les curés.

Un moment après, je vois défiler dans mon cabinet les curés en question, le corps replié en avant de façon à former un angle rectangle, les deux mains strictement attachées aux genoux.

C'était une bande de bonzes Japonais qui venait à l'improviste envahir mon domicile.

A la tête de la bande se trouvait un petit homme
fort petit, grêlé, portant assez mal l'habit européen que
ses compagnons, au contraire, revêtaient avec toute la
coquetterie de nos dandys du Jockey-Club. Ce petit
homme avait l'œil vif, spirituel, par moments investi-
gateur à l'excès. Il représentait à ne pas s'y méprendre
le personnage important de la troupe. Je sus bientôt que
c'était un homme fort modeste, puisqu'il eût pu se faire
annoncer sous le titre de Monseigneur l'Évêque alors
qu'il s'était contenté de se confondre avec les membres
de sa suite sous l'humble titre de « curé ». C'était, en
effet, un curé, un évêque, ou, pour parler un langage
plus précis que le sien, le Supérieur d'un grand couvent
bouddhiste du Japon.

Depuis près de dix ans, j'avais constamment été en
relations intimes avec tous les Japonais qui venaient
résider en France, mais je n'avais pas encore eu l'avantage de me rencontrer avec un ministre du bouddha
Çâkya-Mouni. Aussi ma première pensée fut-elle de
profiter de l'occasion pour faire à cœur joie de la philosophie indo-japonaise et pour lever une foule de difficultés qui entourent les études bouddhiques spéciales
au Japon. — J'avais compté sans mon hôte. Monseigneur avait bien autre chose en tête que de la philosophie ! Il avait même tant de choses à me demander, que
je n'eus guère le loisir de profiter pour mon compte de
sa visite inattendue.

« Nous venons en Europe, me dit M. S***, l'évêque
en question, pour étudier les religions de l'Occident.
Notre gouvernement, depuis quelques années, ne sait
plus à quoi s'en tenir au sujet de la question religieuse,

et il nous a chargés de lui faire un rapport sur ce qu'en pensent les Européens. Nous sommes donc venus en France où nous avons essayé d'accomplir notre mission. A mon vif regret, plus nous avons cherché à comprendre vos religions, plus nous sommes arrivés à embrouiller nos idées. Nous croyions, à Yédo, que les peuples de l'Occident, qui ont réalisé tant de progrès dans les sciences et développé à un si haut degré la civilisation *rationnelle*, devaient posséder une *religion scientifique*. Jusqu'à présent nous cherchons cette religion et nous ne la trouvons pas. Peut-être voudrez-vous bien nous apprendre où nous pourrions la trouver ».

Au moment où m'arrivait à brûle-pourpoint cette question embarrassante, je préparais pour l'Institut de France un mémoire sur la question de l'accent prépondérant dans les mots composés sinico-japonais dont la pénultième est affectée du ton *jouh-ching* ou « rentrant ». C'est assez dire que je n'avais guère l'esprit tourné du côté des spéculations philosophiques et religieuses.

Voyant mon hésitation à lui répondre, le bonze S*** continua :

« J'appartiens à une religion qui compte plus de sectateurs qu'aucune autre religion connue et qui, si j'en crois ce qu'on écrit dans vos livres européens, serait pratiquée par près de la moitié des hommes qui professent sur la terre une croyance quelconque. Je comprends donc ce que c'est qu'une religion, et si la vôtre, ou tout autre que vous pourriez m'indiquer, vaut mieux que la nôtre, je suis, pour ma part, non seulement prêt à suivre vos enseignements (*osiyé*), mais même à renoncer à toutes mes idées antérieures, pourvu que vous me démontriez que nous sommes aussi en retard sur l'Europe en fait de religion, que nous le sommes incontestablement en fait d'industrie. Vous savez que nous n'imitons pas l'entêtement des Chinois, et il faudrait peu de chose pour que nous vendions au rabais tous nos dieux, afin d'en acheter en échange quelques-uns des vôtres.... s'ils valent mieux, bien entendu ».

Mon étonnement redoublait à chacune des paroles de mon curieux interlocuteur, et je me faisais une sorte de cas de conscience de ne lui répondre quoi que ce soit avant d'avoir réfléchi sur la portée de mes réponses. Une expérience déjà longue m'avait démontré que les Japonais adoptaient les idées nouvelles avec une rapidité vertigineuse qui est bien faite pour effrayer tout esprit honnête appelé à leur donner des conseils.

Je résolus donc de tourner la question ; et, au lieu de leur parler de la *religion scientifique* de l'Occident dont ils voulaient connaître les préceptes, je tentai de les amener sur le terrain du bouddhisme du Japon et sur celui des origines de la doctrine de Çâkya-Mouni. Le bonze S*** accepta, non sans peine, ce terrain de discussion. Je me sentis aussitôt plus à l'aise et j'engageai la conversation à peu près dans ces termes :

— Le Japon, depuis quelque temps, a coupé court avec son passé et se jette, permettez-moi de vous le dire, à corps perdu dans ce qu'il croit être le progrès et l'avenir. Vous avez déjà délaissé beaucoup de vos antiques institutions ; vous avez discrédité à vos propres yeux celles que vous n'avez pas encore détruites. Le vieil empire des mikado s'écroule sous la pression d'idées révolutionnaires que je n'ai point à condamner, mais dont vous n'avez peut-être pas prévu toutes les conséquences. Une puissante organisation aristocratique et féodale existait dans votre pays. Un soir, vous avez résolu de l'anéantir ; le lendemain matin, à l'aube du jour, c'était à peine si l'on pouvait en apercevoir quelques vestiges au milieu du brouillard matinal de vos transformations politiques. (Que le lecteur me pardonne si je rapporte cette conversation en lui conservant la forme que je ne pouvais me dispenser d'adopter). Aujourd'hui, vous vous préoccupez de la Religion, et peu de chose suffirait pour que votre religion n'eût bientôt pas plus de durée que vos institutions sociales. Ne redoutez-vous pas la rapidité fiévreuse avec laquelle vous transformez votre passé, et êtes-vous sûrs de bien prévoir ce que pourra être votre futur ?

A ce moment, un des bonzes de la bande, qui n'avait pas encore prononcé un seul mot, crut devoir intervenir dans la discussion. C'était un gaillard vigoureusement bâti, aux pommettes saillantes comme les Chinois, mais au nez presque aquilin comme les Occidentaux, dont la taille, plus haute que de coutume chez ses compatriotes, contrastait singulièrement avec la petitesse lilliputienne du monsignore à côté duquel il avait eu soin de s'assoir.

— « Nous ne nous préoccupons pas des dangers auxquels nous courons en marchant vite. Nous voulons apprendre si nous sommes dans l'erreur ; et, dans le cas affirmatif, nous voulons essayer d'en sortir. Notre maître (le mikado), auquel on signalait les dangers que la révolution du Japon pouvait faire courir à sa personne, n'a pas hésité à répondre à ses courtisans qui l'engageaient

à ralentir la marche des réformes : « Puisque mon pays
est en arrière sur l'Europe de plus d'un siècle, il faut
qu'il marche très vite en avant pour regagner le temps
perdu. Si la révolution me prépare le sort de Louis XVI
ou de Charles Ier, qu'elle poursuive sa voie (*mitsi*) : ce
n'est pas moi qui l'arrêterai ». — Si donc notre Maître
a parlé de la sorte, voulez-vous que nous autres, bonzes
stupides, nous hésitions à marcher en avant? La doctrine de *Kô-si* (Confucius) a faussé nos idées pendant
plus de dix siècles ; la doctrine de *Hotoké* (Bouddha) a
plongé notre nation dans un sommeil de mort : nous ne
voulons plus dormir ; nous voulons nous réveiller. S'il
le faut, nous mettrons Hotoké à côté de Kô-si, dans les
musées de nos antiquaires. Mais, cela fait, nous voulons
connaître et adopter la Religion scientifique de l'Occident. »

Décidément, la *religion scientifique* de l'Occident leur
tenait fort à cœur. La seule malfortune, c'est que je ne
la connaissais guère plus qu'ils ne la connaissaient
eux-mêmes. Je leur demandai donc de vouloir bien
s'expliquer sur ce qu'ils entendaient par là.

La réponse ne se fit pas attendre ; mais elle fut loin
de me fournir les éléments d'une réplique de nature à
les satisfaire.

— « Cette religion, dit alors le bonze S*** en me citant
successivement tout une série de noms tellement défi-
gurés que j'eus tout d'abord beaucoup de peine à
comprendre de qui il voulait parler, — cette religion
est celle de MM. Calvin, Svédenborg, Luther, Renan,
Fourier, Voltaire, Zoroastre, Bâb, Auguste Comte,
Mahomet, et.... (je me suis demandé pourquoi) de M. le

marquis d'Argence. C'est celle qui est exposée dans les
Questions de Zapata ».

Et alors mon visiteur me pria, par parenthèse, de lui
dire à quelle époque avait vécu ce M. Zapata.

Mon embarras croissait. Je leur dis :

— Vous avez donc étudié la doctrine de tous ces
messieurs que vous venez de me nommer ?

— « Nullement, répondit l'un d'eux ; et c'est parce
que nous ne les connaissons que pour en avoir entendu
dire quelques mots, que nous sommes venus en Europe
afin de chercher dans leurs temples à connaître leur
enseignement ».

Je dus leur avouer, fort à regret, que la plupart de
ces messieurs n'avaient point de temples à Paris,
notamment Svédenborg, Fourier et M. Renan ; mais,
ajoutais-je, vous pourrez facilement vous procurer des
livres dans lesquels vous trouverez d'une manière
explicite la doctrine des uns et des autres.

Parlant de Zoroastre, je leur dis que les livres
attribués à cet instituteur, de beaucoup plus anciens
que les autres, étaient rédigés en langue et en écriture
zend, et je leur montrai l'alphabet de cet idiome.
Aussitôt le chef de la mission m'exprima le désir
d'avoir une copie de cet alphabet, et l'un de ses
curés s'approcha de ma table et se mit à tracer
l'une après l'autre toutes les lettres d'une des pages de
l'*Avesta*.

Pendant qu'il était ainsi à l'ouvrage et que ses compagnons distraits abandonnaient un instant la question
du *phalanstère* qui venait d'être mise sur le tapis, je
priai Monseigneur l'Évêque de me communiquer ses

idées au sujet des croyances fondamentales de la religion
bouddhique.

Le bonze S*** ne jugea pas à propos de me répondre
lui-même, mais il chargea un de ses vicaires d'obtempérer à ma demande.

— « Il n'existe, dit l'un des personnages qui n'avaient
point encore parlé, que Dieu (*Kami*) et la manifestation
de Dieu. Dieu est la force motrice, vivifiante ; sa
manifestation est la matière (*boutsou-sitsou*). La matière,
en tant que manifestation de Dieu, est indestructible.
L'élément matériel (atome, molécule, cellule?), par
sa tendance à retourner vers Dieu, acquiert le mouvement, et, avec le mouvement, la forme, la couleur,
la sonorité, l'odeur, la chaleur, la pesanteur, la *volonté*.
Mais de même qu'une éponge absorbe une quantité
d'eau plus considérable qu'une pierre, de même
certaines combinaisons de la matière s'assimilent une
dose plus intense de la substance divine. De là vient
la différence qui existe entre tous les êtres, depuis la
pierre jusqu'à l'homme, et depuis l'homme jusqu'à
Bouddha (état suprême de la créature perfectible).

« Chaque combinaison de la matière, chaque être
possède une conscience, un instinct de son but plus ou
moins précis, plus ou moins complet. Suivre les impulsions de cette conscience ou de cet instinct, c'est se
préparer aux transformations successives qui doivent
aboutir à la transformation dernière ; se montrer rebelle
à ces impulsions, c'est consentir à rétrograder dans
l'échelle des êtres.

« Toute créature peut arriver à une perfection *sui
generis*. A moins de rétrograder, elle ne peut sortir de

la voie où elle s'est engagée ; mais toutes les voies (*tau*) conduisent au but. Ce but est le Grand-Tout (*Néhan* c'est-à-dire le Nirvâna).

« Le Grand-Tout a toujours été parfait ; mais cette perfection peut être plus large, et elle l'est chaque jour par l'entrée de nouveaux êtres dans le Néhan. Le Grand-Tout est éternel parce qu'il est instantané, c'est-à-dire qu'il existe dans l'instant sans durée ; il est infini parce qu'il réside dans le point sans étendue, sans dimension.

« L'entrée des êtres dans le Néhan ne change en rien les caractères du Grand-Tout, quoiqu'elle contribue à sa puissance. De même que des circonférences tracées d'un point commun, avec un rayon de plus en plus développé, produisent des cercles doués d'une plus grande capacité, sans qu'aucun de ces cercles ne diffère de nature avec les autres cercles internes et concentriques ; de même Dieu, sans modifier ses lois, se généralise par l'absorption de tous les êtres sortis de son sein. »

Questionné sur le problème de l'individualité dans ses rapports avec le Grand-Tout, un des curés me répondit :

— « Je ne crois pas à la durée de ce qui n'a pas de raison de durer. Je n'ai jamais compris l'utilité qu'ont vue les fondateurs du Christianisme à conserver, soit dans un Ciel, soit dans un Enfer, des innombrables myriades d'hommes qui n'ont vécu sur la terre que pour engraisser leur corps, et j'ai peine à m'imaginer un lieu où seront éternellement conservés tous les accidents de la création. Le monde a un but : ce qui ne sert pas à l'accomplissement de ce but n'est pas doué des conditions nécessaires de l'existence absolue et par conséquent ne doit pas durer. »

L'explication était insuffisante. La destinée de l'individu ne paraissait pas avoir beaucoup préoccupé mon interlocuteur. Après lui avoir communiqué quelques idées à cet égard, il voulut bien me répondre de nouveau, mais il ne fit guère que me répéter ce que je venais de lui dire. Je vis qu'il ne fallait pas lui en demander davantage. Pendant ce temps- là ses compagnons continuaient à copier et à étudier l'alphabet zend. Il me promit néanmoins de m'envoyer de son pays, après son retour, un compte-rendu détaillé de ce qu'il appelait assez volontiers le Néo-Bouddhisme (*Sin Bout-tau*).

Mes visiteurs passèrent le reste de la soirée à transcrire, d'après mes indications, les titres des travaux les plus importants qui ont paru en Europe sur la doctrine du bouddha Çâkya-Mouni.

Depuis que cette mission est de retour au Japon, je n'ai plus reçu de ses nouvelles. J'ai appris seulement que, dans plus d'une localité, on avait vendu aux enchères les anciens dieux du pays. Quelques-uns ont été adjugés à des brocanteurs européens, de sorte qu'une partie de l'Olympe japonais est condamnée à finir ses jours dans les vitrines de nos musées occidentaux.

VI

LA FORCE HERCULÉENNE

Du bonze Ryau-zyoun

Il était une fois un bonze du monastère de Kwau-gen Zi qui possédait une force musculaire des plus étonnantes. Ce bonze s'appelait Ryau-zyoun et appartenait à la famille de Taka-ki, dont les membres avaient une vigueur corporelle qui est restée proverbiale au Japon. Comme il se fit prêtre, il ne laissa pas de postérité, et la force merveilleuse de sa race disparut avec lui.

Un jour, Ryau-zyoun entreprit un voyage dans l'intérêt de ses études sur la grande route des provinces de l'Est. Il quitta donc son auberge (*yado-ya*) en hâte, à une heure où il faisait encore très sombre. Arrivé à l'extrémité d'un petit village, il aperçut sur le bord du chemin quatre ou cinq individus fort robustes qui se mirent à chuchoter dès qu'ils l'aperçurent.

Ryau-zyoun se dit alors qu'on traversait en ce moment une année de disette. Bien que ces gens-là aient tout l'air d'être des voleurs de grande route (*oi-hagi naran to omohe-domo*), il ne lui était pas possible de rebrousser chemin. Il réfléchit donc aux précautions qu'il avait à

prendre et essaya de passer devant eux ; mais il ne fut
pas plutôt en leur présence qu'ils lui barrèrent le

LE BONZE RYAU-ZYOUN ARRACHANT UN ARBRE

passage et lui demandèrent incontinent des « frais de
voyage », c'est-à-dire la bourse ou la vie.

Au fond, notre bonze ne doutait point qu'il lui soit facile de tuer ces voleurs, grâce à la force de son poignet ; mais il n'oublia pas qu'il était prêtre et qu'à ce titre il convenait mieux de les mettre en fuite que de leur donner la mort. Il s'approcha donc d'un pin qui avait un pied de circonférence (*is-syak' mawari-naru*), et, en un clin d'œil, il le déracina à force de bras. Ayant alors fortement secoué l'arbre, il s'écria : « Je vais vous mettre en pièces ».

Les voleurs, terrifiés à la vue du tour de force que venait d'accomplir le bonze Ryau-zyoun, crurent qu'ils n'étaient pas en présence d'un homme, mais bien d'un chien céleste ou *ten-gou* [1], et prirent la fuite en désordre

1. Les *ten-gou* sont des êtres fantastiques caractérisés par un nez d'une extrême longueur et par des ailes. Parmi les nombreuses légendes répandues sur leur compte, il en est une qui est très populaire au Japon. Il était défendu à tous les prêtres qui habitaient le mont *Hi-eï zan* d'avoir des rapports avec les femmes. On prétend que cette prohibition était peu goûtée des moines de la montagne et qu'il leur arrivait souvent d'en descendre en cachette pour aller passer quelques instants agréables dans une fameuse Tchaya du voisinage. Cette maison de Thé était surtout célèbre par les jeunes garçons qu'on y entretenait ; mais nos bons moines aimaient à varier leur plaisir et il leur arrivait de temps à autre, de préférer la société des jolies servantes au charme du *Keï-kan* ou du *Sen-kets'*. La plupart de ces prêtres d'ailleurs n'étaient pas riches et on avait dû maintes fois consentir à les satisfaires à crédit. En d'autres termes, les frais de leurs charmants exercices devaient être acquittés, suivant l'usage du pays, à deux époques de l'année, en juillet et en décembre.

L'un d'eux, voyant approcher le quart d'heure fatal, jugea à propos de cesser ses promenades à la tchaya et de rester enfermé dans son monastère. Il était ainsi bien convaincu qu'on l'y laisserait tranquille, parce que, dans ces sortes d'établissements religieux, les femmes seules étaient autorisées à faire les recettes et qu'aucune femme ne consentirait à gravir le Hi-eï

dans toutes les directions. (*Si-hau-ye tsiri-tsiri-ni nigésa-rinou*).

Une autre fois, se trouvant dans le temple de Tsi-in, il déplaça à lui seul un lavabo de pierre que trente personnes avaient eu de la peine à faire mouvoir un jour de banquet. Le chef du temple lui fit alors observer qu'il n'avait accompli cet acte que guidé par l'orgueil

zan, parce que cette montagne était infestée par les *ten-gou* qui mettent les femmes en morceaux.

Une entremetteuse de la tchaya offrit cependant d'affronter le péril pour aller toucher l'argent dû à la maison de Thé. Elle avait appris que les ten-gou étaient des gens fort « dégoutés » et que ce qui avait touché à certaines choses les mettait hors d'eux-mêmes et les faisait fuir. Elle imagina donc de dénouer son jupon qui n'était pas précisément blanc, de le retourner à l'envers, ce qui n'en augmentait pas la propreté, et de le mettre sur sa tête en guise de capuchon gigantesque. Ainsi accoutrée, elle parcourut environ cinq lieues et finit par arriver saine et sauve au monastère. Elle frappa à la porte en criant : *Go men nasaï ! Go men nasaï !* c'est-à-dire « Pardon ! Pardon ! ». Malgré cet acte de politesse, elle eut beaucoup de peine à se ouvrir, car faireles moines bavardaient si bruyamment qu'ils ne pouvaient rien entendre.

Au bout de quelque temps néanmoins, un bonze vint ouvrir; mais à peine eut-il aperçu notre brave femme coiffée de son jupon qu'il fut pris d'une sainte terreur et se sauva à toutes jambes, criant qu'il venait de voir un *ten-gou*. A cette nouvelle, les autres moines prirent la fuite à son exemple. L'audacieuse jeune femme ne se déconcerta pas pour cela et se mit à parcourir le couvent en tous sens, après avoir retiré son jupon de dessus sa tête, si bien qu'elle finit par découvrir le moine galant auquel elle présenta sa note. Il n'y avait pas à tergiverser : la somme lui fut payée sans conteste.

Toutefois, pour s'en retourner, elle jugea prudent de rétablir sa coiffure en jupon et elle opéra de la sorte sans le moindre accident la descente de la montagne jusqu'à la tchaya. Tout le monde fut étonné de la voir revenir encore vivante. Elle raconta, aux applaudissements des gens qui se trouvaient dans la maison de Thé, le moyen qu'elle avait employé pour se mettre à l'abri des terribles attaques des *ten-gou*.

et qu'un tel sentiment était interdit par les principes de la religion bouddhique, à un prêtre plus qu'à tout autre.

Ryau-zyoun s'empressa de reconnaître la justesse de l'admonestation dont il venait d'être l'objet ; et à partir de ce jour jusqu'à la fin de sa vie (*mi owaru-madé*) il ne fit plus jamais parade de sa force.

En lisant la légende du bonze Ryau-zyoun que je viens de rapporter d'après le *Kon-pi-ra Meï-syo dzou-yé* j'ai été tenté de croire qu'elle avait été imaginée, comme beaucoup d'historiettes dont les peuples émaillent leurs livres de « morale en action », en vue de répandre dans les masses certains principes qui, sous une autre forme, auraient dépassé le niveau moyen des intelligences. L'enseignement de Çàkya-mouni condamne l'usage de la force, si ce n'est lorsqu'elle est purement morale (*vîrya*) et ne se traduit que par la persévérance à progresser dans la voie qui doit aboutir à l'émancipation suprême et absolue (*nirvâna*). Par suite du contact du Bouddhisme de l'Inde avec le Taoïsme de la Chine, « l'action » (en chinois : *hing* ; en sanscrit : *samskâra*[1]) a même été considérée comme condamnable, et cette

---

1. Comme le remarque avec raison le Rév. E.-J. Eitel, le mot chinois *hing* n'est pas en réalité une traduction du terme métaphysique *samskâra* (litt. « illusion »), mais une substitution du terme éthique *karman* qui, dans la théorie bouddhique des douze *Nidânas*, correspond à *samskâra*. Ce dernier mot est défini comme signifiant « illusion » par Hodgson, « notion » par Csoma de Kœrœs, « idée » par Goldstücker, « distinction » par Hardy (*Handbook for the Student of Chinese Buddhism*, p. 119). — *Samskâra-lôka* indique « le monde matériel », en opposition à l'*Arùpa loka* ou « monde immatériel ». (Cf. Rhys Davids, *Buddhism*, p. 91).

manière de voir a été suivie par plusieurs écoles religieuses du Japon.

En tous cas, l'acte accompli par le bonze Ryau-zyoun,
est réputé coupable, non seulement par ce qu'il constitue
un emploi de la force brutale, mais en outre parce
qu'il est de nature à provoquer des sentiments d'orgueil.
Ces sentiments entraînent pour l'être la nécessité d'une
renaissance après la mort dans des conditions inférieures à celles de sa vie présente.

VII

LE

MÉMORIAL DE L'ANTIQUITÉ JAPONAISE

Nos possédons, depuis bien des années, des notions
plus ou moins succintes, plus ou moins exactes, sur le
système théogonique des Japonais et sur la religion
nationale des îles de l'Extrême-Orient dite Sintauïsme
ou *Kami-no mitsi* ; mais, jusque dans ces derniers temps,
nous étions restés dans une ignorance à peu près complète des textes originaux sur lesquels reposent cette
théogonie et cette religion. Un des premiers, au XVIIe
siècle, le célèbre voyageur Engelbert Kæmpfer, nous a
donné l'énumération des principales divinités du panthéon japonais et de courtes notices sur les légendes
populaires de la mythologie du Nippon. Malheureusement le travail de l'illustre voyageur allemand pullule
d'inexactitudes : outre une foule de noms propres
qui y sont mal orthographiés et parfois même à peine
reconnaissables, il s'y est glissé de fâcheuses confusions
et les questions les plus graves, les plus complexes,
les plus incertaines y sont considérées comme des
problèmes très simples et absolument résolus. Pour
ne citer que peu d'exemples qu'on pourrait aisé-

ment multiplier, la Grande Déesse Solaire, l'une
des divinités les importantes du Sintauïsme, y est
mentionnée comme étant un homme [1]; les souverains
de la période semi-historique de l'histoire de Chine,
tels que Fouh-hi et Chin-noung, sont intercalés dans la
généalogie divine et impériale des souverains du Japon [2];
les sept premiers dieux sont déclarés des êtres absolument spirituels et libres de toute attache matérielle, etc. [3].

A une époque plus récente, Ph.-Franz von Siebold [4],
en Hollande, et Julius Klaproth [5], en France, nous ont
présenté de nouveau un aperçu de la mythologie japonaise. La publication du premier de ces savants ne
nous apporte que de maigres indices sur les idées
cosmogoniques des Japonais et ne nous parle guère du
Sintauïsme que considéré dans sa dégénérescence, tel

1. *De Beschryving van Japan*, édit. d'Amsterdam, 1733, in-fol.,
p. 70. — Je suis obligé de citer de préférence l'édition hollan-
daise à la traduction française, cette dernière, étant encore
bien autrement défectueuse que la précédente.

2. *De Beschryving van Japan*, p. 104. La même confusion se
trouve dans le bel ouvrage d'Overmer Fischer (*Bijdrage tot de
Kennis van het Japansche Rijk*, Amsterdam 1833), sur le frontispice
duquel on voit représentés ces deux empereurs mythiques des
annales de la Chine, sous les armoiries de la maison syaugounale japonaise de Tokou-gawa et avec cette légende : « Foeke en
Senno, het eerste *Japansche* menschenpaar, etc. »

3. ..... eene opvolging van Hemelsche Geesten, van wezens,
volstrektelyk vry van allerley soort van vermenging met
lichaamelyke zelfstandigheden, etc. (*De Beschryving van Japan*,
p. 104).

4. Skizze des Kamidienstes (Sintoo) des alten Cultus der
Bewohnen der japanischen Inseln, dans ses *Archiv zur Beschreibung
von Japan*, partie V.

5. Aperçu de l'histoire mythologique des Japonais, placée en
tête de la traduction française des *Annales des empereurs du Japon*
(Paris, 1834), faite par Isaac Titsingh avec l'aide des interprètes
du comptoir hollandais de Désima.

qu'il l'a rencontré pendant son séjour dans leur pays.
La notice rédigée par Klaproth est plus explicite ; mais
elle a le défaut de ne pas répondre d'une façon précise
aux ouvrages où le savant sinologue dit avoir puisé ses
renseignements et de n'en être qu'une paraphrase plus
ou moins altérée au gré du traducteur. En tout cas, il
est évident qu'il ignorait l'existence des livres canoniques du Nippon, qu'il n'eut pu comprendre d'ailleurs
ne s'étant pas familiarisé avec la langue japonaise.

Enfin, dans le courant de l'année 1864, un des fondateurs des études de philologie japonaise en Europe,
le Dr August Pfizmaier, a donné la reproduction [1] de
la plupart des légendes insérées dans la notice de
Klaproth, mais en joignant à des traductions faites
avec une remarquable connaissance de l'idiome du
Yamato les textes indigènes de nature à nous permettre de contrôler l'exactitude de ses interprétations.
L'éminent orientaliste autrichien ne possédait du reste
aucun des ouvrages originaux sur lesquels est fondée
la mythologie sintauïste. Les deux seuls dont il mentionne le titre, le *Man-yeó sioú* et le *Ko-zi Ki*, manquaient
à la collection de la Bibliothèque Impériale de Vienne,
et il dût se contenter de recourir à un volume qui lui a
semblé contenir la substance des premiers chapitres de
ce dernier ouvrage et qui a été publié en 1811 sous le
titre de *Kami yo-no maki-no asi-kabi*. Malgré l'intérêt des
récits cosmogoniques contenus dans la compilation
publiée par le Dr Pfizmaier, elle ne pouvait tenir lieu
pour nous des véritables documents canoniques dont j'ai

---

1. *Die Theogonie der Japaner* (Wien, 1864).

eu la bonne fortune de réunir une collection qui, bien qu'incomplète, est néanmoins d'une valeur inappréciable puisqu'elle nous fournit enfin les plus anciens monuments de la littérature des Japonais et les écrits vénérés sur lesquels est basée leur religion et l'histoire de leurs origines.

Mais ce ne sont pas seulement les textes originaux de ce qu'on peut appeler à juste titre les Livres sacrés des Japonais qui sont parvenus dans les mains des orientalistes : ce sont encore de vastes travaux de critique et d'exégèse entrepris par les savants les plus érudits de l'archipel asiatique pour interpréter chaque phrase et même chaque mot de ce qu'ils regardent avec raison comme les sources les plus précieuses de leur littérature et de leurs traditions nationales.

L'examen de ces documents ouvre dès à présent une voie nouvelle aux investigations des japonistes, en ce sens qu'il leur assure les moyens d'étudier l'histoire du Nippon dans ses plus vieilles manifestations écrites, dans les vestiges qui nous restent de ce que la civilisation de ce pays a été en dehors de l'influence si prépondérante de la Chine. Il nous permet enfin de pénétrer dans une voie de recherches qui doit aboutir à la restitution d'une foule de faits encore obscurs ou absolument ignorés touchant l'archéologie et l'ethnogénie japonaises.

J'ai signalé, dans diverses occasions, la quantité énorme de matériaux de travail qui nous était ainsi offerte d'une façon d'autant plus digne d'encourager les philologues que jusqu'ici les ouvrages livrés à la curiosité des japonistes ont été pour la plupart d'une valeur médiocre, du moins si on les compare à ceux que nous possédons désormais. Depuis plus de vingt ans que la connaissance du japonais a commencé à se répandre parmi les orientalistes européens, on est étonné qu'il n'ait pas paru dans ce domaine quelques travaux de nature à produire une certaine sensation dans la science. L'état de choses s'est heureusement modifié, et les japonistes sont sûrs de trouver à appliquer aujourd'hui leur savoir à des traductions d'un intérêt considérable. Aussi n'hésiterai-je pas à prédire que, d'ici peu d'années, la littérature japonaise sera complètement réhabilitée dans l'esprit du monde savant par les publications qui ne peuvent manquer d'être entreprises dans la voie que je me permets de signaler en ce moment. Il suffirait, pour se former une conviction à cet égard, de jeter les yeux sur la liste que j'ai donnée des sources originales de l'histoire du Japon, liste qui est encore bien loin d'être complète, quoiqu'elle nous fournisse déjà la matière d'une vingtaine de forts volumes in-8°.

En présence des documents précieux qui m'ont été envoyés du Japon dans ces derniers temps, je me suis trouvé embarrassé au sujet de l'ordre et de la méthode que j'adopterais pour en aborder l'étude. Jadis, en pareil cas, un érudit n'eût pas hésité à consacrer son existence entière à la lecture de ces documents d'un bout à l'autre, et à ne publier le résultat de ses recherches qu'après avoir passé de longues veilles à amasser des notes et des traductions dans le silence du cabinet. Les conditions sont différentes aujourd'hui, et le nombre sans cesse plus considérable des travailleurs exige que chacun apporte le résultat en quelque sorte journalier de ses investigations. Le devoir de l'érudit lui impose de ne pas faire attendre outre mesure la divulgation des faits qu'il lui a été donné de recueillir et son intérêt l'engage à éviter autant que possible de consacrer ses instants à un labeur qui, faute d'être accompli dans un temps assez court, pourra être entrepris de deux côtés à la fois. Le champ à explorer est trop étendu, pour qu'il ne soit pas regrettable que plusieurs savants autorisés viennent épuiser leurs forces en se plaçant les uns et les autres sur le même terrain.

Après avoir parcouru rapidement la vieille anthologie intitulée *Man-yeó sioŭ* ou « Collection des Dix-mille feuilles » et en avoir traduit quelques pièces[1], j'ai commencé la lecture du *Ko-zi Ki*, l'un des livres canoniques de l'antiquité japonaise. Mais je n'ai pas tardé à reconnaître qu'il était nécessaire de posséder simultanément, sinon préalablement, une version européenne du *Ni-hon Syo-ki* qui n'est autre chose qu'une recension meilleure et à peu près contemporaine d'un même ouvrage religieux et historique.

Invité par M. l'administrateur de l'École spéciale des Langues Orientales à faire paraître ma traduction du *Ni-hon Syo-ki* dans le recueil des mémoires de ce grand établissement d'instruction publique, je me suis vu bientôt dans l'obligation de recourir aux vastes commentaires publiés par les savants du Nippon sur le texte antique du *Ko-zi Ki*, et j'ai été amené à me préoccuper tout particulièrement de la grammaire et du vocabulaire de la langue Yamato dans laquelle sont écrits ces anciens ouvrages.

1. Dans mon *Anthologie Japonaise* (Paris, 1871), pp. 1-24.

Je me propose de présenter, dans les quelques pages qui ont été mises à ma disposition, un aperçu des études que j'ai dû entreprendre pour l'accomplissement de mon travail.

*
* *

Le nombre des ouvrages anciens que l'on peut considérer comme les sources authentiques de la vieille histoire du Japon est probablement plus considérable qu'on ne l'a pensé jusqu'à ce jour. J'ai publié une liste de quinze écrits de l'antiquité japonaise dont un savant philologue, M. Kira Yosi-kazé, nous a fourni la précieuse énumération [1], mais il reste encore beaucoup de recherches à accomplir avant que ces quinze écrits puissent nous apporter un contingent suffisant de lumière sur les périodes primitives des annales yamatéennes. D'abord aucun d'entre eux n'est parvenu jusqu'en Europe, et il est probable que les copies de la plupart sont fort rares sinon absolument introuvables au Japon même. Ensuite, il s'agira d'établir d'une manière définitive leur caractère d'authenticité. Nous savons déjà que plusieurs livres japonais réputés anciens sont seulement des compilations modernes publiées sous le titre d'ouvrages perdus depuis longtemps. Et il ne faut pas oublier que presque tout est à faire pour dresser seulement le bilan de la littérature yamato. Je crois, en effet, avoir été le premier à signaler une classe de livres qui peuvent être considérés comme les textes cano-

1. Dans les *Comptes-rendus des travaux de l'Académie des Inscriptions et Belles-lettres*, 1882, t. IX, p. 113.

niques de la cosmogonie et de l'histoire primordiale des
îles de l'Extrême-Orient[1]. Ces textes ne tarderont plus
à devenir le principal objet de préoccupation des orientalistes capables de les interpréter, et les savants indigènes eux-mêmes, voyant l'importance que la science
occidentale attache à cet ordre de recherches, s'empres-
seront de nous donner dans de bien plus vastes proportions que par le passé le concours de leur zèle et de
leur érudition.

En l'état actuel des études japonaises, il n'y a guère
que trois ouvrages auxquels on puisse accorder le titre
de livres canoniques ou classiques dont je parlais tout
à l'heure : ce sont le *Ko-zi Ki* ou « Mémorial des choses
de l'antiquité », le *Ni-hon Syo-ki* ou « Livre (Bible) du
Japon » et le *Man-yeó sioú* ou « Anthologie des Dix-
mille feuilles ».

La *Man-yeó sioú*[2], dont quelques fragments ont été

1. *Quelques renseignements sur le Sintauïsme* (Paris, Imprimerie
Nationale, 1881) ; *Questions d'Archéologie japonaise.* Comunications
faites à l'Académie des Inscriptions et Belles-Lettres (Paris,
Imprimerie Nationale, 1882) ; *La littérature des Japonais* (Extrait
de la *Revue de Linguistique*) ; etc. — Je dois cependant mentionner une très courte mais fort intéressante communication de M.
Addison van Name au *Congrès international des Orientalistes* (1re
session, Paris, 1873, t. I, p. 220) qui appelait déjà l'attention
des japonistes sur l'important problème exégétique et historique
qui nous préoccupe aujourd'hui. Dans une séance récente
de la Société d'Ethnographie de Paris, j'ai donné un exposé du
contenu du *Ko-zi Ki*, que j'ai considéré comme l'un des *Livres
sacrés de l'antiquité japonaise* (voy. le compte-rendu de cette
séance, dans le *Journal officiel* du 14 janvier 1883, p. 233).

2. Le sens des mots *Man-yeó*, vulg. « Dix mille feuilles », a
été interprété de diverses manières. Suivant les uns, ils veulent
dire « toutes sortes de sujets ». Suivant d'autres, le mot *yeó* correspond à *yo* « siècle » ce qui ferait traduire le titre de la vieille anthologie japonaise par « Recueil de tous les âges ». Il en est enfin

déjà l'objet de traductions européennes [1], est certainement une production des plus intéressantes pour la
connaissance de l'antiquité japonaise. On rapporte qu'un
certain Tatsibana-no Moroyé, qui était sa-daï-zin sous le
règne de l'impératrice Kau-ken (749-758 de notre ère),
avait amassé un grand nombre d'anciennes poésies populaires dans le but de composer une anthologie. Ce lettré
mourut avant d'avoir achevé son œuvre et ce ne fut
qu'une quarantaine d'années plus tard qu'elle put être
présentée au mikado Hei-zei (806-809).

Ce n'est pas seulement au point de vue de la poésie
et du langage que le *Man-yeó sioû* est digne de fixer
l'attention des orientalistes. C'est encore et surtout
parce qu'il nous fournit une source abondante de
données sur les anciens temps de l'histoire du Japon,
sur la mythologie, sur les croyances populaires, sur les
mœurs et la civilisation des îles de l'Extrême-Orient.
Et lorsque cette vaste collection aura été l'objet d'une

qui donnent à *yeó* la valeur de *ka* et il faudrait alors interpréter ce titre par Collection d'innombrables poësies ». Le sens
de *man*, vulg. « dix mille » n'est pas douteux ; il signifie « un
nombre indéterminé, une grande quantité ». — Il est bon d'ajouter que *Man-yeó sioû* est un titre chinois probablement donné
après coup à la célèbre anthologie. Même en lisant les deux
caractères *Man-yeó* en langue yamato, c'est-à-dire *Yorodzou-no ha,*
il faudrait encore y voir une expression empruntée à la littérature chinoise et dont l'origine serait peu douteuse malgré son
travestisment japonais.

1. Dans mon *Anthologie Japonaise,* Paris, 1871, partie I. —
Cinq pièces ont, en outre, été publiées en français par M. Imamoura Warau, avec le texte original, dans les *Mémoires du Congrès international des Orientalistes,* 1re session, Paris, 1873, t. I,
p. 273. — Voy. également Pfizmaier, *Ueber einige Eigenschaften
der japanischen Volkspoesie,* et dans les *Sitzungsbèrichte der
Akademie der Wissenchaften,* Wien, t. VIII, 1852, p. 377.

traduction européenne in-extenso, il restera encore à accomplir de grands travaux de critique pour qu'on puisse en extraire tout ce qu'elle peut nous apprendre sur les périodes si obscures des vieilles annales du Yamato.

Le *Ko-zi Ki*, qui m'occupe en ce moment, est, dans l'état actuel de nos connaissances, le plus considérable des monuments de l'antiquité japonaise. C'est, en outre, un de ceux dont l'authenticité est la moins douteuse. Ce livre, néanmoins, eut à subir de terribles vicissitudes, qui rappellent le sort du plus célèbre des livres canoniques des Chinois, le *Chou-king*. Perdu dans un incendie, en l'an 645 de notre ère, il ne put être reconstitué qu'en faisant appel aux souvenirs d'une femme octogénaire, nommée Aré, de Hiyéda, qui l'avait recueilli dans sa jeunesse de la bouche même de l'empereur Tem-bou, absolument comme le *Chou-king* avait été rétabli sous la dictée d'un vieillard nommé Fouseng.

Un livre recomposé de la sorte peut certes provoquer quelques scrupules dans l'esprit des savants sur l'exactitude de son contenu. Nul ne doute néanmoins de la haute antiquité du *Chou-King* dont la destruction avait été poursuivie avec une ardeur implacable par Tsin-chi Hoang-ti et par son ministre Li-sse. Or les conditions dans lesquelles le *Ko-zi Ki* est parvenu jusqu'à nous sont plus favorables que celles qui ont entouré la restauration du grand livre historique coordonné par Confucius. Lorsqu'en Chine, on se préoccupa des moyens de recouvrer les vieux écrits que le célèbre despote de Tsin avait espéré anéantir à jamais, la culture des lettres avait été désorganisée dans

l'empire Chinois, et le vieillard Fou-seng, qui avait
conservé le souvenir d'une portion importante du *Chou-
king*, s'il était capable de la réciter de mémoire, n'était
pas en état de la retracer pas écrit. Il en est résulté de
nombreuses incertitudes dont on parvient seulement
aujourd'hui, grâce aux progrès des sciences philologiques, à reconnaître les traces d'une façon, je crois,
tout-à-fait incontestable.

Au Japon, au contraire, les lettres de la Chine, introduites déjà depuis plusieurs siècles, y étaient cultivées
avec ardeur à la cour même des mikados où pendant
longtemps on s'occupa infiniment plus de littérature
que de politique. Le *Ko-zi Ki* avait été perdu dans
l'incendie du palais de So-ga-no Yémisi, mais les
troubles de cette époque n'étaient rien à côté de ceux
qui bouleversèrent de fond en comble la Chine sous le
règne du fils putatif du prince de Tsin. Enfin, on a pu
sauvegarder un autre ouvrage, plus moderne de
quelques années que le *Ko-zi Ki* qui en reproduit à peu
près complètement la substance sous une forme plus
parfaite et mieux coordonnée. Je veux parler du *Ni-hon
Gi*, autrement appelé *Ni-hon Syo-ki* ou *Yamato Boumi*,
rédigé par Yasou-maro, avec le concours de deux
collaborateurs.

Il est bien évident que les Japonais possédaient à
l'époque de la composition du *Ko-zi Ki* et du *Ni-hon Gi*
plusieurs recueils dans lesquels on avait réuni les
traditions mythologiques, religieuses et historiques
conservées à cette époque dans les îles de l'Asie Orientale. Un ouvrage intitulé *Kou-zi Ki* qui, dans sa forme
actuelle, est d'une authenticité douteuse, avait été rédigé

avec les mêmes documents[1]. Tous ces livres étaient en somme des livres contemporains ; d'où il résulte que la perte de quelques-uns fut en partie réparée par la conservation des autres. Le texte du *Ni-hon Gi* prouve d'ailleurs que son auteur avait tiré parti de tout ce qu'il avait pu se procurer de documents anciens sur le sujet dont il s'occupait ; car, en maint endroit, il donne des extraits de ces documents sans en mentionner le titre, il est vrai, mais d'une façon qui ne peut laisser subsister aucun doute sur la légitimité de leur caractère.

Nous rencontrons ainsi, dans le texte du *Ko-zi Ki*[2] complété, vérifié ou expliqué par celui du *Yamato boumi*, un ouvrage d'une valeur exceptionnelle pour l'étude des origines religieuses et historiques de la monarchie japonaise. Il est donc opportun de l'examiner de près et d'en discuter l'interprétation.

D'abord, en quels caractères et de quelle façon était écrit originairement le *Ko-zi Ki* ? Tel qu'il nous est parvenu, c'est un livre rédigé avec des caractères chinois accompagnés de leur lecture japonaise juxta-linéaire en écriture vulgaire dite kata-kana. Le corps du texte, bien qu'en caractères chinois, n'est cependant pas composé en langue chinoise. De temps à autre, on fait

1. Voy. à ce sujet mes conférences intitulées : *La Civilisation japonaise* (dans la Bibliothèque orientale elzévirienne de Ernest Leroux, ch. ix, p. 255).

2. Le *Kou-zi Ki* est un ouvrage en dix volumes composé par le célèbre prince *Syau-tok' taï-si* ; mais plusieurs savants indigènes sont d'accord pour ne pas considérer comme authentique le livre que l'on possède aujourd'hui sous ce titre. (Voy. Moto-ori Nori-ga, *Ko zi Ki den*, livre i, p. 20).

usage de ces signes syllabiques que les japonistes ont
l'habitude d'appeler Man-yeô kana, parce qu'ils figurent
fréquemment dans la vieille anthologie *Man-yeô sioû*,
dont j'ai parlé tout à l'heure. Or ces signes ne sont
autre chose que des caractères chinois employés pour
leur son, abstraction faite de leur valeur comme expression idéographique. Malgré cette apparence chinoise
du *Ko-zi Ki*, c'est en pure langue japonaise qu'il est
seulement possible d'en faire la lecture, et la notation
juxtalinéaire en lettres kata-kana indique la manière
de prononcer les caractères chinois du texte principal.

Il reste toutefois incertain si le *Ko-zi Ki* a été primitivement écrit en caractères phonétiques ou s'il a été
tout d'abord rendu par les signes chinois de système
mixte que nous y trouvons aujourd'hui. Les savants
indigènes sont partagés d'opinion à cet égard. Moto-ori
Nori-naga est d'avis que les Japonais ne connaissaient pas l'écriture avant le règne d'Au-zin Ten-'au
(270 à 312 de notre ère)[1] ; les caractères *sin-zi* lui
paraissent des inventions relativement modernes dont
il est peu utile de s'occuper. Cependant les Japonais
avaient eu bien longtemps auparavant des relations
avec la Corée ; et sans parler du voyage hypothétique
de Soui-fouh, du pays de Tsi, il n'est guère possible de
reléguer dans le domaine de la fable, la mention de
l'ambassade du royaume coréen de Amana qui offrit
des présents à la cour du mikado Ziou-zine, en l'an 33

---

1. Voy., sur les documents dont s'est servi l'auteur du *Ni-hon Gi*
pour la composition de son ouvrage, la liste bibliographique que
j'ai donnée dans les *Comptes-rendus des travaux de l'Académie des
Inscriptions et Belles-Lettres* de 1882, t. IX, p. 113.

avant notre ère. Toujours est-il généralement admis, sur l'autorité du *Ni-hon Syo-ki*, que l'héritier présomptif du mikado Auzine, la 15ᵉ année du règne de ce prince (284 de notre ère) eut pour précepteur deux personnages, A-tsi-ki et Wa-ni, qui lui enseignèrent à lire les livres chinois, et qu'à dater de cette époque l'écriture idéographique de la Chine ne cessa plus de se répandre dans les îles de l'Extrême-Orient.

On peut certainement voir là un argument en faveur de la théorie suivant laquelle les anciens livres japonais auraient été écrits dès l'origine en caractères chinois, tels que nous les possédons de nos jours. L'argument n'est cependant pas décisif, car il est bien probable que l'alphabet coréen avait été introduit au Japon dès l'époque des premières relations établies entre ce pays et la péninsule du Tchao-sièn. Cette dernière opinion est soutenue par de nombreux savants indigènes qui apportent à l'appui une foule de faits intéressants, mais sur lesquels nous ne pourrons fonder une doctrine scientifique que lorsqu'il sera possible d'en contrôler minutieusement l'exactitude. On a fait observer, il est vrai, que les caractères de l'écriture étaient désignés en japonais par le mot *na* qui signifie « le nom » et nullement « le son », ce qui se rapporterait plus aisément à des caractères idéographiques qu'à des caractères phonétiques ; mais le mot *kana*, qui désigne les signes de l'écriture, est également ancien au Japon, et ce mot, que quelques étymologistes expliquent par *kari-na*, pourrait bien avoir été, comme j'ai eu l'occasion de le dire ailleurs, l'équivalent du *nâgarî* indien ou caractère *dévanâgarî*.

En attendant que la question des caractères *sin-zi* ait été définitivement résolue par les orientalistes, on peut toutefois reconnaître que ces caractères se prêtent bien mieux que les signes des syllabaires *man-yeô kana*, *kata-kana* et *hira-kana* à la notation des mots de l'ancienne langue de Yamato ; et l'érudition japonaise, en les employant, aurait tout intérêt à suivre la voie qui lui a été ouverte dans ces derniers temps par quelques savants distingués du Nippon. L'un d'eux a publié notamment une édition complète du *Ko-zi Ki* avec ces caractères, les seuls qui soient rigoureusement alphabétiques parmi tous ceux qui existent ou ont existé chez les nations de l'Asie. Cette édition, manquant d'explications sur la méthode qu'a suivi l'auteur pour fixer son texte, perd par cela seul une grande partie de son intérêt; elle suffit cependant pour montrer le parti qu'on pourrait tirer de l'adoption de l'alphabet coréen-japonais aux travaux de philologie relatifs à l'ancienne langue yamato.

Après avoir pris connaissance de divers écrits publiés dans ces derniers temps sur les monuments primor-diaux de l'histoire du Japon, j'ai été amené à considérer le *Ko-zi Ki* et le *Ni-hon Syo-ki* comme deux livres cano-niques de l'antiquité japonaise. Convaincu de l'intérêt que pouvaient présenter ces deux livres qui, comme je l'ai dit, ne sont en quelque sorte que deux formes diffé-rentes d'un seul et même ouvrage, j'ai entrepris la traduction du second, le plus littéraire, le mieux coordonné, en le complétant par des extraits du premier. J'ai joint à mon travail un commentaire perpétuel que j'ai en partie composé moi-même en langue chinoise, en partie emprunté aux exégètes indigènes.

*
* *

Le *Ko-zi Ki* commence par un paragraphe qui n'a pas son correspondant au début du *Ni-hon Syo-ki*. Ce paragraphe, d'une importance exceptionnelle, place à l'origine de la théogénie japonaise une sorte de Trinité ou plutôt de Triade dont la première manifestation est un dieu nommé *Naka-nousi*.

Le *Ni-hon Syo-ki*, au contraire, et la plupart des ouvrages dont il reproduit des extraits citent au commencement du monde un dieu appelé *Kouni-no Toko-tatsi-no Mikoto*. La rédaction du *Ko-zi Ki* me semble reposer sur les données traditionnelles les plus anciennes de la mythologie japonaise, tandis que celle du *Syo-ki* paraît avoir été altérée avec l'intention de la rapprocher des idées chinoises. La mention du principe mâle et du principe femelle primitivement confondus, puis séparés en même temps que le Ciel et la Terre de la matière informe du chaos, est trop identique aux théories cosmogoniques de la Chine pour qu'on puisse y voir l'expression indépendante du génie des insulaires de l'Extrême-Orient.

Il est évident qu'à l'époque où ont été reconstitués les textes du *Ko-zi Ki* et du *Syo-ki*, les traditions mythologiques de l'antiquité sintauïste n'existaient déjà plus que d'une façon confuse dans l'esprit des Japonais. C'est ce qui explique les nombreuses données contradictoires que l'on rencontre dans ces deux livres, données sur lesquelles il est bien difficile de se prononcer avec certitude.

Le *Ko-zi Ki* est évidemment plus pur que le *Syo-ki* de toute influence étrangère ; aucun ouvrage ne peut lui être comparé en tant que canon religieux. Le *Syo-ki*, de son côté, est une véritable œuvre d'érudition, pour laquelle l'auteur a mis à profit, sans se prononcer sur leur valeur relative, tous les vieux documents, tous les récits traditionnels qui existaient encore au Japon à l'époque où il a été écrit.

Voici, à titre de spécimen, la traduction d'un fragment du *Ko-zi Ki* que j'ai accompagné d'un commentaire [1] emprunté aux sources originales :

Fragments de la Cosmogonie du Ko-zi Ki.

Traduction.

1. — A l'époque primordiale du Ciel et de la Terre, le nom sacré du Génie qui se manifesta sur la voûte du Ciel suprême fut *Amé-no mi Naka-nousi-no Kami* « le Génie Maître central du Ciel », puis *Taka mi Mousoubi-no Kami* « le suprême Génie créateur », puis *Kami Mousoubi-no Kami* « le Génie créateur des Génies ». Ces génies étaient des génies solitaires et avaient un corps occulte.

1. J'ai cru devoir ne donner ici que quelques extraits du commentaire que j'ai composé sur ce chapitre du *Ko-zi ki*, parce qu'un grand nombre des renseignements qu'il renferme ne peut guère avoir d'intérêt que pour les spécialistes. Les personnes qui voudraient en prendre connaissance dans son ensemble le trouveront dans le recueil des *Mélanges Orientaux* publié en 1883 par l'École spéciale des Langues Orientales à l'occasion du Congrès international des Orientalistes (session de Leide), pp. 271 et suiv.

2. — Ensuite le monde, à son premier âge, fut tel qu'un corps gras qui surnage (sur l'eau). Pendant qu'il flottait comme une méduse qui vogue, un génie nommé *Oumasi-asi-kabi Hiko-dzi-no Kami* sortit d'une chose qui s'éleva comme un roseau.

3. — Puis ce fut le génie *Amé-no Toko-tatsi-no Kami*. Ces deux génies étaient aussi des génies solitaires et qui avaient un corps occulte.

4. — Ensuite le nom du génie qui se manifesta fut *Kouni-no Toko-tatsi-no Kami*. Puis *Toyo-koumo-nou-no Kami*. Ces deux génies furent aussi des génies solitaires et qui avaient un corps occulte.

5. — Ensuite le nom du génie qui se manifesta fut le génie *Oudzini-no Kami*; puis sa compagne la déesse *Soubidzi-ni-no Kami*. Puis le génie *Tsounou-gou'i-no Kami*; puis sa compagne la déesse *Ikougoui-no Kami*. Puis le génie *Oho To-no dzi-no Kami*; puis sa sœur la déesse *Oho To-no bé-no Kami*. Puis le génie *Omoda-rou-no Kami*; puis sa compagne *Aya-kasiko-né-no Kami*. Puis le génie *Iza-naghi*; puis sa compagne la déesse *Iza-nami*.

Les génies mentionnés ci-dessus, depuis le génie *Kouni-no toko-tatsi*[1] jusqu'au génie *Iza-naghi* forment ce qu'on appelle les sept successions des Génies (Célestes).

---

1. Dans le texte publié par Arata Atsou-tané, au lieu de *Kouni-no toko tatsi-no Mikoto*, on lit *Kouni-no soko tatsi-no Mikoto*. (Voy. *Ko-zi Ki den*, liv. II, p. 2). Ce commentateur ajoute au texte : « Les deux premiers dieux étaient des génies solitaires et formaient chacun «une génération »; les dix dieux qui viennent ensuite se présentent par couples (un dieu et une déesse) qui ne comptent chacune que pour une génération (*daï*); en tout cinq générations ou cinq âges.

§ I. — Extraits du Commentaire.

1. *Amé* « Ciel ». — Situé au haut du firmament (en jap. *sora* « le vide »), c'est le royaume où demeurent tous les Dieux. Comme, vu de loin, il paraît bleu, on l'appelle *sau-ten*. La forme du Ciel et de la Terre est semblable à celle d'un œuf. Le Ciel environne la partie extérieure de la Terre qui en occupe le centre ; sa substance est du verre azuré (jap. *bidoro*). — Suivant e dictionnaire étymologique *Gon-ghen teï*; le mot *amé* « Ciel » vient de *ao-ma* « l'espace bleu », et *sora* « firmament » désigne « le vide ».

Hazimé-no toki « à l'époque primordiale », litt. « au temps du commencement », est une expression qui se rencontre dans les textes les plus anciens, notamment dans la vieille anthologie *Man-yeô sioû* (27, 32), dans le *Ni-hon Syo-ki* (règne de l'empereur Kau-tok), etc. — Moto-ori Nori-naga, un des commentateurs les plus estimés du *Ko-zi Ki* dont l'œuvre parut pour la première fois en 1798 sous le titre de *Ko-zi Ki den*[1], rappelle que dans les dictionnaires japonais le mot employé pour désigner « l'époque primordiale » a le sens de « se produire, surgir » et qu'on appelle en conséquence du nom d'*okori* « action de surgir » l'origine des choses.

Takama-no hara, litt. « la plaine du Ciel élevé » désigne simplement « le Ciel ». — *Hara*, que l'on traduit habituellement par « plaine » est rendu par le signe chinois *youèn* « fondation, base, assise ». Ce mot *hara*

----

1. Voy. mon article dans les *Compte-Rendus des séances de l'Académie des Inscriptions et Belles-Lettres,* t. IX, p. 108.

désigne un endroit large et uni, une plaine. C'est ainsi
qu'on a formé les mots *ouna-vara* « la plaine des mers »,
nou-vara « la plaine des champs », *ka-vara* « la plaine
(le lit) de la rivière », *asi-vara* « la plaine du roseau
(c'est-à-dire le Japon) ».

Un commentateur japonais croit trouver dans ce
passage une sorte de contradiction. Du moment où l'on
parle du temps où le Ciel et la terre furent *créés*, comment pouvait-il y avoir un Dieu *au Ciel* ?

Le mot employé pour désigner un Génie est en chinois *chin*, en japonais *kami ;* quelques orientalistes le
traduisent par « Dieu ». Suivant l'antique dictionnaire
Choueh-wen, « ce sont les *chin* du Ciel qui ont créé tous
les êtres ». D'après une explication rapportée dans le
I-wen-pi-lan, les Génies pénétrés de l'esprit du Principe
Mâle sont appelés *Chin* « Dieux » ; les Génies pénétrés
de la matière du Principe Femelle sont appelés *Koueï*
« Démons ». — Le philosophe Mencius a dit : « Celui
qui est saint et impénétrable (incompréhensible) s'appelle *chin* ». On trouve encore de ce mot les explications
suivantes : *Chin* veut dire « Esprit » et « l'Esprit des
démons » *(Chi-ou-ti-ki-tchu)*. « Le Ciel » s'appelle également *chin*, par opposition au mot *ki* qu'on emploie
comme dénomination de « la Terre ». Ce même mot *chin*
désigne parfois « un Prince », par exemple dans ce passage des *Koueh-yu :* « L'empereur Yu-le-Grand réunit
tous les *chin* sur la montagne de Hoeï-ki », ce qui veut
dire qu'il assembla « les princes des divers royaumes ».
On nomme *chin* « un être inscrutable dans les principes femelle et mâle » *(Peï-wen yun-fou)*. Celui qui se
nourrit du fruit de la terre est sage, intelligent et

habile ; celui qui se nourrit de l'air est un « Génie » et
vit longtemps ; celui qui ne prend pas de nourriture est
un *Chin* ou Esprit immortel (*Ta-taï-li*, cité par le *Pwyf.*)

Le mot japonais *kami, kamou, kam* [1] est d'ordinaire
identifié par les philologues indigènes à un autre mot
homophone *(kami)* qui représente l'idée de « élevé,
supérieur ». Par le même motif, *kami* « cheveux » serait
usité parce qu'il s'agit de poils (en chinois *mao*) placés à
la partie supérieure du corps. Il faut rattacher à une
même racine le mot *kami* employé dans le sens de
« maître » ou « supérieur », dans le langage des bonzes,
ainsi que *kami*, appellation des femmes de samouraï.
Le sens de « corps caché », c'est-à-dire « occulte, subtil, non tangible » *(ka-mi)*, serait peut-être plus conforme à l'esprit des anciens mythologistes du Japon.
En tout cas, *Kami* est la désignation générale des
Dieux et des Demi-Dieux du panthéon japonais.

Ama-no mi Naka-nousi est le nom du Dieu primordial
du sintauïsme. *Mi Naka*, litt. « l'Auguste Milieu » répond
à l'idée de « Juste Milieu » et quelques philologues
indigènes croient que les mots *mi* et *ma* « vrai, réel,
juste » étaient à l'origine employés indifféremment

---

1. La forme *kamou* ou *kam* est très probablement plus ancienne
que la forme *kami*; on trouve toutefois les deux lectures simultanément dans les vieux livres japonais. Le même mot, écrit
kamoui est employé dans la langue des Aïno, population
autochtone du Japon, pour désigner « un Dieu », mais on lui
attribue une origine japonaise. La langue aïno n'ayant été
écrite qu'à une date toute récente par quelques philologues du
Nippon et son histoire étant à peu près complètement inconnue,
il est bien difficile d'établir à quelle source a été emprunté le
mot *kami*, à la source aïno ou à la source japonaise. J'incline
vers la seconde hypothèse, bien qu'il me reste des doutes sur sa
solidité.

l'un pour l'autre. Toujours est-il que *mi* ne doit être
considéré que comme une particule honorifique communément usitée dans la littérature et dans le style
ancien. Quant à *naka*, vulg. « milieu », il entraîne, outre
le sens de « central », une idée de perfection, d'univer-
salité. C'est en lui attribuant cette dernière valeur que
les Chinois disent *Tchoung Koueh* « le Royaume du
Milieu » pour « la Chine », c'est-à-dire le Royaume qui
comprend le monde entier (en chinois : *Tien-hia,* tout
ce qui est « sous le Ciel »), le Royaume qui n'a pour
l'entourer, comme des étoiles secondaires entourent une
planète, que des contrées sans importance et insignifiantes. Le génie qui nous occupe en ce moment est
donc le Génie Central, le Génie Foyer du Ciel. J'ai
d'ailleurs trouvé une dénomination abrégée de ce dieu
Naka-gami qui est rendue en chinois par les mots
Tien Yih-chin « le Génie unique du Ciel » ou plutôt
« le Génie parfait, absolu du Ciel ».

Noùsi signifie communément « un maître, un chef,
un grand homme (chin. *ta-jin*). L'auteur du *Gon-ghen-
teï* le rapproche de *nanousi,* ce qui n'explique rien. Il
est bien préférable d'y voir une contraction de *no-
ousi,* comme le dit Moto-ori Nori-naga[1]. *Ousi* est d'ail-

---

1. Moto-ori Nori-naga est un commentateur très estimé du *Ko-
zi Ki.* Son œuvre a été publiée, en 1798, sous le titre de *Ko-zi
Ki den* (Voy. ce que j'ai dit, à l'occasion de cet ouvrage, dans les
*Compte-rendus des séances de l'Académie des Inscriptions et Belles-
lettres,* 1889, t. IX, p. 105). Dans le travail que j'ai entrepris sur
le *Ko-zi Ki,* j'ai fait de nombreux emprunts au livre de ce savant ;
je regrette de n'avoir pu en donner ici des extraits plus considé-
rables, mais mon commentaire déjà fort long aurait pris une
étendue démesurée si j'avais pris à tâche de suivre Moto-ori
dans toutes ses discussions philologiques et exégétiques.

leurs employé dans le sens de « maître », notamment
dans le *Ni-hon Ghi* où le père du 27ᵉ mikado Keï-taï est
désigné sous le nom de *Hiko Ousi mi-ko*, etc. On trouve
également des noms de personnages historiques écrits
tantôt avec le mot *nousi*, tantôt avec le mot *ousi*, et il y
a des raisons pour croire que cette dernière forme est au
moins aussi ancienne que la première. En conséquence,
dans le passage qui nous occupe, on veut dire que le
dieu en question, établi au juste milieu du Ciel, est le
maître du Monde.

Taka-mi Mousoubi-no Kami et *Kami Mousoubi-no
Kami*. — On remarque tout d'abord la ressemblance
presque complète du nom de ce deuxième et de ce troisième dieu de la Trinité primordiale des Japonais. —
Taka « haut » doit être considéré comme une expression de rhétorique (*tatayé-koto*) ; il en est de même de
mi « auguste ». En effet, *taka* se trouve employé de la
sorte dans plusieurs titres honorifiques ; et, en ce
qui concerne le mot *mi*, on voit, dans le *Ni-hon Syo-ki*,
que le caractère qui le représente dans le *Ko-zi Ki* pour
désigner le dieu *Taka-mi Mousoubi-no Kami* est remplacé par un signe qui signifie « auguste ». — *Mousoubi* vulg. « liaison » désigne, par exemple, « un fruit
qui se noue » ; *mousou* signifie « naître, engendrer »,
notamment dans les mots *mousou-ko* « un fils »,
mousou-mé « une fille ». Dans la vieille anthologie
Man-yeó siou, on emploie l'expression *kousa mousazou*
« les plantes ne poussent pas ». Dans le passage que
nous commentons, il signifie « se produire, se mani-
fester, naître, apparaître, (*nari-idzourou*). — Le caractère *bi* du nom *Mousoubi* a été remplacé par le caractère

reï, ce qui paraît d'ailleurs une orthographe satisfaisante, ce dernier signe ayant la valeur de « merveilleux, miraculeux, extraordinaire ». Le sens de ce nom est donc « le Dieu puissance créatrice », expression qui rappelle le rôle de créateur attribué aux deux *Mousoubi*. Quelques auteurs prétendent qu'ils étaient fils du Dieu primordial Naka-nousi, et parfois on voit l'un et l'autre confondus dans le culte des anciens Japonais [1].

Hasira « pilier, colonne » est un déterminatif numéral employé lorsqu'on compte des personnes de rang élevé, notamment les dieux. Au moyen-âge, on employa de la même façon, dans la langue vulgaire, le mot *o hito-kata* « une personne », *o fouta-kata* « deux personnes », etc. L'expression *hasira* vient de ce que, dans l'antiquité, les personnages de rang élevé étaient comparés à des arbres, tandis que les gens de basse extraction étaient qualifiés d'herbes (Cf. l'expression chinoise *tsing-jin tsao*).

Hitori-gami, litt. « dieux uniques, dieux solitaires ». On veut dire par là qu'ils n'avaient pas d'épouse.

Mi miwo kakousi. — Cette expression présente de grandes difficultés et je ne suis pas convaincu que les exégètes japonais l'aient expliqué d'une façon satisfaisante. Suivant Moto-ori, l'auteur du *Ko-zi Ki* veut dire que les corps de ces dieux n'étaient pas visibles. Littéralement *miwo kakousi* veut dire « ils ont caché leur

1. Depuis la publication de cet article, de nouvelles études m'ont suggéré, au sujet des deux *Monsoubi*, des idées qui me paraissent d'une importance exceptionnelle pour la connaissance des origines religieuses du Sintauïsme. Je me propose d'en faire l'objet d'un mémoire spécial, accompagné de textes justificatifs.

corps »; mais le signe idéographique *yin* qui répond dans
le texte à *kakousi* entraîne l'idée d'une chose obscure,
occulte, que l'esprit humain ne peut pénétrer ; il indique
aussi l'état de « quiétude ». Je ne crois pas qu'on
soit en dehors de la pensée de l'auteur en le rendant par
« incorporel » ou « immatériel ». En tout cas, je viens
de m'expliquer à ce sujet et chacun pourra juger s'il
est préférable de traduire par « dieu au corps occulte,
incorporel », ou bien par « ils ont caché leur corps (c.-
à-d. « ils ont disparu »).

§ II. — Extrait du Commentaire.

Kouni « royaume ». — Ce mot répond au chinois
koueh que l'on traduit d'habitude par « royaume »,
mais il est évident que lorsqu'il s'agit de l'époque de la
création, il ne saurait être question de « royaume ».
Bien plus, à la période primordiale que décrit ici le
Ko-zi Ki, le Japon lui-même, c'est-à-dire « le Monde »,
n'existait pas encore, car on voit plus loin que les îles
de la terre furent créées ultérieurement par la déesse
Iza-nami. — Le caractère chinois employé dans la
transcription du *Ko-zi Ki* est évidemment impropre : il
n'exprime en réalité qu'un « état ». D'après l'antique
dictionnaire *Choueh-wen*, il désigne « la résidence de
l'Empereur », « les princes feudataires », « le domaine de
la civilisation ». — Suivant le *Wa-koun sivori*, le mot
Kouni vient de *koumi*, dans le sens de « réunir, grouper,
rassembler » et, dans le *Sin-daï Ki*, il est synonyme
de *rik-kau* « l'univers » et de *Ya-sima-no kouni* « le
Japon ». Le dictionnaire étymologique *Gon-ghen teï*

paraît adopter à peu près la même interprétation, lorsqu'il donne comme élément du mot *kouni*, les deux mots
kou et *ni*, c'est-à-dire « les pays réunis », ou « le monde ».

Wakakou, vulg. « jeune », est rendu par le chinois
tchi qui désigne « les pousses des céréales ». Les Japonais emploient communément le caractère *joh* dans ce
même sens, ou bien le signe *joh* qui signifie surtout
« tendre, faible, délicat ». Dans la vieille anthologie
Man-yeô siou, on se sert de l'expression *waka-dzouki*
pour désigner « la nouvelle lune ». (Moto-ori, *Ko-zi Ki
den,* livre III, p. 20).

Ouki aboura-no gotokou. — « L'auteur ne veut pas
dire que le monde, à cette époque, était semblable à de
la graisse, mais qu'il surnageait comme surnage un
corps gras, tel que de l'huile ». — Dans le *Ni-hon Syo-ki*,
où l'on se sert de la même image, on compare la substance première du monde successivement à un œuf, à de la
graisse ou à des poissons flottants (à la surface des flots),
à de la neige qui se balance sans appui au-dessus des
mers. Et, dans une des citations du *Ni-hon ghi* (I, 1 *a*),
on explique que cette chose avait une forme difficile à
décrire (Cf. *Ko-zi Ki den*, III, p. 21).

Kouraghé est un mot qui « sert d'appui » à l'idée de
flotter ». Il désigne un poisson également connu sous
les noms de « lune des mers » et de « mère des eaux »
(méduse). On l'a ainsi appelé parce que ce poisson ressemble à la lune dans la mer. Cette chose flottante et
qui a l'aspect blanc de la lune pendant le jour,
se nomme également « miroir des mers » ou « miroir
de pierre » ; elle est grande comme un miroir, de
couleur blanche et tout à fait ronde.

Moto-ori se demande où pouvait flotter cette chose ; sans doute dans le vide (*sora*), car le Ciel et la Terre n'existant pas encore à cette époque primordiale, il ne devait pas non plus exister de mer. Cependant un ancien livre cité par le *Ni-hon Syo-ki* rapporte que lorsque le Ciel et la Terre n'existaient pas encore, « cette chose » surnageait sur les mers, comme par exemple les nuages au firmament, sans que rien ne leur servit d'appui. Une pareille observation n'a rien qui doive étonner dans un ouvrage de cette époque traitant de questions cosmogoniques. Il y aurait peut-être lieu néanmoins de tenir compte de deux acceptions différentes du mot « Ciel », savoir « la voûte céleste » et le « paradis ». En effet « le Ciel » désigne « le séjour des Dieux », c'est-à-dire « le Ciel idéal », en même temps que « l'espace » ou « le vide ». Avant la naissance des Dieux qui ont créé le continent et les îles, les éléments primordiaux de tous les êtres existaient à l'état latent dans l'éther ; le Ciel (*Amé*), de même que la Terre (*Tsoutsi*), et même les Dieux ou Génies (*Kami*) n'ont pris naissance qu'à la suite de la séparation des éléments confondus pêle-mêle dans le tohu-bohu du chaos (ch. *hoën-tun*).

Asi-kabi. — Les commentateurs japonais s'efforcent d'expliquer ce que pouvait être la plante « cosmogonique » appelée *asi-ga'i* ou *asi-kabi*. Il est évident que la savante discussion engagée à ce sujet est au fond d'un assez médiocre intérêt. Dans les cas ordinaires, les synonymies pour les végétaux de la Chine et du Japon présentent de l'embarras, parce que les espèces ont été souvent mal déterminées par les botanistes de l'Extrême-Orient et qu'un même nom a maintes fois

servi à désigner des plantes différentes. A plus forte
raison y a-t-il des difficultés presque toujours inextricables quand on veut établir la correspondance européenne d'un nom de plante cité dans les livres de la
haute antiquité orientale. Voici cependant ce que j'ai
pu recueillir au sujet de la plante *asi-kabi* :

Asi est représenté dans l'écriture idéographique par
deux caractères qui désignent l'un et l'autre un même
roseau, bien que l'un indique une espèce plus grande
que l'autre. Les deux signes réunis sont le nom de
l'*Arundo Indica*.

Hiko, mot qui se rencontre dans un grand nombre
d'anciens noms japonais, désigne « un mâle ». Suivant
le dictionnaire étymologique *Gon-ghen teï*, qui l'explique
ainsi, il vient de *ho-ko* « enfant du sexe masculin ». Ce
mot parait avoir été surtout donné aux personnages de
rang élevé, aux génies, aux héros et aux princes, comme
le mot *himé*, employé dans le sens de « grande dame,
princesse ». A l'origine même de la monarchie japonaise, sous le règne de *Zin-mou*, nous voyons le titre de
hiko attaché au nom du chef aïno *Naga-souné* qui
tenta de résister à l'invasion japonaise. Ne faudrait-il
pas attacher à *Hi-ko* le sens de « fils du Soleil », et
à *Hi-mé* celui de « fille du Soleil » ? L'auteur du *Gon-
ghen teï* explique le mot *hi* par « feu », et emploie pour
l'exprimer un caractère chinois qui représente le *yang*
ou « principe mâle » et en même temps « l'astre du
jour ». Le Ciel se nomme aussi *hi* et les empereurs du
Japon ont pris pour titre celui de « Fils du Soleil ».

Amé-no Toko-tatsi-no Mikoto est le même dieu que
Amé-no Soko-tatsi-no Mikoto. Interprété par les carac-

tères chinois qui ont été choisis pour l'écrire, ce nom signifie « le Vénérable éternellement debout au Ciel ». — Le mot *toko* est expliqué par le dictionnaire *Gonghen teï* comme dérivé de *to* « le temps » et *ko* « l'endroit, le séjour ». Suivant une autre notation de ce titre, c'est « le Vénérable debout au fond du Ciel ». — *Soko* veut dire « endroit de la retraite ».

A la fin du second paragraphe dont nous nous occupons, le rédacteur a ajouté une remarque d'une valeur considérable pour les études exégétiques japonaises, mais dont l'intelligence présente quelque difficulté. Cette remarque est conçue en ces termes : « Les cinq dieux mentionnés plus haut sont en particulier les Dieux du Ciel ».

A propos du mot que j'ai traduit par « en particulier » (jap. *koto*), Moto-ori donne dans son commentaire les explications suivantes :

« Voici le motif qui a fait employer l'expression *koto* : d'abord, d'après les traditions rapportées dans le *Nihon Syo-ki*, on considère généralement Kouni Toko-tatsi-no Mikoto comme le premier dieu (du monde) et les cinq autres dieux qui paraissent au début du *Ko-zi Ki* se trouvent supprimés. L'auteur, ayant seulement songé à citer les dieux de notre pays (le Japon), a omis de mentionner les dieux du Ciel qu'il a considéré comme d'un AUTRE ordre. Ensuite, dans une citation du *Syo-ki*, on mentionne d'abord le dieu Kouni Toko-tatsi-no Mikoto et, après avoir ajouté les mots « on dit aussi », l'auteur mentionne les dieux du Ciel qu'il juge d'un ordre particulier (*koto*). Il résulte delà que le mot *koto* n'a été employé que pour distinguer « les dieux du Ciel » (d'une manière spéciale). Moto-ori Nori-naga, *Ko-zi-ki den*, livr. VII, p. 31.

§ III. — EXTRAITS DU COMMENTAIRE.

Kouni-no Toko-tatsi-no Kami. — Suivant la tradition vulgaire du Sintauïsme fondée sur le texte du *Ni-hon Syo-ki*, ce génie est le Dieu primordial du panthéon Japonais et celui qui apparaît tout d'abord au moment où les éléments du Chaos commencent à se séparer. Son nom signifie « le Dieu éternellement debout dans le pays ». Cette explication a cependant besoin d'être discutée, d'autant plus que nous retrouvons à peu près les mêmes mots dans les noms du dieu *Amé-no Toto-tatsi-no Mikoto* ou *Amé-no Soko-tatsi-no Mikoto* cités plus haut. Il n'y a pas lieu de s'arrêter aux variantes *toko* ou *soko* que j'ai déjà expliquées et qui, suivant Moto-ori, ne fournissent qu'une seule et même signification. La différence sur laquelle doit se porter l'attention est l'emploi pour le premier du mot *Amé* « Ciel », et pour le second du mot *Kouni* « Pays ». Il me semble évident que celui auquel il attache le mot *Amé* est le Dieu suprême de l'Univers, tandis que, celui auquel il joint le mot *Kouni* est un dieu purement terrestre, un dieu local des îles du Japon. Cette explication serait au besoin justifiée par une phrase que j'ai citée et qui nous montre qu'aux yeux du rédacteur du *Ko-zi Ki* les sept premiers dieux sont des dieux supérieurs essentiellement distincts des dieux purement japonais mentionnés à leur suite. De la sorte s'explique aussi la suppression des sept premiers dieux (du moins en tant que formant une série spéciale) dans le *Ni-hon Syo-ki* et dans les traditions populaires communément répandues chez les Japonais. Dans ce dernier livre, on ne s'est préoccupé que des dieux absolument nationaux et on a renoncé à parler d'une série qui répond probablement à la plus ancienne manifestation de l'idée religieuse dans les îles de l'Extrême-Orient, mais qui n'est pas étroitement liée au sentiment national des indigènes et aux intérêts dynastiques des mikado considérés comme descendants directs, successeurs et héritiers des kamis du Sintauïsme. Quelque savants il est vrai ont supposé que *Amé-no Toko-tatsi-no Mikoto* était le même dieu que *Kouni Toko-tatsi-no Mikoto* ; d'autres ont été jusqu'à vouloir identifier *Amé-no mi Naka-nousi-no Mikoto*, premier dieu du *Ko-zi Ki* avec *Kouni-no Toko-tatsi-no Mikoto*, premier dieu du *Ni-hon Ghi*[1]. Moto-ori n'hésite pas à dire que c'est là une grande erreur et la plus grave de toutes les erreurs. (*Ko-zi Ki den*, iii, 33, Comm.).

Tout d'abord, dans le *Syo-ki*, on cite les dieux Kouni-no Toko-tatsi-no Mikoto, puis Kouni-no Sa-dzoutsi-no Mikoto, puis Toyo-koumou Nou-no Mikoto, d'après une tradition qui diffère de celle du *Ko-zi Ki*. Or si nous examinons quelle a été l'origine et la succession des dieux depuis Kouni-no Toko-tatsi-no Mikoto jusqu'à Iza-naghi-no Kami, nous voyons que deux de ces dieux (Asi-kabi Hiko-dzi et Amé-no Toko-tatsi) sont des dieux célestes qui se sont formés, à l'origine du monde, en sortant d'une chose semblable à un roseau, tandis

---

1. Notamment l'éditeur du *Kou-zi Ki*, I, 1.

que les autres dieux qui ont paru depuis Kouni-no
Toko-tatsi-no Mikoto tirent leur existence d'une chose
analogue à de la graisse flottante qui doit constituer la
terre. Dans la citation du *Ni-hon Ghi* où l'on rapporte
qu'il y eut une chose semblable à de la graisse flottante
qui nageait au milieu de l'espace et que cette chose se
transforma et devint le dieu *Kouni-no Toko-tatsi-no
Mikoto,* on a évidemment l'intention de mettre ce
dernier en parallèle avec le dieu *Amé-no Toko-tatsi-no
Mikoto.* Il subsiste cependant encore quelques doutes
sur la manifestation distincte de ces deux divinités.
(Moto-ori, *Ko-zi Ki den*, loc. supr. cit.).

Yasou-maro, suivant l'usage, joignit au texte du
Fourou-koto Boumi (appellation purement japonaise de
l'ouvrage communément désigné sous le titre chinois de
Ko-zi Ki) qu'il présenta en l'an 712 à l'impératrice
Ghen-myau, une sorte de Rapport destiné à servir d'introduction à cet ouvrage. Ce rapport montre combien
les idées cosmogoniques chinoises s'étaient, à cette
époque, infiltrées dans les traditions du Sintauïsme. On
y lit ce qui suit :

« Lorsque le Chaos était encore confus, les formes
(spéciales des êtres) ne s'étaient pas encore manifestées.
Il n'y avait pas de noms, il n'y avait pas de mouvement.
Qui pourrait dire quel était alors l'état des choses ? Mais
lorsque le Ciel et la Terre commencèrent à se séparer,
Trois dieux furent le début (litt. « la tête ») de la création. Le Principe Femelle et le Principe Mâle se sépa-
rèrent. Les TROIS DIEUX (primordiaux) furent :

1. Amé-no mi Naka-nousi.
2. Taka-mi Mousoubi.

.3. Kami Mousoubi.

Or ce sont ces mêmes dieux qui apparaissent au début du *Ko-zi Ki*...... Les deux Réï (ancêtres du monde) furent le divin Iza-naghi et la divine Iza-nami.

§ 4. — Extraits du Commentaire.

Ou-'Idzi-ni-no Kami, Sou-'Idzi-ni-no Kami. — Les noms de ces deux divinités sont identiques à la seule différence du premier mot qui entre dans leur composition. Il est évident qu'il existe entre eux un parallélisme dont il faut tenir compte.

Ou signifie « bouc » ; c'est le même mot qu'on rencontre dans les poésies des âges postérieurs sous la forme *ouki*. Le composé *ou-'idzi* signifie de la sorte « terre limoneuse ».— *Sou,* transcrit dans le *Ni-hon Ghi* par un signe chinois qu'on traduit d'ordinaire par « sable », indique de la terre et de l'eau de mer qui, à la fin du chaos, commencèrent à se séparer (Moto-ori, *Ko-zi Ki den,* livr. III, p. 38.) Suivant ce commentateur *ni* répondrait à *nou* (vulg. « champs ») du nom du dieu Toyo-koumo-nou-no Kami et aurait le sens de « marais, étang ». Moto-ori ajoute que, d'après son maître, *ou* dériverait de *ouki* (vulg. « flotter ») et *sou* de *sidzou* (vulg. « plonger ») par contraction et exprimeraient l'état de la terre qui, au commencement du monde, était d'abord confondue avec l'élément liquide des mers et qui en suite finit par se dessécher et durcir de façon à former les continents. Dans ce cas, le mot *ni,* où nous voyions tout à l'heure un équivalent du mot « marais », devrait être rendu par « la terre ». Cette étymologie

semble peu probable au premier abord : elle acquiert
une certaine vraisemblance d'exactitude par suite des
rapprochements philologiques qu'ont fait plusieurs
exégètes japonais, d'où il résulterait que le mot *ni* est
entré dans la composition de divers mots où il a incontestablement la valeur de terre [1].

Imo désigne d'habitude « une sœur cadette » ; mais
le signe chinois qui représente ce mot signifie aussi
« une jeune femme » et même « une épouse ». Dans les
temps anciens, on se servait indifféremment de *imo*
lorsqu'il s'agissait d'un mari ou d'une femme, d'un frère
ou d'une sœur, ou même d'étrangers. Lorsqu'une femme,
par exemple, se trouvait avec un homme, celui-ci s'appelait *imo*. Plus tard, les femmes ont fait usage de cette
expression en se parlant entre elles, et chacune dans la
conversation disait *imo* « moi, votre cadette ». Comme
les dieux, jusqu'à Omo-darou Kasiko-né-no Kami, nous
sont présentés deux à deux, on a donné aux déesses le
nom de *imo*. Il faut toutefois hésiter à traduire *imo* par
« épouse », car à cette époque le mariage n'existait pas
encore (Moto-ori, *Ko-zi Ki den*, liv. III, p. 41).

Tsounou forme antique de *tsouno*, signifie communément « une corne » et exprime quelque chose qui se
porte en avant, qui surgit, qui vient à poindre, comme
« un bourgeon ». Suivant Arata Atsou-tané, ce mot
veut dire une chose qui nait et n'a pas de membres,

---

1. *Ha-ni* « terre » (*Gon-ghen teï*, p. 43) ; « terre rouge ou jaune »
(*Wa-koun sivori*), liv. XXIV, p. 27 ; *Syo-ghen-zi kau*, édit. lith. p. 14,
l. 10 ; « la terre à l'état de mortier », c'est-à-dire « l'argile ».
dans l'état où il sert pour la fabrication des poteries (*Wa Kan
San-saï dzou-yé*, liv. LV, p. 6 ; « la boue » appelée *hidziriko* ; on
dit également *ko'idzi*, en langue vulgaire *doro* (*Wa-myau seô*).

telle que la queue, la tête, la main, le pied (*Ko-zi den*, liv. ii, p. 5 et *Ko-zi Ki den*, liv. iii, p. 41). — *Kou'i* ou *gou'i*, rendu par un signe chinois qui signifie « une borne agraire », doit être traduit, suivant Moto-ori, par « une chose qui commence à pousser ». Le nom de ce dieu signifie donc « le Dieu qui vient de paraître » (comme le rejeton d'un roseau). — *Ikou-gou'i* s'explique de la même façon par « prendre vie et activité ».

Oho-to-no Dzi-no Kami, Oho-to-no Bé-no Kami. — Dans le nom de ces dieux, *oho* « grand » est une particule honorifique. — *To* est une notation phonétique d'un signe qui veut dire « endroit », en japonais moderne *tokoro*. Le mot *to* est également transcrit par le caractère « porte » que l'auteur du *Gon-ghen teï* donne comme devant fournir l'étymologie du mot *tokoro*, équivalent de *to* « lieu ». — *Dzi* exprime l'idée de « mâle » et a pour correspondant le mot *bé* qui, dans le nom de la déesse *Oho-to-no Bé*, est l'appellation honorifique d'une « femme ». Ce mot *bé* pourrait bien n'être qu'une transformation phonétique du mot *mé* «femme», le *b* et le *m* permutant souvent en japonais. Il est considéré par l'auteur du *Wa-koun-sivori* comme une contraction de *himé* « princesse », ce qui ne me paraît pas admissible. — Quant au mot *dzi,* il représente probablement la racine du mot *tsitsi* « père ».

Omo-darou veut dire « ce à quoi il ne manque rien, ce qui est parfait ». — *Aya* est « une exclamation » et *kasiko* signifie « la crainte », d'où « une exclamation poussée avec frayeur ». — *Né* passe pour une contraction de *na-é* « un aîné », particule honorifique également applicable aux hommes et aux femmes. Ces interprétations données par les éxégètes japonais ne nous font guère comprendre d'une façon satisfaisante le sens qu'on a voulu attacher à ces deux noms de divinités qui, malgré les efforts de plusieurs savants indigènes, demeurent obscurs ou tout au moins très incertains. L'idée que par *Aya-kasiko* on a cherché à faire comprendre qu'à la vue de ce dieu on était saisi de terreur me semble médiocrement satisfaisante.

Iza-naghi-no Kami, Iza-nami-no Kami. — La signification de ces noms est encore plus douteuse que celle des noms précédents. Il serait néanmoins fort intéressant d'en déterminer la valeur, car il s'agit de deux des divinités les plus importantes du panthéon japonais, de deux génies que les chrétiens du Nippon appelaient « l'Adam et Ève » de leur pays[1]. — *Iza*, suivant les principaux commentaires indigènes, signifierait « conduire, aller avec, tenter ». De la sorte, *Iza-naghi* serait une abréviation de *Iza-na'i Kimi* « le Seigneur qui conduit, qui tente » et *Iza-nami,* une abréviation de *Iza-na'i mé Ghimi* « la Dame qui conduit, qui tente ». Ces noms se rattacheraient à la légende insérée également dans le *Ko-zi Ki* et dans le *Ni-hon Syo-ki,* suivant laquelle ces deux divinités, dans le but de donner le

---

1. Voy., sur ces deux divinités, la notice insérée dans ce volume, ci-dessus p. 77 et sv. — M. Kira Yosi-Kazé présente Iza-naghi comme un des souverains primitifs du Japon et, à ce titre, le désigne sous le titre d'*Iza-naghi Ten-'au* (l'empereur Iza-naghi) dans son édition critique de l'*Ouyetsou foumi,* liv. I, p. 1. — Dans le *Sen-daï Kou-zi Ki,* on donne également à Iza-naghi le titre d'*Ama-koudarou o Gami* « le Génie mâle descendu du Ciel » et à son épouse Iza-nami celui d'*Ama-koudarou mé Gami* « le Génie femelle descendu du Ciel ». Ces deux noms ont été composés sous l'influence des idées chinoises.

jour aux îles du Japon et à une foule de dieux nationaux de ce pays, se seraient provoquées l'une l'autre
pour s'unir par les liens du mariage et se connaître. —
Iza est une interjection qui se prononce dans le but
d'exciter ou d'encourager ; on en a formé les verbes
izana'ou, *izanayérou* « conduire, encourager, causer
une tentation », et aussi « pousser, solliciter, exhor-
ter »[1], sens qui conviennent assez bien aux noms des
dieux qui nous occupent (Voy. *Ko-gon teï heô-syou*, p.
8 ; *Wa-koun sivori*, t. III, p. 8). — *Na-ghi* est considéré
par les uns comme l'équivalent de *a Ghi* « mon Seigneur »,
par les autres comme une contraction de *nandzi Kimi*
« toi, Seigneur ». — Le mot *mi*, dans le nom de la
déesse Iza-nami, est évidemment en opposition avec
le mot *ghi ;* on y a vu une contraction de *mé ghi* « princesse ». Ces deux noms ont encore été interprétés diffé-
remment. Dans le *Ni-hon Syo-ki*, on écrit le premier
avec un caractère chinois qui peut se traduire par
« accéder, consentir », ce qui ferait allusion au moment
où le Dieu mâle cède à la provocation tentatrice du Dieu
femelle ; mais alors comment expliquer le mot *nami*,
employé pour le second nom ? Les *Wa gak'-sya* sont
généralement d'accord pour considérer ce problème
philologique comme très embarrassant, pour ne pas dire
tout-à-fait insoluble.

Iza-naghi et Iza-nami complètent la série des Génies
du Ciel (*Ten-zin* ou *Amé-no Kami*), en dehors de laquelle
il faut placer l'importante Triade primordiale dont

---

1. Et aussi *Sasô* « inviter, persuader » (*Ga-ghen sioŭ-ran*, liv. I,
p. 52).

Naka-nousi, le Dieu Suprême, est la principale expression, triade qui a été omise, comme je l'ai dit, dans la rédaction du *Ni-hon Syo-ki*, tandis qu'elle figure au contraire en tête de celle du *Ko-zi Ki*. Les dieux de cette triade sont spécialement désignés, dans le *Rapport* présenté en l'an 712 de notre ère à l'impératrice Ghenmyau, par Fouto-no Yasou-maro, sous le nom de *San Zin* « les Trois Dieux (par excellence) », et les génies Iza-naghi et Iza-nami, sous le titre de *Ni Reï* « les Deux Principes vitaux (des êtres) ».

VIII

LA BOTANIQUE ET L'ART FLORAL

dans les îles du Soleil-Levant

S'il est une étude cultivée avec passion par les Japonais, c'est sans contredit l'étude des plantes. Leur
pays, il faut le reconnaître, a été tout particulièrement
doué de la nature pour développer le goût d'une science
d'ailleurs aussi utile que gracieuse et attrayante par
elle-même. Situé sous une foule de latitudes différentes,
depuis les froids parages des Kouriles, de Saghalièn et
de Yéso jusqu'aux régions tropicales des Loutchou et
des Bonin-sima, l'archipel de l'Extrême-Orient produit
la plus riche série d'arbres et de fleurs qui puisse enflam-
mer l'imagination d'un peuple artiste. Aussi la Botanique a-t-elle été l'objet d'un grand nombre d'écrits où
les végétaux sont étudiés au point de vue des arts
décoratifs en général et de l'ornementation des jardins
en particulier. Ce n'est là, toutefois, qu'une branche de
la littérature phytologique des Japonais qui n'exclut
pas chez eux la recherche des propriétés des plantes et
des applications qu'on peut en faire à l'industrie et à
l'alimentation publique. La pléthore de la population

du Nippon rendait en effet indispensable d'entreprendre de bonne heure l'étude approfondie de toutes les
ressources du règne végétal, et les recherches des
savants indigènes dans cette voie ont abouti aux plus
excellents résultats. Sans parler ici de l'agriculture
indigène, dont j'ai eu l'occasion de signaler les remarquables développements [1] et sur laquelle je me propose
de revenir un jour, il suffit de recueillir les témoignages
des voyageurs [2] pour constater le parti intelligent que
les insulaires du Yamato ont su tirer de toutes les
régions de leur territoire et de celles qui étaient les plus
inabordables et les plus incultes.

Mon intention n'est point de présenter ici un tableau
même succint des progrès réalisés par les Japonais
dans l'étude des plantes. Je me propose seulement de
donner quelques spécimens des ouvrages qu'ils ont consacré à cette étude et d'y ajouter de courtes remarques
sur leur mode de composition et sur le style dans
lequel ils sont rédigés.

*
* *

Depuis quelques années, les plantes dites à feuillage
coloré ou ornemental ont trouvé en Europe d'ardents
amateurs. Cette mode, qui tend à se généraliser dans

---

1. Voy. l'Introduction de ma traduction du *Yau-san sin-sets* ou
Traité de l'éducation des Vers à soie au Japon, 3e édition, p. LVI
et sv.

2. Voy. notamment ceux de Kæmpfer, Thunberg, Siebold,
Humbert, la relation de l'expédition du commodore Perry au
Japon, celle de lord Elgin, du baron Gros et du comte Friedrich
d'Eulenburg.

nos jardins d'agréments, est florissante depuis fort
longtemps au Japon et je necrois pas trop m'avancer
en affirmant sa supériorité dans ce dernier pays. Cela
vient-il de ce que les feuillages multicolores sont plus
nombreux au Nippon que partout ailleurs ? Je l'ignore.
Toujours est-il que les Japonais ont entrepris depuis
plus d'un siècle, sur ces beaux produits de leur sol, des
publications essentiellement artistiques et telles que
ces dernières années seulement nous en ont donné
quelques spécimens en France.

Je possède un de ces curieux ouvrages, dont le titre
est *Sau-mok' kin-yeô sioû* « Collection de feuillage ornemental des plantes et des arbres ». Il se compose de
deux parties, comprenant ensemble sept volumes in-4°
publiés à Miyako la douzième année de l'ère impériale
Boun – seï (1829 de notre ère) par une association
d'artistes. Les éditeurs annoncent la publication de six
autres volumes destinés à compléter l'ouvrage. Les
plantes qui figurent dans cette collection sont classées
suivant l'ordre de l'*i-ro-ha* ou syllabaire indigène ; de
courtes notices descriptives y ont été ajoutées.

*
* *

Si les Japonais sont grands amateurs de plantes ornementales, ils attachent en outre une telle importance
à la disposition pittoresque des végétaux dont ils ornent
leurs jardins et leurs appartements qu'ils confient à
de véritables artistes, non seulement la création de
leurs parcs et de leurs parterres, mais jusqu'à la composition de leurs bouquets. Ceux qui montrent un certain
mérite dans l'arrangement des vases ou corbeilles

de fleurs acquièrent promptement une clientèle nombreuse et productive ; si bien qu'il existe à Kyauto, à Yédo et dans plusieurs autres grandes localités de l'empire, des professeurs pour enseigner l'art de bien disposer les bouquets et de nombreux élèves pour suivre leur enseignement. Cet enseignement est d'ailleurs consigné avec les plus minutieux détails dans des livres spéciaux ornés de nombreuses figures : on en trouve le résumé jusque dans les encyclopédies populaires.

Les stéphanangies[1] ou vases-bouquets ont reçu des Japonais le nom de *taté-bana* (sin. jap. : *rik'-k'a*). C'est d'ordinaire dans du sable qu'ils disposent ces vases-bouquets. Au centre, ils placent une forte tige sur laquelle repose une sorte de charpente habilement dissimulée qui leur permet de prendre les dispositions les plus diverses[2].

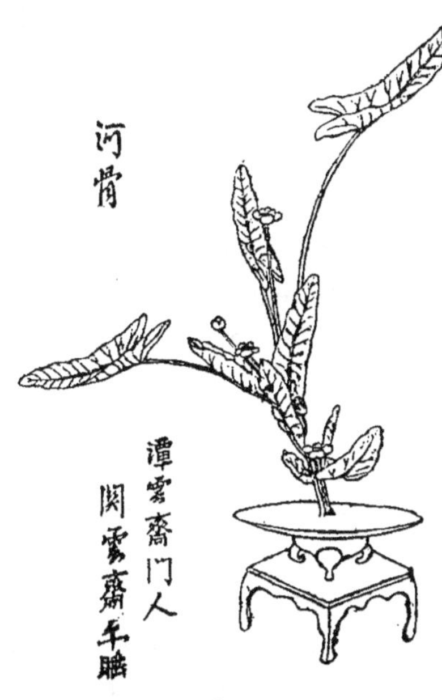

TATÉ-BANA.

---

1. Du grec ςέφανος « bouquet » et ἄγεῖον « vase ».
2. *Zó-ho sets'-yó daï-scï*, un vol. in-4° publié à Yédo la 11e année de l'ère *Gen-rok'* (1698). — L'art des *Rik'-'ka*, suivant M. Hall-Chamberlain a été d'abord enseigné au Japon par *Scn-no Ri-kyoŭ* (Voy. *Things Japanese*, p. 121).

*
* *

Les anciens livres de botanique publiés au Japon sont généralement composés d'après un système qui rappelle les *Pen-tsao* ou Traités chinois d'histoire naturelle. La Grande Encyclopédie, dont Abel-Rémusat nous a donné un index analytique [1], renferme de nombreuses descriptions de plantes classées suivant ce système ; les autres ouvrages que j'ai eu entre les mains ne présentent pas un caractère plus scientifique. Il en est même de quelques uns des écrits de date récente qui ont conservé, pour la classification des végétaux, la vieille idée chinoise des deux principes originels et générateurs des êtres : le *yang* ou principe mâle et le *yin* ou principe femelle [2].

Il faut dire toutefois qu'à l'époque de l'établissement des Hollandais dans le petit îlot artificiel de Dé-sima, les savants du pays ont obtenu d'eux quelques unes de nos publications occidentales qu'ils se sont hâtés de traduire dans leur langue. C'est ainsi qu'il ont eu connaissance du système sexuel de Linné dont ils ont accueilli les principes avec un véritable enthousiasme. Enfin l'ambassade japonaise du syau-goun qui, en 1862, visita la France, l'Angleterre, la Hollande, la

---

1. Dans le tome XI des *Notices et Extraits des Manuscrits* de la Bibliothèque Nationale. — Un autre Index de la même Encyclopédie a été publié dans le *Catalogue des Livres et Manuscrits Japonais* collectionnés par A. Lesouëf. (Leide, 1887), p. 45 et sv.

2. Voy. notamment le *Sau-mok' sodaté gousa*, au chapitre intitulé *Sau-mok'-ni in-yau arou koto*, t. I, p. 7 et le chapitre sur les influences fastes et néfastes concernant les végétaux et leur culture, t. I, p. 11 et sv.

Prusse, la Russie et le Portugal, acquit durant son séjour dans ces diverses contrées une grande série de publications botaniques qui ont bientôt rapproché la science japonaise du niveau de la science européenne.

L'intérêt des livres publiés au Japon en dehors de toute influence étrangère réside surtout dans les nombreuses observations que leurs auteurs y ont consignées. J'ai exposé, au commencement de cet article et ailleurs, les raisons qui nous permettent d'attacher un véritable prix à ces observations. Le peu de place qui m'est accordé dans ce recueil m'oblige à me borner, quant à présent, à dire quelques mots du style dans lequel ils sont composés et à donner quelques courts spécimens de leur rédaction.

Les ouvrages de botanique publiés par les Japonais sont imprimés suivant trois systèmes. Les premiers sont rédigés en chinois et accompagnés de notules grammaticales japonaises. Les seconds sont écrits en langue japonaise proprement dite, dans ce style qui consiste à noter en caractères idéographiques tous les mots qui forment le fond du discours ou, si l'on veut me permettre cette expression, le squelette du langage, et en écriture syllabique *kata-kana* les particules et les formes grammaticales. Les troisièmes enfin sont imprimés en caractères *hira-kana*, plus ou moins mélangés de signes chinois cursifs. Les deux premiers systèmes sont surtout employés pour les livres à l'usage des savants ; le troisième est généralement préféré pour les publications destinées au plus grand nombre des lecteurs.

Voici un spécimen de ces trois genres de rédaction :

LE COTONNIER LIGNEUX [1]

Suivant le *Hon-kau* [2], il existe deux espèces de cotonniers : le cotonnier ligneux et le cotonnier herbacé. Le cotonnier ligneux se nomme *Kou-baï syou*. Il se rencontre dans les provinces (chinoises) de Kiao-tcheou, de Kouang-tcheou et autres contrées méridionales. Sa hauteur dépasse celle des maisons ; sa dimension est d'une brassée. Ses branches ressemblent à celles du paulownia ; ses feuilles sont grandes commes des feuilles de noyer. A l'entrée de l'automne, ses fleurs s'épanouissent : elles sont rouges comme celles du camélia *Sa-zan kwa* « Fleur de thé des montagnes » et ont des étamines jaunes. Leurs pétales sont extrêmement épais, légèrement rapprochés et soudés de manière à présenter une corolle bien fournie. Lorsque les fruits sont formés, ils ont la grosseur du poing. Au centre, se trouve le coton et au milieu du coton les graines. Ce qu'on appelle aujourd'hui *Pan-nya*, c'est justement le Cotonnier ligneux. On peut en faire de la ouate pour l'intérieur (des vêtements) ; on file aussi ce coton pour en faire des tissus.

On dit en outre, que les Barbares des contrées méridionales qui n'élèvent point de vers à soie possèdent un arbre appelé *sara*, dont la hauteur est de 30 à 50 pieds. Lorsque le fruit est formé, il y a dans l'intérieur

---

1. En japonais : *Ki-wata*, également appelé *Kou-baï, Han-si-kwa, Em-pa* et *Kara-baka* (dans les livres Indiens) ; aujourd'hui on le nomme communément *Panya* (Note de l'éditeur Japonais).

2. Grand traité d'histoire naturelle d'origine chinoise.

du coton blanc qu'ils filent et avec lequel ils tissent des pièces d'étoffes qu'on nomme *sara-rô-tan*. D'autres fois on en fait des couvertures dites « feutre blanc » et appelées *doro-men*. Il s'agit là encore d'une espèce de cotonnier ; il n'y a de variable que la dénomination des divers pays.

REMARQUES DE L'ÉDITEUR JAPONAIS

On tire le coton du Siam, de la Cochinchine, du Cambodge, etc. Lorsqu'on le file, il donne des fils qui n'ont pas la beauté du coton herbacé. On l'emploie seulement comme ouate pour rembourer les oreillers et les matelas. Quand on dort dessus, lors même qu'on la foulerait, elle se relève aussitôt après comme si elle venait d'être cardée ?[1]

LE TABAC

Originairement, le Tabac[2] nous est venu des pays des Barbares[3]. Vers la période impériale *Keï-tsyau* (1596-1611 de notre ère), on commença à le cultiver à Nagasaki[4]. Aujourd'hui sa culture est répandue dans tout l'empire. La hauteur des pousses est de 3 à 4 pieds japonais. Les feuilles ressemblent à la Rhubarbe à feuille panachée ; elles sont un peu longues et brillantes ; sur la tige, il y a un duvet blanc. Les fleurs paraissent au sixième ou au septième mois ; elles rappellent celles de la grande

1. Extrait de la grande Encyclopédie japonaise *Wa Kan Sansaï dzou-yé*, livr. LXXXIV, p. 2.

2. En japonais : *tabako* (sinico-japonais : *yen-sau*).

3. Extrait du *Kwa-ï*. — J'ai reproduit le texte de cette petite notice dans mon *Recueil de Textes japonais*, p. 55.

4. En japonais : *Yama Hototogisou*. — C'est le Saururus cernuus, Dc.

consoude ou du sésame ; leur couleur est rouge clair ou blanc. Une fois l'automne arrivé, elles produisent des fruits qui sont semblables à ceux du paulownia et dans l'intérieur desquels il y a de petites graines. Au septième ou au huitième mois, on fait sécher le tabac, puis on le vend dans toutes les provinces[1].

LE COUCOU DES MONTAGNES [2]

La forme des fleurs de cette plante est la même que

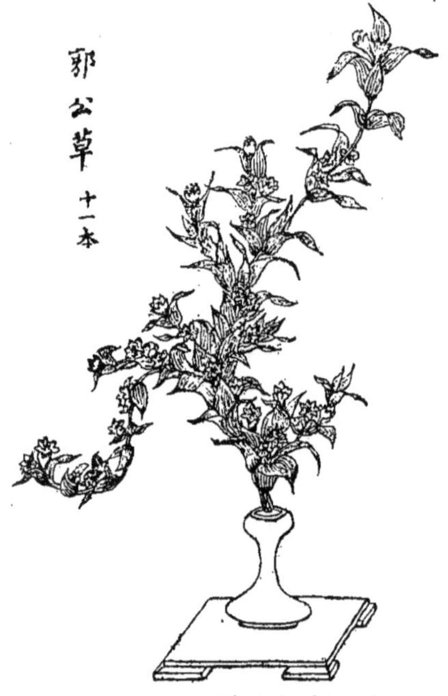

LE COUCOU *(hototoghisou)*

celle du coucou ordinaire : leur couleur est semblable à celle des plumes de l'oiseau de ce nom (*hototoghisou*). Il y vient des baies (littéralement « des cerises »). Les feuilles sont en outre plus rondes que celles du Coucou ordinaire. Les fleurs s'épanouissent également de bonne heure, en général du septième au huitième mois. Le nom chinois du Coucou des montagnes est *Sam-bak'sau*[3].

1. L'auteur veut parler des Portugais et des Espagnols.
2. Une notice sur l'Introduction du Tabac au Japon a été publiée par M. Ernest-M. Satow, dans les *Transactions of the Asiatic Society of Japan*, t. VI, 1878, p. 68 et sv.
3. Extrait du *No-yama gousa* (dans mes *Textes japonais*, p. 126).

*
* *

La passion pour les plantes ornementales est tellement enracinée dans l'esprit des Japonais que, pendant
toute la belle saison, des fêtes populaires sont organi-
sées pour permettre au peuple de jouir de la nouvelle
éclosion des fleurs. Ces fêtes, mentionnées dans des
calendriers spéciaux, ont lieu chacune en un lieu
différent qui a acquis de la réputation pour la culture de
tel ou tel végétal [1]. Toutes les classes de la société, les
riches comme les pauvres, ne manquent pas d'y prendre
part. L'empereur et sa cour ont à cœur d'y participer.
J'ai même eu l'occasion de dire que, pendant une assez
longue période des temps anciens, il semble que cet
hommage rendu au monde floral a été la première
préoccupation des mikados et de leur noble entourage.

Certaines plantes ont eu le privilège d'être tout particulièrement en honneur dans le poétique empire du
Yamato. Lorsque les lettres de la Chine furent introduites au Nippon, l'enthousiasme pour les Pruniers vint
avec elles du continent Asiatique faire irruption dans
toutes les îles de l'Asie Orientale. Le gracieux arbuste
aux fleurs blanches rosées devint ainsi l'emblème des
jolies femmes et, de nos jours encore, il a droit de cité
sur le parnasse de l'Extrême-Orient. La corolle, du sein
de laquelle doit bientôt sortir une prune, a paru la plus
charmante image de la mère de l'enfant. Il n'en faut
pas davantage pour expliquer l'amour des Japonais
pour la printanière avant-garde des prunes.

1. Voy., au sujet de ces fêtes, M. Hall-Chamberlain, *Things
Japanese*, p. 118.

A la longue, une réaction se produisit toutefois parmi les chauvinistes de l'Asie Orientale contre une fleur qui leur semblait un peu trop exotique pour être maintenue au privilège de l'apothéose [1]. On proposa son remplacement par celle du Cerisier et bientôt le berceau de la cerise détrona le berceau de la prune, sans arriver néanmoins à ravir complètement à celle-ci la place exceptionnelle qu'elle occupait depuis des siècles chez les fervents adorateurs de Flore [2]. A en croire aujourd'hui les Japonais, il n'existe pas au monde une seule fleur digne de rivaliser avec celle du *Sakoura-ghi* ou cerisier : la rose, disent-ils, a des épines et les pétales qui tombent de la corolle du camélia rappellent tristement les têtes tranchées par les exécuteurs des basses œuvres.

Si les Japonais ont promu au rang suprême la fleur du Cerisier, plusieurs autres plantes occupent néanmoins, à côté de cet arbre printanier, une place exceptionnelle dans leurs jardins et dans toutes leurs manifestations artistiques [3]. Pour ne pas m'étendre outre mesure je me bornerai à dire ici quelques mots de deux de ces plantes privilégiées.

1. *Wa Kan San-saï dzou-yé*, livr. LXXXVI, p. 4.

2. Plusieurs mikados se montrèrent au plus haut degré enthousiastes des charmes de la fleur du Prunier. L'empereur Seïmou notamment ordonna, la 10e année de l'ère *tem-péi* (738 de n. ère), que cette fleur soit chantée par les poètes de sa Cour, au nombre de trente, qui lui consacrèrent des distiques élogieux. L'empereur Sa-ga rendit un décret pour le même motif la 3e année de l'ère *Kô-nin* (812 de n. ère). On admire également au Japon un Cerisier pleureur appelé *Sidaré Sakoura* (Voy. *Wa Kan San-saï dzou-yé,* livr. LXXXVII, pp. 3 et 4).

3. Voy. de nombreux spécimens en noir et en couleurs des peintures relatives à l'art floral chez les insulaires de l'Extrême-Orient dans la magnifique publication de M. S. Bing intitulée *Le Japon artistique*. Paris, 1888-91, six vol. in-4°.

La fleur du *Kiri* ou Paulownia imperialis, dans le
poétique pays du Soleil-Levant, joue à peu près le même

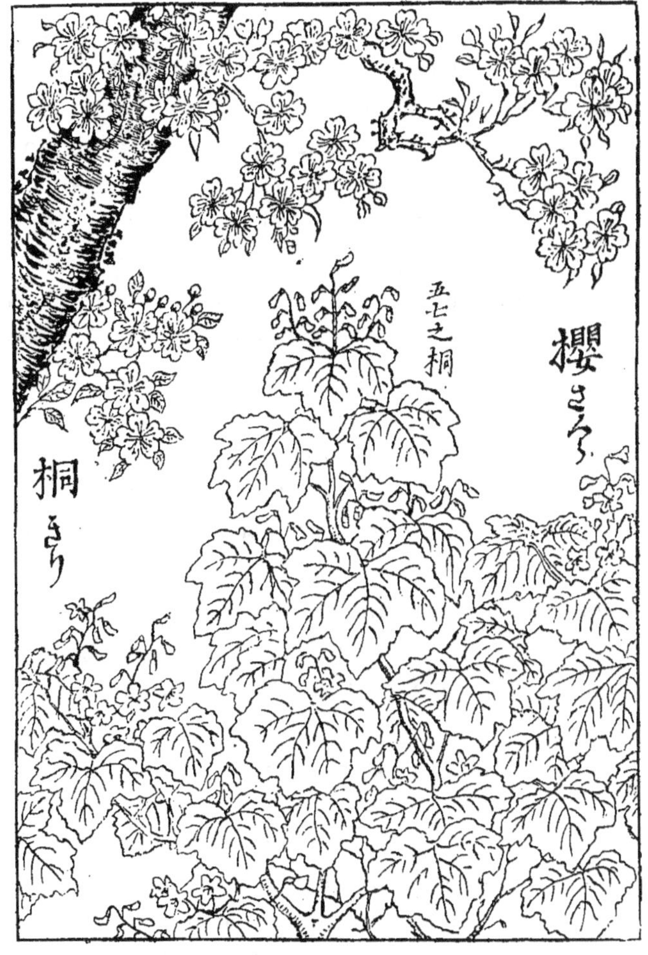

CERISIER ET PAULOWNIA

rôle que la fleur de Lys dans notre ancienne France
monarchique. Elle figure, dans les armoiries de l'empire des mikados, à côté du Chrysanthème aux seize

pétales[1]. Sous sa forme héraldique, elle est représentée par trois feuilles d'où sort une fleur à 5, 7 et 5 fleurons[2].

La célébrité du Paulownia repose sur de vieilles traditions qui attribuent à ce bel arbre ornemental un caractère sacré et religieux. D'après une vieille légende, il décorait les jardins d'agréments de l'époque des dynasties divines. L'un des plus renommés se voyait encore dans la province de Mi-kawa, sous le règne du mikado Soui-ko (593 à 628 de notre ère). Il était d'une taille gigantesque et un dragon résidait dans une large cavité de son tronc d'où s'exhalaient des vapeurs nuageuses.

Plusieurs autres plantes figurent dans les armoiries de grands seigneurs japonais. Trois feuilles de *au'i* « Rose-tremière », les pointes tournées vers le centre du blason, représentent les armoiries de la maison syaugounale de *Tokou-gawa*. La Glycine est l'emblème de la très ancienne famille de *Foudzi-wara*, la fleur de Prunier celui de la famille de *Souga-wara*, le Bambou celui des célèbres *Ghen-zi* ou *Taïra*, etc., etc.

Je dois citer encore, parmi les arbres dont les Japonais se plaisent à vanter l'aspect ornemental, une espèce d'Érable qu'ils désignent sous le nom vulgaire de *Momidzi* et qui rappelle par son feuillage aux couleurs multiples et changeantes le charmant Acer du Canada. Cet arbre est mentionné sous plusieurs dénominations par les Japonais qui l'identifient, dans quelques-uns de leurs livres d'histoire naturelle, avec l'Érable dit *Ka-*

---

1. En japonais (langue héraldique) : *Zyoŭ-rok'-no kikou.*
2. En japonais (langue héraldique): *Go-sitsi-no kiri.*

tsoura et avec celui que les Chinois désignent sous le
nom de *Foung* et dont on rencontre plusieurs espèces
dans les différentes parties de la Chine[1]. L'antique
Anthologie des Dix-mille feuilles l'appelle *Kayédé*. Sa
hauteur est de vingt à trente pieds et son feuillage, qui
modifie sa couleur suivant les saisons, est très agréable
à la vue. Au cinquième mois, il donne des fleurs jaunes
qui sont très petites. On cite également un Momidzi
pleureur[2] dans la flore de l'Extrême-Asie.

Non seulement les artistes du Japon se plaisent à
reproduire sous toutes sortes d'aspects, dans leurs dessins et leurs peintures, cet arbre aux feuilles multicolores, mais les poëtes du pays lui font l'honneur de le
célébrer dans leurs vers. Un distique du *Hyak'-nin is-
syoû* exprime la pensée que la vue de cet Érable rouge
est de nature à causer un vif plaisir au mikado en
voyage et que, pour ce motif, ses feuilles devraient bien
ne pas opérer leur chute avant le jour de son arrivée[3].

1. Le nom de *Foung* est attribué par les Chinois à plusieurs
arbres différents. Dans leurs provinces méridionales, ils l'attribuent au Liquidambar et, dans quelques endroits, notamment
dans le Ngan-hoeï, à une sorte de Sycomore. Un auteur indigène
prétend qu'on affecte ce même nom à toutes sortes d'arbres qui
ont des feuilles échancrées et une odeur balsamique. (Wells
Williams, *Syllabic Dictionary of the Chinese Language*, 1874,
p. 156.)

2. En japonais : *Sidaré Kayédé.*

3. L'empereur *Ouda Ten-'au*, qui avait abdiqué le trône en faveur de son fils, afin d'entrer en religion sous le titre de *K'an-peï
Hau-wau,* fit un jour une promenade sur la colline d'Ogura,
dans la province de Yamasiro. Frappé par l'éclat du feuillage
des Momidzi, il exprima le regret que son jeune successeur, le
mikado *Daï-go Ten-'au,* ne put jouir avec lui des charmes de ce
merveilleux spectacle. C'est à cette occasion que le poëte
Teï-sin Kô, qui l'avait accompagné dans sa promenade, composa
cette pièce de vers.

Voici la traduction de ce petit distique japonais ou *outa* :

« Si les feuilles des Momidzi de la colline Ogura-yama avaient du cœur, elles attendraient en ce moment la visite de l'Empereur[1] ».

C'est néanmoins par le *Kikou* ou Chrysanthème que la flore décorative du Japon s'est rendue en quelque sorte proverbiale dans le monde entier. Cette plante, il

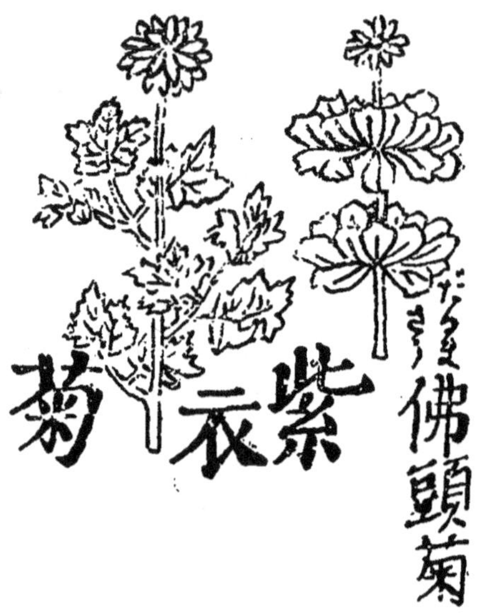

CHRYSANTHÈMES DARMA GIKOU ET SI-YÉ GIKOU

faut le reconnaître, a été cultivée au Nippon avec un talent hors ligne qui a permis de la montrer sous les aspects les plus divers et les plus extraordinaires.

1. En japonais : *Okura-yama-no Momidzi ba kokoro araba, ima hito-tabi-no mi youki mataran.* (Pièce xxvi de l'Anthologie *Hyak'-nin is-syoû*. Voy. également, dans le même recueil, les pièces v et xxxii.)

Chez nous, le Chrysanthème ne compte guère que
comme fleur d'automne ; chez les Japonais, il fleurit
pendant trois saisons consécutives, en été, en automne
et en hiver[1]. Grâce à des efforts sans pareils de culture, il apparaît tantôt avec des corolles de cinq ou
six couleurs différentes sur un même pied, tantôt avec
une quantité prodigieuse de fleurs. Parfois, au contraire,
on aperçoit sur un pied une fleur unique ; mais alors
cette fleur solitaire se présente dans des dimensions
énormes !

Parmi les merveilles florales dont sont fiers à juste
titre les Japonais, il y a lieu de citer tout particulièrement les curieuses expositions de chrysanthèmes du
Dangozaka, à Tôkyau. Avec le concours des artistes en
rik-k'a[2], on offre au public ces charmantes fleurs dispo-
sées de façon à fournir la représentation d'hommes et
de dieux, de châteaux, de ponts, de barques, etc. Souvent aussi, elles simulent, par un ingénieux arrangement, une scène historique ou mythologique ou le
tableau d'un drame populaire[3].

La fleur de chrysanthème à seize pédales qui carac-
térise, comme je l'ai dit, les armoiries de la famille
impériale du Japon, figure, sous sa forme héraldique,
dans l'ornementation d'une foule d'objets d'art, bronzes,
laques, ivoires, porcelaines, bijoux, etc., fabriqués pour
l'usage de la Cour. On en admet, par tolérance, l'emploi sur des produits industriels destinés au commerce,
ainsi qu'on peut le voir sur la boîte à parfum repré-

---

1. *Wa Kan San-saï dzou-yé*, liv. xciv, p. 1.
2. Voy. plus haut, p. 156.
3. Hall-Chamberlain, *Things Japanese*, p. 119.

sentée ci-dessous[1]. On voit également le chrysanthème
à seize pédales sur des monnaies frappées sous le règne
du mikado actuel, l'empereur Moutsou-hito.

BOITE DE LAQUE ARMORIÉE

Une plante aussi décorative ne devait pas seulement
paraître sous les formes les plus variées dans les
œuvres des artistes du Nippon. Elle figure aussi dans
les productions poétiques de l'empire du Soleil-Levant,
notamment dans le recueil des Cent Poëtes célèbres :

1. Collection Éd. Mène. — Voy. l'article de cet auteur sur le
Chrysanthème dans l'art japonais inséré dans les *Mémoires de la
Société dès Études japonaises* (Société d'Ethnographie de Paris),
. IV, p. 273 et sv.

« Suivant l'impulsion de mon cœur, t'arracherais-je
de ta tige, ò blanche fleur de Chrysanthème, alors que
la première gelée blanche doit m'arracher moi - même
à la vie[1] ? »

Dans cet *outa* que tous les indigènes ont appris par
cœur dès leur enfance, la note triste domine, comme
elle domine d'ailleurs dans le plus grand nombre des
gracieuses productions du parnasse japonais.

1. *Kokoro até-ni, oraba ya oran, has'simo-no oki mado wascrou
Sira-gikou-no hana.*

IX

LA SÉMIRAMIS ET LE MATHUSALEM

du Japon

Parmi les nombreuses légendes que renferment les anciennes chroniques des Japonais, l'une des plus originales est certainement celle de l'impératrice Zin-gô [1] qui vivait à la fin du IIe siècle de notre ère. La poésie et l'imagerie populaires se sont emparés de cette singulière figure et l'ont rendue célèbre jusque dans les campagnes les plus distantes des grands centres d'activité sociale et intellectuelle. On peut même dire qu'elle est au nombre des célébrités du vieux Yamato dont le nom a été l'un des premiers connus des Européens. Les collectionneurs de curiosités exotiques et les japonisants de tous genres désignent l'audacieuse princesse sous le nom de « la Sémiramis du Japon », au même titre qu'ils ont surnommé le fameux conquérant Hidé-yosi [2] « le Napoléon du Japon».

---

1. *Zin-gô* est le titre honorifique chinois attribué à l'impératrice qui nous occupe en ce moment et qui s'appelait en japonais la princesse *Oki-naga tarasi Bimé*. Elle était arrière-petite-fille d'un prince dont le nom était *Waka Yamato Néko Hiko-bouto-hi-bi-no Souméra-Mikoto*.

2. Plus connu sous le nom de *Taï-kau Sama*.

Pour arriver à résumer en quelques lignes l'histoire
de la dame Zin-gô, je rappellerai qu'avant de gouverner le Japon, seule et à son caprice, elle avait eu un
mari dont le nom figure sur la liste des mikados avec le
titre de Tchou-aï Ten-'au [1]. Fort grand gaillard, car il
ne mesurait pas moins de dix pieds de taille [2], c'était
au fond un assez brave homme, très amateur d'oiseaux
blancs pour les manger, comme quelques-uns de ses
impériaux ancêtres l'avaient été des pruniers en fleurs
pour jouir au printemps de leurs gracieuses corolles ;
mais il avait un défaut, celui de ne pas vouloir toujours
écouter ce que lui disaient ses épouses, voire même la
première d'entre elles, la susdite dame Zingô [3] dont le
seul tort grave était de beaucoup aimer à mettre les
poissons en état d'ivresse [4].

Or, faute d'avoir voulu écouter ses femmes, Tchou-aï
ne régna que neuf ans et mourut dans sa cinquante-
deuxième année [5], an 200 de notre ère, pendant une
campagne qu'il avait entreprise contre les barbares
Koumaso, nobles descendants de la « famille des Ours ».

1. En dehors de ce titre honorifique chinois, il portait le nom
japonais de Tarasi-nakatsou Hiko-no Souméra Mikoto. (*Yamato
Boumi*, t. VIII, p. 11.)

2. *Daï Ni-hon si*, t. III, p. 1 ; *Kok'-si ran-ycô*, t. I, p. 15.

3. L'impératrice avait communiqué à son époux Tchou-aï la
volonté des Dieux concernant la conquête de la Corée, et comme
celui-ci ne jugea pas à propos de s'y soumettre il provoqua la
colère céleste et fut puni de sa désobéissance.

4. Voy. *Yamato Boumi*, t. VIII, p. 3.

5. Les historiens Japonais rapportent plusieurs traditions différentes au sujet de la cause du décès de l'empereur Tchou-aï.
Suivant les uns, il serait mort de maladie, suivant d'autres, à la
suite d'une blessure qu'il avait reçue en combattant les barbares
Kouma-so. (Voy. *Yamato Boumi*, t. VIII, p. 6).

La dame Zin-gô était très intelligente et très jolie[1]. Dès que l'empereur Tchou-aï fut mort, elle s'empressa de proclamer la désobéissance de son époux et de remercier les dieux de leur bonté. Puis elle songea à tirer parti, sans aucun retard, des conseils divins que feu son mari n'avait pas voulu suivre lorsque les Kamis l'avaient engagé à entreprendre une campagne de conquête sur le continent asiatique.

Toutefois, pour ne pas se jeter à la légère dans une aventure hypothétique et périlleuse, elle résolut de consulter préalablement les sorts, et cela avec d'autant plus de chance de réussite qu'elle comptait parmi les plus habiles sorcières de son archipel.

En conséquence, Sa Majesté Nipponienne se rendit sur les bords de la rivière Matsoura-gawa, dans la province de Hi-zen, tira un fil de son pardessus, se fabriqua un hameçon, y attacha de la compote de riz en guise d'amorce, grimpa sur une pierre qui se trouvait dans un banc de sable et tint à peu près ce langage : « Si je dois réussir à m'emparer du Royaume des Trésors[2], également riche en or, en argent et en soie de toutes les couleurs, ce royaume dont les dieux m'ont révélé l'existence, un poisson de cette rivière dévorera l'amorce de ma ligne ».

Or, il advint, en vérité, qu'un poisson aux minces écailles[3], en mordant l'amorce de l'impératrice, donna

1. *Kok'-si-ryak'*, t. I, p. 15.

2. En japonais : *Takara-no kouni.*

3. En japonais : *seï-rin gyo*, ou plus communément *ayou*, c'est-à-dire le « poisson annuel », ainsi nommé parce qu'il naît au printemps et meurt l'hiver. C'est une sorte d'éperlan, suivant Klaproth (*Annales des empereurs du Japon*, p. 16) ; le Plecoglossus altivelis, suivant M. Hall-Chamberlain (*Records of Ancient*

L'IMPÉRATRICE ZIN-GO ET SON MINISTRE CENTENAIRE

une réponse favorable à sa consultation. Aussi n'hésita-

matters, p. 234). Cf. le D' P. Bleeker, *Nieuwe Nalezingen op de Ichthyologie van Japan*, p. 120.

t-elle pas à voir dans ce fait un miracle de nature à
confirmer les avertissements de ses célestes aïeux. Elle
se décida donc à entreprendre sans plus tarder une
guerre contre les pays Occidentaux (la péninsule Coréenne). Toutefois, en y réfléchissant un peu plus, elle
ne pensa pas devoir se contenter de ce premier pro-
nostic favorable à ses desseins et, dans l'espérance
d'être l'objet d'un nouveau prodige, elle trempa ses
cheveux dans les eaux du courant. Tout à coup sa
chevelure se divisa en deux touffes qui lui formèrent
sur le chef un de ces genres de toupets qu'on nomme
motodori et qui sont particuliers aux têtes masculines.
Dès lors, ayant à s'y méprendre la tournure d'un beau
garçon, il n'y eut plus aucun doute dans sa pensée sur
ce qu'il lui restait à faire. Elle manda donc, pour discuter les préparatifs du départ, son vieux ministre
Také-no Outsi Soukouné qui avait alors plus de
160 ans, mais qui n'en était pas moins un conseiller
actif et d'un mérite exceptionnel.

Après que l'impératrice eut adressé ses compliments
à ce ministre favori et qu'elle eut reçu l'expression
révérencieuse de ses hommages, elle s'entendit avec lui
pour ordonner des réquisitions dans toutes les provinces et organiser une flotte.

Elle prit ensuite en main un manche de hache en
guise de bâton de commandement et *abaissa* jusqu'à
ses troupes la formule de son Auguste Savoir, ce qui
veut dire, en style du Nippon, qu'elle leur fit connaître
ses ordres. Puis, comme elle sentit l'approche du
moment où elle allait accoucher, elle s'appliqua sur les
reins une grosse pierre plate, de façon à retarder sa

délivrance jusqu'au moment où la guerre contre la
Corée serait finie et qu'il lui deviendrait alors possible
de s'en retourner victorieuse au Japon.

A l'heure du départ de la flotte japonaise, l'esprit
du dieu Foumi-yosi apparut tout-à-coup et se chargea
de la sauvegarde des vaisseaux, ce qui lui valut par
la suite le titre de Neptune du Japon. Une affreuse
tempête néanmoins ne tarda pas à se déclarer, et
si Zin-gô ne s'était pas assurée à l'avance, comme on
l'a vu plus haut, la sympathie des poissons, ses bateaux
eussent sans doute été anéantis dans un grand nau-
frage. En présence du danger qui menaçait l'escadre
japonaise, de gros poissons pleins de reconnaissance
pour l'impératrice apparurent à la surface de l'eau et
soutinrent, en les serrant de près, les navires affreu-
sement ballottés par le vent. Lorsque la mer eut repris
son calme, l'armée impériale débarqua sans difficulté
sur la côte du pays de Sin-ra, l'un des trois royaumes
de la triarchie Coréenne. Le roi de ce pays[1], terrifié à
l'approche des envahisseurs, s'écria : « Ce sont des
troupes divines absolument invincibles ; toute résistance est inutile ! » Il arbora donc à la hâte le drapeau
parlementaire qui était de couleur blanche et fit sa
soumission en déclarant qu'il se reconnaissait pour
toujours l'esclave du Japon dont il s'engageait à nourrir
les chevaux et auquel il promettait d'offrir chaque
année un riche tribut. Malgré cet acte de soumission
immédiate et l'importance de ses promesses, l'armée
conquérante exprima le désir qu'on le mit à mort ;
mais la gracieuse impératrice voulut lui faire grâce de

1. Nommé Hasa-moukin (*Kok'-si ran-yeô*, t. I, p. 15).

la vie et se borna à mettre sur la porte de son palais un écriteau sur lequel elle avait tracé avec l'un des bouts de son arc une formule devant servir à l'édification des âges futurs. Cette formule, très brève, était conçue en ces termes : « Le roi de Sin-ra est le chien du Japon [1] ».

Les deux autres royaumes de la triarchie dite des San Kan [2] ayant eu connaissance de ce qui s'était passé dans le pays de Sinra, firent peu après leur soumission ; de sorte que la Corée tout entière devint une dépendance du Japon.

Le douzième mois de la même année, l'impératrice Zin-gô retourna dans son empire où elle mit au monde un prince qui régna plus tard sous le titre de *Au-zin Ten-'au* [3] et à l'époque duquel les historiens indigènes prétendent que les lettres de la Chine furent introduites au Japon. Si le fait est vrai, l'auguste mère de ce prince, la grande magicienne conquérante de la Corée n'aurait pas connu l'art de lire et d'écrire. Quelques documents non encore suffisamment étudiés et soumis à l'examen de la critique paraissent cependant de nature à faire croire qu'un système graphique particulier existait au Nippon à une date antérieure à l'avènement de l'empereur Au-zin.

La brave dame Zin-gô eut alors des démêlés avec

---

1. *Nippon' au-daï itsi-ran*, t. II, 15ᵉ règne ; *Daï Ni-hon si*, t. III, p. 7.

2. C'est-à-dire le pays de *Hak'-saï* (en chinois *Peh-tsi*), celui de *Sin-ra* (en chinois *Sin-lo*) et celui de *Kau-raï* (en chinois *Kao-li*) qui a fourni aux Européens le nom de Corée par lequel ils désignent la péninsule tout entière.

3. *Daï Ni-hon si*, t. III, p. 8.

deux fils de lits antérieurs du mikado Tchou-aï[1], son défunt mari. Ceux-ci prétendaient, en qualité d'aînés, avoir droit au trône au lieu et place de l'enfant qui était venu au monde après la mort de son père. Ses ennuis n'eurent toutefois qu'une assez courte durée, car l'un des prétendants fut mangé par un sanglier rouge et l'autre se noya dans un étang, victime d'une ruse du fameux ministre archi-centenaire Také-no Outsi Soukouné[2].

Un autre danger menaça l'impératrice Zin-gò vers la fin de son règne. Le prince Sun-kiouen qui, en l'an 229, était monté sur le trône impérial de la Chine comme fondateur de la petite dynastie des Wou, envoya plusieurs myriades d'hommes pour conquérir le Japon ; mais une maladie pestilentielle s'étant déclarée parmi ses troupes tandis qu'elles traversaient la mer, la plus grande partie de son armée fut détruite avant d'atteindre à sa destination ; de sorte que ses ambitieux desseins ne purent être réalisés[3].

En somme, la Sémiramis du Japon, suivant la légende populaire que les historiens indigènes lui ont consacrée, eut un règne des plus glorieux. D'après les mêmes autorités, elle mourut à l'âge de cent ans et fut inhumée sur la colline sépulchrale de Taté-nami, dans le pays de Saki, le quatrième mois de l'an 269 de notre ère.[4]

1. Voy., au sujet de la naissance de ces deux princes, le *Yamato Boumi*, t. VIII, p. 2.

2. *Kok'-si ryak'*, t. I, p. 16 et suiv.

3. Il n'est pas fait mention de cet événement dans la notice que M. William Mayers a consacrée à Sun-kiouen dans son savant *Chinese Reader's Manual,* p. 193 et suiv.

4. *Kok' si ryak*, t I, p. 17.

Puisque j'ai eu l'occasion de citer dans cette notice le ministre Také-no Outsi Soukouné, on me permettra d'ajouter quelques mots sur ce célèbre personnage qu'on a surnommé « le Mathusalem des Japonais ».

Né, si nous en croyons la légende, sous le règne du mikado *Kei-kau Ten-'au*, en l'an 92 de notre ère, Také-no Outsi Soukouné serait venu au monde le même jour que celui qui devait succéder à ce prince sous le titre de *Seï-mou Ten-'au*[1]. Par le fait de cette coïncidence, le futur empereur aurait eu pour lui une affection extra-ordinaire. Peu après son avènement, le septième jour du premier mois de l'année 133, il l'appela, en effet, aux hautes fonctions de *Daï-zin* ou grand ministre, qui furent instituées en son honneur[2].

Také-no Outsi Soukouné, ainsi investi de la pre-mière magistrature de l'empire, eut souvent l'occasion de rendre des services signalés à son pays. Les mika-dos successifs sous lesquels il vécût lui témoignèrent maintes fois leur rare estime. A un moment donné néanmoins, il fut l'objet de la jalousie de son frère *Oumasi Outsi-no Soukouné* qui le dénonça comme vou-lant profiter de sa grande popularité pour usurper le trône impérial. Le mikado résolut en conséquence de le faire mourir. Un homme du nom de *Manéko*, qui ressemblait à s'y méprendre au malheureux condamné, se rendit alors près de lui et, convaincu de son inno-

1. *Kok'-si ryak'*, t. I, p. 14.
2. *Ni-hon Daï-si*, t. II, p. 18.

cence, lui demanda la permission de mourir en son
lieu et place, ce qui lui permettrait de retourner à la
Cour et d'établir la vérité. L'excellent ministre
Také-no Outsi Soukouné accepta avec bienveillance le
sacrifice qu'était venu lui proposer le sus dit Manéko,
de sorte qu'il parvint à quitter secrètement le pays de
Tsoukousi où il se trouvait et à se rendre auprès de son
Auguste Souverain. Très étonné de cette visite inna-
tendue, l'empereur Au-zin fit appeler Oumasi Outsi-no
Soukouné pour tâcher de découvrir qui était le vrai
coupable.

Lorsqu'ils furent tous deux en sa présence, il leur
intima l'ordre de plonger l'un et l'autre la main dans de
l'eau bouillante afin que, grâce à l'intervention des Dieux,
il puisse prendre une juste résolution [1]. Také - no
Outsi Soukouné sortit victorieux de cette épreuve et fut
maintenu dans ses hautes fonctions de premier ministre [2].
Il voulut ensuite mettre son frère à mort, mais le
mikado décida qu'il préférait qu'il aille faire des enfants
ailleurs. Celui-ci n'en demanda pas davantage et devint
de la sorte l'ancêtre des Atayé, de la province de Kii.
— On rapporte que c'est de cette époque que date au
Japon l'espèce de « jugement de Dieu » dont il vient

1. En l'an 278 de notre ère (suivant le *Sin-sen Nen-hyau*).
2. Suivant une autre tradition, Také-no Outsi Soukouné fut
sauvé de l'accusation de son frère grâce à l'intervention de l'impératrice Fousa-ko Himé, épouse du mikado Au-zin. « L'empereur ayant conçu des soupçons sur Také-no Outsi Soukouné, cette
princesse l'arrêta (dans ses injustes pensées). Plus tard, le cœur du
monarque ayant repris confiance (dans son ministre méconnu),
il loua l'intelligence et la sagesse de sa femme Fousa-ko » (*Hon-
teô Ken-zyo Kagami*, Miroir des femmes vertueuses du Japon,
notice IV.

d'être question et auquel on a donné le nom de *You-ki-syau*[1].

Cette légende, qui figure dans le *Ni-hon Syo-ki* et dans quelques autres histoires du Japon[2], n'a pas paru digne de créance par quelques annalistes du Japon[3] qui ont jugé à propos de ne pas en faire mention.

Premier ministre pendant plus de deux siècles et sous six mikados successifs, Také-no Outsi Soukouné mourut en l'an 390 de notre ère, sous le règne de l'empereur Nin-tok Ten-'au. Les différentes histoires du Japon varient sur l'âge auquel il atteignit : les uns prétendent qu'il vécut 308 ans, d'autres le font vivre 317 et même 330 ans. Il laissa de nombreux descendants qui lui succédèrent dans la haute administration du pays de Yamato. La tradition lui attribue quelques pièces de poésie dont on a conservé le texte, mais qui ne parais sent pas d'un mérite bien extraordinaire.

Qu'on me permette, en terminant, d'ajouter que Také-no Outsi Soukouné est le personnage que les Japonais citent comme ayant vécu le plus grand nombre d'années parmi leurs compatriotes. On trouve néanmoins dans les annales de leur archipel une foule de cas de longévité exceptionnelle, surtout dans la liste des mikados. Parmi les dix-sept premiers

---

1. *Nippon' au-daï itsi-ran,* t. I, p. 14. — Le *You-ki-syau* des anciens Japonais répond au *Tsou-ming* des anciens Chinois. Dans cette dernière expression, le mot *tsou* répond à l'idée de ce qui doit advenir dans le temps futur et le mot *ming* à celle de ce qui est survenu dans le temps passé *(Kok'-si ryak',* t. I, p. 18).

2. Voy. ce même récit avec quelques variantes dans le *Kok' si Ran-yeó,* pp. 16-17.

3. Notamment par le grand recueil des Annales du Japon intitulé *Daï Ni-hon si.*

empereurs, par exemple, treize sont donnés comme ayant atteint ou dépassé l'âge de cent ans[1]. J'ai cru devoir mentionner ce fait qui mérite d'être étudié, mais je ne juge pas qu'il y ait lieu d'en tirer des conséquences sur la durée de la vie dans l'ancien Japon et j'ai des motifs pour croire que la date du décès de la plupart des premiers mikados a été inventée uniquement pour dissimuler les lacunes qu'on n'avait pas trouvé le moyen de remplir dans l'antique chronologie des souverains du Nippon.

1. Savoir : les empereurs Zin-mou, Kau-seô, Kau-an, Kau-reï, Kaï-k'a, Siou-zin, Soui-nin, Keï-kau, Seï-mou, Zin-gô, Au-zin, Nin-tok'.

X

LE SASIMI OU POISSON CRU

Il n'y a pas de sots métiers, dit-on ; il n'y a que de
sottes gens, et des sottes gens, il y en a partout, aussi
bien à l'Académie que dans les plus hautes sphères de
l'État. En fait de sots métiers, je n'en connais qu'un
seul : celui de dupe.

Ma conviction qu'il n'y a pas de sots métiers remonte
à bien des années. C'était en 1848, il m'en souvient.
Né dans une famille royaliste, le bruit des barricades
avait fait de moi tout d'un coup un petit républicain.
Par moments, je pratiquais en conséquence l'école buis-
sonnière, afin d'aller voir les omnibus mis sur le flanc,
les gros arbres abattus et les pyramides de pavés.

Près de mon école se trouvait une grande boutique
avec une enseigne dont j'ai toujours gardé le souvenir.
On y lisait ces mots : « Laboratoire de Chimie culinaire ».

Sans être bien gourmand et sans applaudir outre
mesure à l'aphorisme de Brillat-Savarin, suivant lequel
« la gourmandise mérite à tout égards éloges et encou-

ragements », je me disais que, puisque la cuisine nourrit les hommes, la cuisine vaut bien la politique qui les
éreinte. A cette époque, je venais de commencer à
apprendre la chimie industrielle et, sous l'impression
de l'enseigne sus-reproduite, je me suis demandé si je
ne pourrais pas être un jour un grand chimiste culinaire.

Les souvenirs d'enfance nous poursuivent toute la
vie ! Devenu vieux, j'ai de nouveau rêvé cuisine et je
me suis dit que si j'avais persévéré dans mes premières
aptitudes pour la science maguirique, j'aurais peut-être
rendu de véritables services à l'humanité. Je me suis
dit enfin qu'il était possible d'augmenter dans une
énorme proportion nos ressources alimentaires et qu'il
était surtout possible d'en améliorer la nature. N'abou-
tirait-on qu'à mieux nourrir les pauvres diables, à prolonger la vie humaine et à donner du repos aux méde-
cins, le résultat en vaudrait déjà la peine. Je ne suis
pas végétarien, parce que les milieux d'infection où
évolue notre espèce sont aussi mal organisés que possible ; mais je crois que l'avenir appartient au végéta-
risme. J'en dirai plus long à cet égard une autre fois,
car il serait malséant de vanter la nourriture exclusivement végétale dans un article où j'entends faire
l'éloge d'une branche peu connue de l'ichtyophagie.

*
* *

Ce que je vais raconter aujourd'hui, c'est comme quoi
il m'est arrivé dans ma vie de me faire garçon cuisinier,
calotte blanche sur l'oreille et tablier blanc de la ceinture jusqu'aux pieds.

La scène se passait aux environs de Paris, dans une petite villa japonaise que je possédais sur les bords riants de la Marne. Le chef de cuisine, qui avait daigné m'admettre à son service, était Son Excellence Yama-taka, seigneur d'Ivami, chambellan de sa Majesté Temporelle le Taï-koun du Japon et précepteur de son fils, le gentil petit prince Mimboutayou. Le diner devait avoir lieu vers les sept heures du soir. Chef et garçon montèrent sur la brèche quelques minutes avant midi.

Le menu du jour se composait de plusieurs mêts exotiques dont nous savourions à l'avance le parfum délicat. L'un d'eux, inscrit pompeusement dans notre programme, devait être le clou du festin. Il ne s'agissait ni plus ni moins que de nous délecter en dévorant un plat de poisson cru.

Le *sasimi*[1] ou poisson cru est le chef-d'œuvre de la cuisine japonaise. Son invention suffirait à elle seule pour donner aux indigènes des îles du Soleil-Levant une place hors ligne sur le Livre d'Or de la Gourmandise.

Ceux qui aiment le vin et les huitres vont de suite me comprendre. Tous les vins sont fabriqués avec du raisin : les différences qu'ils présentent entre eux sont cependant nombreuses. Les huitres d'Ostende, les marennes et les portugaises n'impressionnent pas précisément notre palais d'une manière identique, mais en somme, la variété de sensation n'a rien de très

---

1. Littéralement « corps percé », c'est-à-dire « chair divisée en tranches minces ». — Le mot *sasi-mi* désigne également « la voiture des hauts fonctionnaires sur laquelle on peignait des images de poissons ». (Voy. le dictionnaire étymologique *Gon-gen teï*, p. 23).

extraordinaire. Eh bien ! lorsqu'on sait préparer le sasimi, on arrive à créer autant de variétés d'huitres que, dans les caves les mieux garnies, un sommelier intelligent peut réunir de sortes de vins.

Pour peu qu'on ait en soi un peu de génie natif, de la délicatesse dans les mouvements, de la patience et un odorat à toute épreuve, on arrive aisément à savoir faire du sasimi. Voici d'ailleurs la recette. Heureux ceux qui sauront la mettre en pratique !

— « Vite ! me dit Son Excellence Yamataka, seigneur d'Ivami, apportez nos couteaux Japonais dont les lames font rougir de honte les plus fameuses trempes de Damas et de Saint-Étienne, ces couteaux avec lesquels on effile aussi aisément la pointe d'un gros clou de fer que la mine d'un crayon avec un canif bien coupant[1] ».

Les couteaux sont là ; l'archimaguire et son garçon s'en emparent et, après avoir vérifié la finesse de leur fil, ils se dirigent vers une table de marbre où s'étale coquettement un superbe poisson pêché le matin même[2].

Il s'agit de découper ce poisson en tranches aussi minces que du papier de riz. Le maître y réussit d'une façon qui tient du prodige : le garçon contemple le maître

1. Les couteaux qu'avait apporté pour notre travail Son Excellence le Seigneur d'Ivami étaient de ceux qu'on nomme au Japon *sasimi bau-chau*, litt. « cuisiniers de chair en tranches ». Je ne saurais trop en recommander l'usage à nos grands restaurateurs.

2. Les Japonais trouvent parfois du plaisir à employer pour leur *sasimi* des poissons encore vivants. Les idées religieuses de S. Exc. le prince d'Ivami et de son garçon cuisinier ne leur permettaient pas d'en agir de la sorte : ils trouvaient l'un et l'autre que c'était déjà beaucoup de faire acte de nécrophagie en cette circonstance.

d'un regard ébahi et n'ose se hasarder à entreprendre
cette terrible besogne. Il s'y décide enfin, trébuche par
moments et s'acquitte de son mieux de sa délicate
tâche. *Sequitur que patrem, non passibus æquis.*

Le poisson une fois découpé en tranches impal-
pables, le chef de cuisine s'assied sur une natte, tire
de sa poche une petite pipe de métal, y glisse une boule
de tabac qu'il renouvelle de temps à autre pour jouir,
en en savourant le parfum, de quelques instants d'un
repos bien mérité.

Quant au garçon, il a reçu les ordres du præfectus.
Il lave à grande eau les fines tranches de poisson, les
relave et les relave encore. Au bout d'un quart d'heure,
il lève les yeux vers le maître pour savoir de lui si
l'opération est terminée.

— Lavez encore ! est la réponse. Une heure après,
sans attendre une nouvelle supplique, le chef, qui continue de fumer sur sa natte, répète : « Lavez, lavez
encore ! »

Malgré l'amour de l'art qui le soutient, le garçon
commence à défaillir ; il demande grâce.

— Lavez encore ! Lavez toujours !

Deux heures et un quart sont écoulées. Le chef
murmure :

— « Reposez-vous maintenant... Vous reprendrez
tout à l'heure votre service ».

Bientôt en effet, le lavage recommence. Au bout
d'une nouvelle heure, le chef déclare l'opération terminée ; il prend délicatement les lamelles de poisson
avec des bâtonnets et les dispose avec art sur un plat
d'Owari, à fond bleu, ressortissant sur la *couverte*.

Puis on prépare le riz, — du riz comme jamais Européen n'a su en préparer, — puis les entremêts et le dessert.

La tâche accomplie, les costumes culinaires cèdent la place à des costumes de ville, et l'on se met à table.

A dix heures du soir, il ne restait plus de sasimi dans le plat, et nous nous pourléchions le bord des lèvres, aussi fiers de notre œuvre qu'un statuaire qui aurait fait une Vénus de Milo.

C'était exquis ! exquis, si plat le fut jamais !

J'oubliais d'ajouter que notre poisson n'avait reçu aucune autre préparation que celle dont j'ai parlé et que, grâce à ses innombrables lavages, il laissait fort en arrière le poisson le mieux cuit et le mieux assaisonné.

Son Excellence Yamataka, seigneur d'Ivami, écrivit alors une inscription commémorative de ce grand jour. On la voyait aux Corluis du Perreux jusqu'à l'époque de l'invasion prussienne. Elle fut détruite par l'incendie deux ou trois jours avant la signature de l'armistice.

XI

LES HOMMES A LONGS POILS

de l'**Extrême-Orient**

L'existence aux extrémités de l'Asie Orientale d'une
nombreuse population caractérisée par le développement extraordinaire de son système pileux sur toute la
superficie du corps a été connue des Chinois dès la plus
haute antiquité. On en voit en effet la mention dans le
Chan-haï King ou « Livre traditionnel des Montagnes
et des Rivières » qui est probablement la plus antique
géographie du monde. Ce livre, qu'on a trop dédaigné
et dans lequel on n'a vu qu'un recueil de fables et de
narrations extravagantes, parce qu'au lieu de savoir le
lire, on a trouvé plus commode de le juger par les images
bizarres dont sont ornées plusieurs de ses éditions,
n'en renferme pas moins, à côté de récits fantaisistes
qu'il est tout naturel de rencontrer dans un écrit d'une
époque très reculée, des indications dont la critique
historique trouvera certainement un jour à tirer profit.
En dehors d'un grand nombre de peuples légendaires
dont on y fait mention, cet ouvrage nous cite des peuples,
notamment les Coréens et les Hindous, qu'il n'est pas

sans intérêt de voir mentionnés dans une œuvre aussi ancienne et aussi authentique. Le passage qui se rapporte aux Aïno est celui qui a trait aux hommes qu'il appelle *Mao-min* « le Peuple velu » ; il est compris dans le livre des Nations Orientales d'outre-mer. On y lit ces seuls mots : « Le pays du Peuple velu est situé au nord du celui des *Hiouen-kou* « les Pieds noirs » (dont les habitants se revêtaient de peaux de poisson) ; « le corps de ses habitants est couvert de poils. » Le commentateur chinois ajoute « qu'ils ont des poils comme les porcs, habitent des cavernes et ne portent point de vêtements ».

En dehors de ce passage, les renseignements que nous fournissent les anciens auteurs chinois au sujet des hommes velus de l'Asie Orientale se réduisent à fort peu de chose. Nous trouvons bien, dans les grandes annales de la Chine, la mention de quelques individus de race Aïno amenés au Céleste-Empire à la suite d'un ambassadeur japonais ; mais les détails recueillis à cette occasion sur leur pays ne peuvent servir en rien à la solution du problème qui nous est posé. Je ne m'y arrêterai donc point.

La littérature japonaise, comme on devait d'ailleurs s'y attendre, est beaucoup plus riche en documents sur les Aïno, et déjà je possède dans ma collection trois relations de voyages qui fournissent des renseignements très circonstanciés sur autant de rameaux différents de la population Kourilienne. J'ai en outre extrait des principaux historiens du Japon les faits chronologiques relatifs à l'histoire du Yézo, de sorte que je serai à même de donner, d'une façon suffisamment complète, dans mon

Histoire de la race Jaune, les annales de ce peuple. En attendant la publication de cet ouvrage, je vais essayer d'établir, d'après cet ensemble de documents, les faits qui suivent :

Le caractère si étonnant du système pileux chez les Aïno se rencontre chez toutes leurs tribus, bien que plus ou moins développé, à Yézo, à Krafto, dans l'archipel des Kouriles, à la pointe méridionale du Kamtchatka et sur la côte orientale de Tartarie. Ce caractère est si persistant qu'il se maintient chez les métis Aïno-Japonais, quoiqu'en s'amoindrissant quelque peu. J'ai eu l'occasion de voir un Japonais descendant par les femmes d'un chef de Yézo, sur la poitrine duquel j'ai constaté la présence d'une véritable forêt de poils mesurant de 5 à 18 centimètres de longueur. La chevelure de la plupart des Kouriliens est très abondante, ce qui se remarque également chez beaucoup de Japonais ; mais la barbe, presque toujours rare chez ces derniers, est au contraire très fournie chez les Aïno.

Un autre caractère non moins général de toutes les tribus Aïno qui ont été en contact avec les Japonais est le développement considérable et la proéminence du nez. Chez les métis, l'épatement mongolique du nez japonais prend d'ordinaire le dessus. Les Aïno du sud de Yézo, notamment ceux de Mats-maë, ont les pommettes saillantes, presque au même degré que les Chinois.

Quant à la couleur de la peau, je crains fort qu'on se soit trop hâté de se prononcer à son égard. J'ai plusieurs fois insisté pour qu'en étudiant les races de l'Asie Orientale notamment, on n'attachât point une importance exagérée à la couleur de la peau dans les essais de classification. Je n'entrerai pas ici, sur cette manière de voir, dans des discussions qui m'entraîneraient nécessairement en dehors de mon sujet ; mais je tiens à établir que, chez la plupart des tribus Aïno, la couleur de la peau, d'un brun clair avec quelques reflets jaunâtres, ne saurait en aucune façon être assimilée à la teinte de la peau de nos races Européennes. Et, à cette occasion, je crois devoir ajouter que j'ai vu des femme japonaises dont toutes les parties exposées à l'air, la face et les bras, étaient aussi blanches que possible, tandis que les parties du corps habituellement recouvertes de vêtements avaient une couleur plus jaune que la peau du plus jaune des Chinois.

Bien que des écrits assez nombreux aient déjà été publiés par les Européens sur les Aïnos, il est incontestable que la littérature du Japon nous fournit à leur égard des indications bien autrement utiles, précises et intéressantes que celles que nous pouvons recueillir jusqu'à présent dans les récits des voyageurs, depuis le P. Girolamo d'Angelis jusqu'à nos jours. En dehors du côté purement linguistique de la question et du côté anthropologique proprement dit, c'est-à-dire anatomique, nous ne possédons encore aucune source d'information que l'on puisse comparer aux sources japonaises. Pour donner une idée du genre de renseignements que l'on peut recueillir dans les ouvrages des indigènes de l'Asie Orientale, je présenterai ici la traduction de quelques passages tirés des livres relatifs aux Aïnos dont il m'a été possible de prendre connaissance.

On lit dans les antiques annales intitulées *Ni-hon Ki*, à la fin du règne du mikado Keï-kau Ten-'au (71-130 de notre ère) :

« Au milieu du territoire des Barbares Orientaux, se trouve le pays de *Hi-taka-mi*. Le peuple de ce pays, hommes et femmes, forme des nœuds avec ses cheveux et se trace des signes sur le corps. Les hommes sont robustes et courageux. On dit généralement que le sol de Yézo est fertile et étendu. Les hommes vivent pêle-mêle avec les femmes, sans qu'il y ait de distinction entre le père et le fils. L'hiver, ils habitent des cavernes ; l'été, ils demeurent dans des cabanes. Il ont des peaux pour vêtements et boivent du sang. Les frères aînés et les frères cadets doutent mutuellement les uns des autres. Ils grimpent sur les montagnes comme des oiseaux et courent dans les herbes comme des bêtes sauvages. S'ils reçoivent des bienfaits, ils les oublient aussitôt; s'ils éprouvent une injustice, ils ne manquent pas d'en tirer vengeance. Aussi cachent-ils, dans ce but, une flèche dans leur chevelure et un poignard sous leurs vêtements [1]. Ils se réunissent parfois en bandes, franchissent les frontières (japonaises) et guettent, près des champs cultivés et des mûriers, la population pour s'en emparer. Si on les bat, ils se dérobent dans les broussailles et, lorsqu'on les poursuit, ils se réfugient dans les montagnes. C'est pourquoi, depuis l'antiquité jusqu'à présent, ils ne se sont pas soumis à la civilisation [2]. Le prince impérial *Yamato Takéno Mikoto*, en vertu d'un ordre impérial, les a pacifiés et vaincus. »

La dixième année du règne de *Bi-tats' Ten-'au* [3], au

1. *Nippon ki,* XIIe règne.
2. En japonais : *wau-k'a,* litt. « les réformes royales ».
3. An 581 de notre ère.

printemps, plusieurs milliers de Yézo envahirent les frontières (japonaises). On fit alors venir leur chef *Ayakasou* et d'autres : conformément à l'exemple de l'empereur *Kei-kau* [1], on voulut les punir de mort. Ils furent saisis de terreur et descendirent jusqu'au milieu du *Tomari-sé* ; puis, devant la colline de *Mi-mouro*, ils se lavèrent (pour se purifier) et jurèrent ainsi : « A partir d'aujourd'hui, nos fils et nos petits-fils serviront le mikado avec un cœur pur ; s'ils viennent à violer ce serment, que tous les Génies du Ciel et de la Terre, ainsi que l'Esprit des empereurs défunts, anéantissent notre race. » — Malgré ce serment solennel, ils ne s'en sont pas moins insurgés de nouveau par la suite.

Sous le règne de *Sai-meï Ten-'au* [2], *Abé-no Hira-fou* les vainquit ; il établit un poste de gouvernement (par-mi eux) et s'en retourna (au Japon).

Sous le règne de *Kwan-mou Ten-'au* [3], les Yézo se sont révoltés de nouveau. Le général *Saka-no-ouyé Ta-moura-marou* les a battus.

La cinquième année du règne de *Saï-meï Ten-'au*, l'impératrice envoya en ambassade à la cour de Chine *Saka-ï-no Isifou* et *Tsou-kami-no Ki-syau* [4] auxquels on adjoignit un homme de Yézo.

Or, on a écrit dans le *Toung-tien* : « Yézo est un petit

---

1. Règne de 71 à 130 de notre ère.
2. 655 à 661 de notre ère. Ce fut le second règne de l'impéra-trice *Kwau-kyok*.
3. 782 à 805 de notre ère.
4. Je suis incertain si j'ai bien transcrit les noms de ces deux ambassadeurs, et je n'ai point dans ma bibliothèque les moyens de vérifier la lecture des signes qui les représentent.

pays situé au milieu de la mer. Ses ambassadeurs ont les cheveux longs de 4 pieds. Les indigènes sont habiles à manier l'ar cet la flèche. Ils portent leurs flèches au cou[1]. Lorsqu'ils font placer un homme avec un arc à 40 pas, il n'arrive point qu'ils ne puissent l'atteindre. Sous le règne de *Kao-tsoung* de la dynastie (chinoise) des *Tang*, dans la quatrième année de l'ère impériale *Hien-king*[2], il est venu un Aïno faisant suite à un ambassadeur japonais et apportant le tribut ».

REMARQUES SUPPLÉMENTAIRES DE L'ÉDITEUR JAPONAIS

On ignore à quelle époque remonte l'origine des Yézo. Ils sont sujets japonais depuis le règne de l'empereur *Kei-kau Ten-'au*[3]. Les hommes de ce pays ont une taille de 6 pieds ; ils laissent flotter leurs cheveux et portent une longue barbe qui leur couvre la bouche. Lorsqu'ils boivent ou mangent, ils se servent de petits bâtons, de manière à relever leurs moustaches pour avaler la nourriture. Leurs yeux sont ronds, grands et brillants ; leur apparence (générale) est celle du diable[4]. Ils circulent constamment sans ceinture et nu-pieds. Quand ils marchent, ils ne font pas de bruit ; ils peuvent gravir de grandes hauteurs et courir sur des pentes

1. Derrière le cou.
2. 659 de notre ère.
3. De 71 à 130 de notre ère.
4. En japonais *ya - tsya*. Ce mot qui manque dans le *Dictionnaire* de M. Hepburn, est expliqué dans celui de M. Gochkievitch par *zloi-doukë*, « esprit méchant ». (*Roussko-Iaponskii Slovarc*, p. 230).

rapides ; ils sont nageurs et légers comme des oiseaux ou
des animaux. Cela vient probablement de ce qu'ils ne
mangent ni sel, ni soyou. Ils n'ont point la force de porter
un boisseau sur les épaules : toute leur vigueur est au
front, et c'est sur le front qu'ils mettent les fardeaux. Il
est rare qu'on trouve parmi eux des individus qui
dépassent 40 à 50 ans ; cela vient de ce qu'ils ne se
nourrissent que de viande et ne mangent pas de riz. C'est
par la même raison que les Hollandais meurent jeunes.
Quand les Yézo sont pris par la fièvre, il y en a beaucoup
qui perdent la vie ; la petite vérole est pour eux le plus
grand fléau, car ils ne connaissent pas les remèdes de
la médecine.

Le titre nominatif des chefs du pays est *syak'-sya-in* ;
d'autres fois, ils se nomment *oni-hisi*. Je crois que le
mot *in* désigne « la noblesse ».

Les Yézo n'ont pas d'écriture ; leur langage n'est pas
intelligible (pour nous). Dans ces derniers temps, il y
avait des Aïno qui comprenaient la langue japonaise.
Ils appellent le vin de riz *saké*[1] et nomment *aboura
saké* l'huile de poisson qu'ils boivent. Si par hasard on
leur offre du vin de riz japonais, ils le boivent, et alors
ils sont très joyeux. Ils portent un sabre au dos et un
arc au côté. Ils chassent, pour se nourrir, les oiseaux
et les bêtes. Leur tir ne porte pas bien loin ; mais, à 20
ou 30 pieds, ils atteignent juste, sans manquer d'une
ligne (*boun-ri*). Ils mettent à la pointe de leurs flèches
du poison qu'ils extraient de l'aconit[2] ; quand ils tirent

1. Ou mieux *syaké*. (Voy. Pfizmaier, *Vocabularium der Aïno-
Sprache*, p. 86).
2. En japonais *oudzou*.

sur les hommes avec leurs flèches ainsi préparées, l'endroit atteint se corrompt et la mort s'en suit ; mais si l'on ôte immédiatement la peau des alentours de la blessure, et si l'on y met de l'ail en poudre, alors il n'y a point de danger.

Arrive-t-il, chez les Yézo, le deuil d'un père, d'une mère ou d'un époux, tous les parents s'assemblent et frappent celui qui porte le deuil sur la nuque avec un sabre de bois garni de fil de fer, de façon à ce que sa peau soit déchirée. On s'arrête lorsqu'il perd connaissance [1]. Telle est la loi de la Piété filiale. On appelle cet usage *tomouraï-outsi* « coups funéraires ». Les voisins soignent ensuite le blessé et le plongent dans la mer pour laver sa plaie avec de l'eau salée, de sorte qu'elle se referme. C'est quelque chose d'extraordinaire. Après cela, on ne se souvient plus du défunt. Si quelqu'un, par inadvertance, vient à s'informer d'un sujet le concernant, on se met dans une colère sans bornes et ce n'est que par des cadeaux qu'on parvient à racheter une telle faute, car on a excité de nouveau une douleur qui était calmée.

La tradition rapporte que *Minamoto-no Yosi-tsouné*, étant au palais de *Koromo-gawa* dans la province de Au-syou, *Yasou-hira* changea de sentiment à son égard et l'attaqua à l'improviste. Les partisans de Yosi-tsouné moururent en combattant, et tout fut fini. Yosi-tsouné

---

1. En japonais *zetsou-niou*. Ce mot, qui manque aans le *Dictionnaire* de M. Hepburn, est expliqué dans celui de M. Gochkievitch par *obmirate*, « tomber en défaillance », *zamirate* « rester sans connaissance ». C'est à tort, je crois, que M. Hepburn traduit le correspondant de ce mot, *taë-iru* par « mourir » (to die).

feignit d'être mort [1] et (parvint ainsi) à s'enfuir à Yézo.
Les insulaires de ce pays lui témoignèrent tous des
sentiments de respect. Il y mourut de sa belle mort, à
un endroit appelé *Sa-ko-tan*. On y a bâti un temple où
il est vénéré, et où chacun répète : *Namou Yosi-tsouné* !
« Respectable Yosi-tsouné ! »

Dans les années de l'ère impériale *Kwan-boun*, les
Yézo se révoltèrent. *Si-ma-no Kami*, (daï-myau) de
Matsmayé, les vainquit et tua leur chef qui avait le
titre de *Syak'-sya-in* ; ses partisans se placèrent de nouveau sous l'autorité impériale [2].

1. Les historiens japonais ne sont pas d'accord sur cet événement. Les uns soutiennent que *Yosi-tsouné*, se voyant hors
d'état de résister aux troupes que son frère *Yori-tomo* avait
envoyées contre lui, tua sa femme et ses enfants de sa propre
main et s'ouvrit ensuite le ventre. Les autres rapportent, avec
l'auteur que nous traduisons, que Yosi-tsouné se fit passer pour
mort et parvint ainsi à se sauver à Yézo, où il fut accueilli avec
sympathie par les indigènes qui lui élevèrent un temple après
sa mort. Toujours est-il que le souvenir de ce prince est resté
vivant chez les Yézo, qui le nomment *Oki-kouroumi* (Pfizmaier,
Vocabularium der Aino-Sprache, p. 36) et qu'on montre encore
aujourd'hui les ruines du château qu'il aurait fait construire pour
sa résidence. Des chants et des récits dramatiques aïnos, transmis d'âge en âge, célèbrent l'établissement de Yosi-tsouné à Yézo
et son mariage avec la fille d'un des chefs de cet île. Ce récit est
néanmoins assez douteux et M. Souyé-mats a publié un très
curieux volume dans le but d'établir que Yosi-tsouné, dont
l'histoire de la vie est des plus énigmatiques à partir de sa fuite
du Nippon, ne serait pas mort à Yézo. D'après ce savant, il
aurait gagné le continent asiatique, et ce serait lui qui joua un
rôle considérable dans les annales des Tartars-Mongols sous le
nom de Genghis-Khan ! (Voy. *The identity of the great conqueror
Genghis Khan with the Japanese Hero Yositsune*. An historical
Thesis. London, 1879 ; in-8°).

2. *Wa Kan San-saï dzou-yé*, Section Ethnographique, liv. xiii,
p. 22 et sv.

On lit dans une autre section du *Wa Kan San-saï dzou-yé* (Grande Encyclopédie Japonaise) :

Yézo est situé au nord du Nippon (le principal centre de l'archipel Japonais) : c'est une île [1]. Cette terre est longue du sud au nord ; de ce dernier côté, elle avoisine le pays des *Tat-tan* « les Tatars ou Tartares ». Du côté de l'est, il y a l'Océan. Les montagnes y sont en grand nombre et tellement raboteuses qu'on ne peut pas voyager par terre.

Il s'y trouve un grand fleuve nommé *Isi-kari gava*, dont les eaux abondantes courent sur les rochers. On ne peut pas traverser ce fleuve à gué, ni le remonter dans une embarcation ; de là vient qu'on ne sait pas encore à combien de milles (*ri*) est sa source.

Au sud de cette île, sur la mer, se trouve le port de *Matsmayé* : c'est là que le daï-myau japonais de Yézo, *Sima-no Kami*, a établi sa résidence.

Distances. — De Matsmayé à Tsougar, on compte par mer 15 milles japonais (*ri*).

De Matsmayé à Nottoro, on compte 480 milles.

De Matsmayé à Sôya, on compte 380 milles.

---

1. On sait que les anciens géographes ont été longtemps dans le doute sur la question de savoir si *Yézo* était une île ou seulement une péninsule rattachée à la Tartarie, laquelle est habitée d'ailleurs sur ses côtes nord-est par des Aïno. Le P. Girolamo d'Angelis, de la Soc. de J., qui écrivit sa *Relation du Royaume d'Iezo,* au commencement du xviie siècle, n'était pas lui-même bien sûr de ce qu'il rapportait à cet égard (voy. mes *Études Asiatiques*, p. 97, où cette relation a été reproduite). La grande encyclopédie japonaise de *Sima-yosi An-kau,* qui affirme le fait, n'a été publiée, il est vrai, qu'en 1714 ; mais il paraît hors de doute que les Japonais savaient à quoi s'en tenir à cet égard bien avant cette époque.

De Sôya à Krafto, on compte 43 milles.

Dans ce pays, il n'y a pas de riz, de céréales, de sel ni de soie. On n'y fait usage ni d'or, ni d'argent, ni de monnaie. Les indigènes ignorent l'art d'écrire.

Les productions du pays des Yézo sont des peaux de cerf, d'ours et de loutre de mer ; des doris sèches, des chiens de mer, des saumons, des harengs et du caviar ; des éponges, des espèces d'huîtres [1] etc. [2].

Au point de vue de l'étude des mœurs, il y aurait surtout intérêt à traduire les journaux de voyages rédigés par les Japonais qui ont visité diverses parties des régions habitées par les Aïno. Ces journaux renferment, il est vrai, une foule de détails insignifiants ou puérils qui ne nous apprendraient pas grand'chose d'utile ; mais ils sont d'ordinaire composés avec une naïveté et une sincérité également recommandables. L'un d'eux, intitulé *Té-sivo Nis-si*, renferme, entre autres indications, des récits de ce genre :

« Il y avait à *Okourouma Tomanaï* une maison comprenant douze personnes. Le toit de cette maison était à demi couvert de feuilles de *kwan-dô* et avait un aspect misérable. En entrant, des puces me sont montées aux jambes (dans une quantité comparable aux graines d'une feuille de semences de vers à soie). Je les ai secouées. Voyant cela, le septième enfant a voulu me faire un siège avec de l'écorce de saule (*yanaghi*).

1. Heliotis japonica ; en japonais *avabi*, en aïno *aïbé*. Cette espèce d'huître, que les Hollandais appellent *klipzuyer*, passe pour avoir été la nourriture des premiers habitants du Nippon. À ce titre, elle figure encore dans tous les dîners de cérémonie.
2. *Wa Kan San-saï dzou-yé*, Section Géographique, liv. LXIV, p. 12.

« Parmi les enfants, l'héritier (*ségaré*) s'appelait *Chiréfouni* ; le deuxième était une fille nommée *Kouyo-rété* ; le troisième, une fille nommée *Sihoré* ; le quatrième, un fils nommé *Towannou* ; le cinquième, un fils nommé *Ikachirochi* ; le sixième, un garçon de onze ans, appelé *Honnoutsou*.

« La mère, accompagnée du septième enfant, le garçon *Kanihi*, et du huitième, le garçon *Ayohoro*, revint en portant sur le dos des racines d'herbes et en tenant par la main le neuvième, le garçon *Chihésan*, tandis qu'elle portait au sein le dixième, un garçon appelé *Tsihékari*. Elle m'a servi à manger dans un vase de forme très curieuse, fait en feuilles de *bou-si*. J'ai rapporté deux ou trois de ces sortes de vases qu'on nomme *kouho* d'après le *Wa-myau-syau*, — *hiradé* d'après le *Kan-go-syau*, — *hawan* d'après le *En-ghi-siki*, — les quinze feuilles de *kasiva* ou les seize feuilles de *maki-té* dans le *Roui-zyou san-daï kak'*, — *hawan* ou *kasiva-ban* dans le *Syak' Ni-hon Ghi*. Je crois que les vases en question sont fabriqués suivant la tradition relative à ceux que je viens de citer.

« J'ai pris du bouillon de riz et j'en ai fait manger à mes hôtes. Le père de famille était dans toute sa joie. Il me dit alors : On m'a rapporté « que depuis l'année *ousi-no tosi*, des vaisseaux étrangers ont abordé plusieurs fois sur les côtes du Japon dans l'intention de s'emparer du pays. Heureusement le gouvernement s'était mis sur ses gardes. Si jamais ces vaisseaux venaient à s'approcher de notre côte de *Tésiho*, j'ai ici des flèches empoisonnées avec lesquelles je m'empresserais tout le premier de chasser ces étrangers ».

En parlant ainsi, il avait l'air très fier. A côté du foyer, où brûlaient des branches d'arbres, la mère jouait d'un instrument à cinq cordes ; cet instrument avait un son léger et non vulgaire. Je lui ai demandé si elle savait des chansons. — « Nous en possédions autrefois, me dit-elle, mais aujourd'hui nous n'avons plus que de la musique ». Elle me joua alors un morceau appelé *Tikafou-no hoé*, c'est-à-dire « Chant d'oiseau ». Ce morceau ressemblait en effet à un chant d'oiseau [1].

** **

Il m'eût été facile de présenter ici un nombre plus considérable de fragments analogues extraits des textes chinois et japonais que j'ai dû traduire pour mon *Histoire de la race Jaune* ; mais j'aurais craint de donner à cette note, déjà longue, une étendue démesurée et surtout de disséminer les faits ethnographiques sur lesquels doit porter particulièrement notre attention, au milieu de données de tout genre, intéressantes, il est vrai, mais qui n'ont rien à faire avec la question qui nous occupe en ce moment. Je terminerai donc ma communication, ainsi que je l'ai annoncé au début, par le résumé de mes doctrines au sujet de l'anthropologie et de l'ethnographie Aïno.

Les savants sont unanimes pour attacher une importance toute particulière à l'étude des Aïno, mais ils sont loin d'être d'accord au sujet de leur place dans la classification zoologique des races humaines. Les uns ont cru devoir les ranger parmi les populations de la

1. *Té-siho Nis-si* (Journal du pays de Tésiho), pp. 12-13.

race Blanche[1] ; les autres les ont rattachés aux nations de race Brune[2] ou Cuivrée[3] ; on les a longtemps confondus avec les Japonais, sinon avec les Chinois. La question de la couleur de la peau, moins importante en ethnographie qu'on ne le croit d'ordinaire, est d'autant plus complexe en ce qui concerne les Aïno,

TYPE JAPONAIS

TYPE AÏNO

qu'il se rencontre parmi eux des individus d'aspects fort différents. Aussi les voyageurs, qui ont fait de ce peuple des portraits très divers, pourraient être tous dans le vrai, en ce sens qu'ils ont parlé chacun de quelques individus en particulier et non de l'ensemble de la race qu'ils n'avaient pas été à même de connaître suffisamment.

Il résulte des informations que j'ai pu me procurer et des photographies assez nombreuses qu'il m'a été donné de voir l'existence parmi les Aïno d'au moins deux types très distincts : le premier, essentiellement brachycéphale, avec front bas et peu développé, yeux ronds et petits, paupières épaisses, pommettes saillantes, nez large, mais peu proéminent, parfois même

1. Voy. Quatrefages, *Rapport sur les progrès de l'Anthropologie*, p. 526. (Tableau des races Blanches pures ou regardées comme telles).

2. Race Brune, sans mélange de rouge ou de jaune. Voy. Broca, dans l'*Encyclopédie Générale*, t. I, p. 331. — Race Brune, suivant La Peyrouse, etc.

3. Suivant l'abbé Mermet de Cachon, *Les Aïnos*, p. 4.

épaté, bouche grande, lèvres très saillantes et rougeâtres,
taille petite et rabougrie n'atteignant que rarement
1ᵐ 60 ; — le second, dolichophale, avec front large et
élevé, yeux ovales, souvent en forme d'amande sans
être bridés ni obliques, nez également développé, mais
très proéminent et fin à son extrémité, narines peu
épaisses, bouche moyenne, lèvres
minces et carminées, taille variant
de 1ᵐ 60 à 1ᵐ 72. M. Kouri-moto,
ancien chargé d'affaires du syaugoun,
m'a assuré avoir vu plus d'un Aïno
d'une taille supérieure. La chevelure,
chez les uns et les autres, est à peu
près invariablement noire, quoiqu'on
cite des Yézo aux cheveux roux et

TYPE AÏNO

même, ce qui demanderait à être confirmé, aux
cheveux blonds (!) ; mais elle n'est pas également
fournie chez toutes les tribus, et s'il est vrai qu'elle soit
extraordinairement abondante chez les individus dont
la barbe atteint des proportions rares dans cette race
et dont le corps est très velu, il est également certain qu'elle est assez clair-semée chez une foule d'autres
individus qui ne présentent point l'étonnant système
pileux qu'on se plaît à attribuer à toute la race Kourilienne. Un lettré japonais, qui a habité la Russie après
avoir séjourné plusieurs années à Yézo, me disait dernièrement qu'il avait rencontré à Moscou des types
qui lui avaient rappelé d'une manière frappante celui
des Aïnos.

L'étude des Yézo n'est pas moins intéressante pour
les ethnographes que pour les anthropologistes, mais

la place qu'occupent ces êtres velus dans l'œuvre évolutive de l'humanité est encore loin d'être connue d'une façon précise. Le système pileux qui distingue ce peuple le rapproche évidemment dans une certaine mesure, au point de vue somatologique, de plusieurs individus signalés de temps à autres à la curiosité publique, tels que les hommes-chiens [1], chez lesquels on a voulu voir une sorte de lien entre les races dites inférieures de l'espèce humaine et les hommes des bois ou orangs-outans relégués par les naturalistes dans la classe des singes. Si l'exactitude d'une telle théorie était définitivement admise par la science, elle simplifierait sans doute le problème du peuplement primitif de notre globe, tout au moins par ce fait que ces hommes au corps pileux d'une manière exceptionnelle sont considérés comme les autochtones non-seulement des îles de l'Asie Orientale mais encore de quelques portions assez étendues de la terre ferme. L'histoire nous rapporte, en effet, que les Aïnos occupaient plus de six siècles avant notre ère presque tous les archipels de l'Extrême-Orient septentrional, notamment les îles de Kiou-siou, de Si-kok, de Saghalien ou Karafto, les Kouriles et plusieurs des Aléoutiennes [2] qui forment au nord le trait d'union entre le monde asiatique et le monde américain.

De savantes observations ont en outre établi la pré-

1. Voy., au sujet des hommes-chiens, le compte-rendu sténographique du *Congrès international des Sciences Ethnographiques*, session de 1878, p. 670.

2. Voy. cependant sur les indigènes des îles Aléoutiennes et leur parenté supposée avec les Japonais, la curieuse notice de M. Alph. Pinart, dans les *Mémoires de la Société d'Ethnographie*, Section Orientale et Américaine, t. XII, p. 161.

sence de ces hommes velus à la pointe sud de la péninsule de Kamtchatka et sur la côte de la Manche de
Tartarie. Dans cette dernière région, on a constaté
l'existence d'un peuple portant le nom de *San-dan*,
dont la parenté étroite avec les Aïnos paraît avoir été
scientifiquement reconnue. Le voyageur hollandais
Siebold, qui a publié un petit vocabulaire comparé des
langues san-dan, mandchoue et japonaise [1], a émis l'hypothèse que les habitants primitifs du Nippon pourraient bien descendre de ce peuple peu connu [2] dont on
a rencontré des traces jusqu'aux environs de la Corée et
qui offre de frappantes similitudes avec les Aïnos du
cap Lopatka [3].

Nous ne possédons malheureusement que des données fort insuffisantes sur ces San-dan [4] dont je n'ai
trouvé d'ailleurs la mention que dans un très petit nombre
d'ouvrages japonais [5]. Il semble toutefois qu'ils ont conservé des rapports avec leurs congénères des îles de
l'Extrême-Orient dans lesquelles ils se rendent de temps
à autres pour s'y livrer au commerce. Ils apportent
ainsi à Yézo des tissus de coton pour en faire des vête-

1. J'ai reproduit ce vocabulaire dans mon *Introduction à l'étude
de la langue Japonaise,* Paris, 1856, p. 3.

2. *Verhandelingen over de afkomst der Japaners*, Batavia, 1832.

3. Voy. Berghaus, *Ethnographischer Atlas*, c. 13.

4. L'étude des populations riveraines de la côte orientale de
Mandchourie est probablement appelée à nous fournir d'impor-
tantes lumières sur l'ethnographie de l'Extrême-Orient. — Voy.
notamment de curieux détails sur les habitants de la baie du
Barraconta, dans les *Lettres sur l'Archipel Japonais* du P. Furet,
Paris, 1860, p. 57 et sv.

5. Notamment dans *Yézo Kau-téi ki*, Journal de voyage au pays
des Aïnos, composé par Abé Yosi-tau, Yédo, 1856, deux vol.
in-12 ; *Kita Yézo dzou-sets'*, t. II, p. 4.

ments fort recherchés des indigènes. Les Japonais

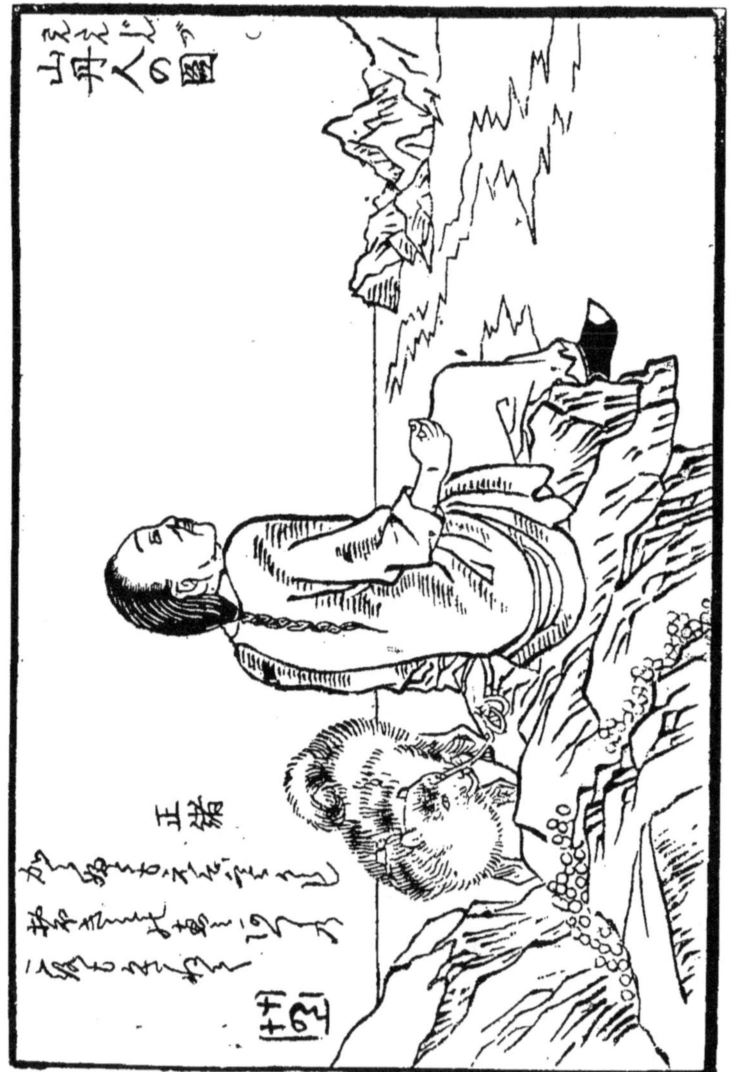

HABITANT DU PAYS DE SANDAN.

paraissent ne les avoir pas en haute estime : « A
Morokoto, disent-ils, il y a des habitations et une petite

rivière au nord de laquelle l'influence des mœurs des San-dan s'est fait sentir, ce qui est regrettable[1] ». La civilisation du Nippon prétend toutefois sauvegarder la pauvre population locale de cette influence pernicieuse, ainsi que de toutes les misères auxquelles elle est en proie dans la contrée peu favorisée de la nature où elle habite, voire même de l'influence du climat, si l'on en croit un distique reproduit sur l'image ci-contre : « Ni Krafto, ni Yézo, n'ont à souffrir du froid, car le vêtement de la bienveillance impériale est pour eux archi-doublé[2]. »

Au point de vue physique, les San-dan, que quelques voyageurs européens ont eu l'occasion de rencontrer sur la côte nord-est de la Mandchourie, ressemblent aux Ghiliaks que l'on considère comme apparentés avec les Aïnos de Yézo. D'après les renseignements que j'ai pu recueillir, on remarque néanmoins parmi ces San-dan des types trop variables pour qu'on puisse tirer des conclusions du peu que l'on connaît aujourd'hui de leurs caractères anthropologiques.

La nourriture de ces *Yébisou* « sauvages », comme on les désigne au Japon, se compose de toutes sortes d'animaux de mer, entr'autres de trépang, d'oiseaux et de gibier, ainsi que de viande d'ours, animal domestiqué dans le pays et que les femmes allaitent de leur sein jusqu'à ce qu'il soit en âge de s'alimenter par lui-même. L'ours occupe d'ailleurs une place tout à fait

1. Abé Yosi-tau, *Yezo Kan-téi ki*, t. I, p. 33.
2. Abé Yosi-tau, loc. cit. (Voy. la figure ci-contre).—L'expression « vêtement de la bienveillance impériale » représente un de ces jeux de mots dont les Japonais font de fréquents usages dans leurs poésies.

exceptionnelle chez les Aïnos et l'on voit sans cesse ce quadrupède représenté dans les ouvrages que les Japonais ont fait paraître pour la description de leur pays, de leurs mœurs et de leurs coutumes. Ils font également sur une grande échelle l'élevage des chiens dont ils mangent la chair et qu'ils emploient en outre comme animal de trait pour leurs petits chariots et même pour les embarcations qu'ils font circuler sur la rivière [1].

Je regrette de ne pouvoir donner ici un plus grand nombre d'extraits des livres Japonais que je possède sur les Aïnos, l'étude de cette singulière population me paraissant avoir un intérêt exceptionnel pour l'ethnographie, c'est-à-dire pour l'étude de l'évolution morale et intellectuelle de l'espèce humaine. Une telle étude, entr'autres résultats importants que nous sommes en droit d'en attendre, servira à faire connaître la cause des divergences profondes qui distinguent les Chinois des Japonais et le mode d'évolution si différent que l'on constate de nos jours plus que jamais dans ces deux rameaux de la race Jaune.

Quant à la question linguistique, je me bornerai à dire que s'il est vrai que la langue Aïno ne présente point d'affinité apparente avec le Japonais, il serait encore téméraire de prétendre qu'elle forme un idiome isolé sans rapports intimes avec les langues si insuffisamment connues de la Tartarie et de la Sibérie. Il vaut beaucoup mieux inscrire dans nos livres de nombreuses *terræ incognitæ* que de remplir les lacunes de

---

1. Voy. les curieuses images qu'on a publiées dans le *Kita Yézo dzou-sets'*, t. II, pp. 15 et sv., et dans le *Té-siwo Nis-si*, pp. 18 et 28.

nos connaissances scientifiques, comme on ne cesse de
le faire, avec des données des plus incertaines, pour ne
pas dire des plus fantaisistes.

XII

UN EMPEREUR

qui connaît l'art de faire fumer les cheminées

———

Les amateurs d'images et d'objets d'art Japonais, à la seule lecture de ce titre, sauront incontinent de qui je me propose de parler. Je voudrais néanmoins qu'on m'obtempérât la permission de fournir ici quelques détails sur le personnage dont s'agit.

Les insulaires de l'Extrême-Orient ont eu leur Néron qui s'appelait *Bou-rets*, leur Sémiramis nommée Madame *Zin-gô*, leur Buonaparte, non moins audacieux que le célèbre dévastateur corse, à savoir le fameux *Taï-kau Sama*. Ils ont en outre éprouvé le besoin d'inscrire dans leurs annales les faits et gestes d'un monarque qui, malgré les conditions de vie démoralisantes produites par l'exercice du pouvoir autocratique, savait cultiver la vertu d'une façon fort originale. Il n'est pas bien sûr que ce prince extraordinaire ait jamais existé ailleurs que dans les racontars fantaisistes d'une légende ; mais, là du moins, nous pouvons contempler son profil avec des sentiments de louable et naïve admiration.

Or, l'excellent homme dont j'ai à dire quelques mots
est connu dans l'histoire sous un beau nom qu'il ne
portait pas de son vivant, mais qu'on lui décerna à titre
honoraire après sa mort, celui de *Nin-tok' Ten-'au*, c'est-
à-dire « l'Auguste Céleste de l'Humanité et de la Vertu ».
Fils du bien éduqué mikado *'Au-zin*, sous le règne duquel les Japonais apprirent des Chinois l'art de l'écriture, un évènement assez bizarre signala le jour de sa
venue dans le monde. Au moment où il naquit, un hibou, volatile de mauvais présage, entra dans la chambre
de l'accouchée, en même temps qu'un moineau, volatile
d'heureux présage, pénétrait dans celle de l'épouse du
célèbre ministre Také-no Outsi Soukouné, alors plus
de deux fois centenaire [1].

Grande, comme on peut le croire, fut l'émotion au
palais mikadonal ; mais dans un pays bien pensant, il
y a toujours moyen d'arranger les choses. On décida
donc aussitôt qu'il convenait d'opérer une permutation
dans ces présages. Pour ce faire, Son Altesse le prince
Impérial reçut le nom de *Oho-Sasaghi*, c'est-à-dire le
grand « Moineau », tandis que le fils du vieux ministre
fut appelé *Kisou*, c'est-à-dire le petit « Hibou ».

Un acte de noble désintéressement signala le Grand
Moineau dès qu'à la suite de la mort de son père il fut
appelé à gravir les marches du trône. De son vivant,
l'Empereur avait désigné son frère cadet Waka-Ira-
tsouko comme prince héréditaire ; mais celui-ci ne crut
pas devoir profiter de cet acte de favoritisme paternel
et annonça qu'il cédait le titre impérial à Oho-Sasaghi,

---

1. Cf. le *Sin-sen-nen-hyau*, p. 21. — Voy., sur ce singulier personnage, la notice insérée plus haut dans ce volume, p. 175.

par ce motif qu'étant l'aîné, ce titre lui revenait de plein droit. Celui-ci protesta à son tour contre cette généreuse concession, déclarant qu'il ne voulait à aucun prix désobéir à la volonté de son père[1]. La résultante de cette anticompétition fut que, pendant trois années, les deux princes se relançant la balle, le peuple eut à subir l'affreux malheur de n'avoir pas de maître. L'entêtement réciproque devint tel, chez les deux fils d'Au-zin, que lorsque les contribuables venaient apporter le tribut à l'un des deux, il ne manquait pas de renvoyer à son antagoniste les humbles parties versantes.

A la longue toutefois, le prince Waka Iratsouko conçut la pensée d'en finir avec cette situation déplorable et, pour atteindre à ce but, il ne trouva rien de mieux que le suicide. Le Grand Moineau demeura de la sorte seul détenteur de l'autorité souveraine et consentit bon gré mal gré à recevoir l'investiture impériale, l'an de grâce 313, à Ohosaka dont il fit sa capitale[2].

La mémoire de ce prince sans pareil a été d'âge en âge l'objet d'un véritable culte au Japon ; et de nos jours, où toute réminiscence du temps jadis semble avoir déménagé du cerveau des intelligents citoyens du Nippon, les anarchistes eux-mêmes de ce singulier pays ne cessent de prétendre que ce mikado des bons vieux siècles de leurs ancêtres fut le plus grand fumiste qui ait jamais existé sur la terre. On verra tout à l'heure

1. Cette légende rappelle la conduite en Chine du célèbre *Taï-pch*, oncle du fameux Wen-wang. (Voy., à ce sujet, ci-après dans ce volume, mes notices sur l'Asie orientale, extraites d'ouvrages chinois et japonais, publiées dans le *Journal Asiatique* de 1861.

2. *Kok' si ran-ycó*, liv. i. p. 17 ; *Sin-sen nen-hyau*, p. 20.

ce qui leur permet de soutenir une opinion aussi élogieuse pour un descendant direct de la Grande Déesse
Solaire Ama-térasou Oho-mi-gami.

La quatrième année de son règne (316 de notre ère),
au printemps, le deuxième mois, le sixième jour, — on
voit combien les historiens japonais sont précis en
pareil cas, — l'empereur Nin-tok manda tous ses fonctionnaires et leur dit : « Notre Impériale Personne est
montée sur une haute tour pour voir bien loin : il ne
s'élevait pas de fumée dans la ville. Elle en a conclu
que le peuple était pauvre, puisqu'on ne faisait pas
de cuisine dans les maisons. Or, Notre Impériale
Personne a appris qu'à l'époque des Saints Rois de
l'antiquité (chinoise) tous les hommes célébraient leurs
vertus et que dans toutes les maisons on chantait des
hymnes de bonheur. Aujourd'hui Notre Impériale
Personne s'est approchée de la foule et Elle s'est aperçue qu'après trois ans de règne, elle n'est pas l'objet
de la moindre parole élogieuse. La fumée des cuisines
devient de plus en plus rare et les cinq espèces de
céréales ne mûrissent plus. C'est une preuve que mon
peuple est dans l'indigence. Si, sur le territoire qui
environne ma Cour, on manque du nécessaire, à plus
forte raison doit-il en être de même dans les provinces qui sont en dehors de ce territoire ! »

Le mois suivant, au 21e jour, il rendit une ordon-
nance abolissant les impôts, afin que son peuple puisse
être ainsi soulagé dans son infortune.

Pour aboutir complètement à ce but, le bon Nin-
tok voulut en outre que les actes de sa vie privée fussent
conformes à ses préceptes. Il proclama donc son pro-

fond mépris pour le luxe et ne consentit pas qu'il en demeûrât les moindres traces dans son palais. Il ne permit pas même qu'on en réparât les toitures endommagées par le vent et poussa la simplicité jusqu'à défendre qu'on lui achetât des habits neufs, prétendant que si ceux dont il était vêtu paraissaient trop sales, il suffisait de les envoyer à la blanchisseuse.

Au bout de quatre ans, la septième année de son règne, en été, le quatrième mois, le 1er jour (on ne dit pas à quelle heure), le mikado Nin-tok' monta de nouveau sur une haute tour, d'où il aperçut des tourbillons qui sortaient de toutes les fumailles de la ville.

Sa joie fut telle qu'il n'eut rien de plus pressé que d'en faire part à Iva-no Himé, son auguste épouse. « Maintenant, lui dit-il, Notre Impériale Personne est riche. Comment pourrait-elle avoir des soucis à l'avenir ? »

L'impératrice ne put comprendre ce beau raisonnement et interrogea son noble époux en ces termes : « Pour le moment notre palais est délâbré et l'on ne peut s'y soustraire à la chaleur et à la pluie. Comment Votre Majesté peut-elle dire qu'Elle est riche ? »

L'Auguste-Céleste répliqua : « Lorsque le Ciel établit un prince sur le trône, il le fait essentiellement pour le peuple. Le prince doit en conséquence chercher ses assises dans le peuple.

« Dans l'antiquité, si un seul homme avait froid et faim, les Saints Rois se considéraient comme responsables de ses souffrances. Je dis donc que si le peuple est pauvre, Notre Impériale Personne est pauvre, et que si le peuple est riche, Notre Impériale Personne est riche. Jamais un prince n'a été riche quand son peuple a été pauvre ! [1] ».

La charmante impératrice continua à ne pas comprendre. Il ne semble pas toutefois qu'il en ait résulté une bien longue querelle de ménage dans l'impériale Landerneau. Du moins les annales indigènes ne nous le disent qu'en termes couverts de gaze.

Si l'on en croit un vieux livre japonais [2], l'empereur Nin-tok, après s'être expliqué comme on vient de le voir, ressentit une telle joie de sa conduite qu'il l'exprima en chantant un *outa* (sorte de pièce de vers de 35 syllabes) que les Japonais sont fiers de répéter souvent en son honneur :

> *« Takaki ya-ni noborité miréba,*
> *Kébouri-tatsou tami-no kamado-ra,*
> *Nigica'i-ni kéri ».*

« Lorsque je jette un regard de la haute maison où je suis monté,

« La fumée que j'aperçois me démontre que les cuisines de mon peuple sont en pleine bombance ».

J'avais eu tout d'abord la pensée de réunir ici quelques autres détails sur la vie et les gestes du mikado Nin-tok ; mais en continuant à feuilleter à son intention les vieilles Annales du Yamato, je me suis aperçu qu'il valait mieux, pour sa mémoire, ne pas prolonger davantage mes recherches historiques. A quoi servirait, par exemple, d'ajouter à l'édifiante légende des cheminées qui fument le fait de l'institution sous son règne de la pratique un peu moins morale des corvées

---

1. *Daï Ni-hon si,* liv. IV, pass.
2. Le *Sin-'au Seï-tô ki.*

et de dire qu'à son époque les Dieux s'ingéniaient à provoquer des sacrifices humains en les inspirant en rêve au souverain maître de l'Empire.

Si cela ne m'eût entraîné trop loin, j'aurais peut-être raconté les aimables disputes de ce prince avec son auguste épouse qu'il voulut convaincre de l'avantage qu'il y aurait d'associer à son Impériale carrière une jeune et jolie concubine appelée la princesse *Yata*. Ces querelles de ménage, je le reconnais, furent charmantes, en ce sens qu'elles se traduisirent par un bon nombre de pièces de vers que le descendant des Dieux du Ciel envoya à sa tendre épouse par une longue suite d'ambassadeurs, après que celle-ci, mécontente, eut quitté le toit mikadonal. L'impératrice d'ailleurs qui n'avait rien compris, comme on l'a vu, aux préceptes moraux de son saint époux sur les avantages de l'indigence, ne se laissa pas toucher par les gracieuses poésies qu'il lui adressait dans l'espoir de la faire revenir dans sa chambre. Elle poussa même l'entêtement si loin que le vertueux Nin-tok ne parvint pas à la convaincre de ce qu'elle gagnerait à partager son sort avec la belle Yata.

De guerre lasse, il se résigna donc à se priver d'elle jusqu'au jour où elle trépassa dans le palais de Tsou-tsouki, le 6ᵉ mois de la 35ᵉ année de son règne. La mort de l'impératrice Iva-no Himé que Nin-tok avait toujours beaucoup chéri, comme on ne saurait en douter, le plongea dans une profonde tristesse dont il ne sortit qu'au bout de trois années en remplaçant sur le trône la défunte kisaki par la charmante Mˡˡᵉ Yata qu'il avait prise d'ailleurs depuis longtemps pour

femme de second rang, malgré le mauvais vouloir de
sa principale moitié.

Je ne crois pas à propos de m'étendre plus longue-
ment sur ces petites dissensions intestines qui, en
somme, ont été pétries de la même fécule en tous les
temps et sous toutes les latitudes, aussi bien dans les
palais des princes vertueux que dans les humbles
chaumières de leurs pauvres sujets. Et pour en finir,
je me borne à répéter l'aphorisme bien connu : « Rien
de nouveau sous le soleil, voire même dans la patrie
de la Grande Déesse solaire Ama-térasou Oho-kami. »

(N. B. — La dernière voyelle du mot *térasou* est
brève et l'accent tonique prédominant doit être placé
sur l'anté-penultième syllabe).

XIII

LES PETITES MOUSOUMÉ

et la femme idéale au Japon

———

Grâce à la charmante intervention du spirituel auteur de *Madame Chrysanthème*, M. Pierre Loti, le mot *mousoumé* est devenu tellement à la mode dans le quartier latin, que je serais tenté de croire qu'avant vingt ans l'Académie Française lui accordera ses lettres de grande naturalisation dans son immortel dictionnaire.

Or donc, chacun sait aujourd'hui que par *mousoumé* il faut entendre « une jeune fille », une *puella inupta*, « une fille non mariée », une *puella puta* « une jeune « fille pleine de pudeur. » Je vais prendre à tâche d'en signaler les mérites et, par une petite digression, de dire ce qui constitue « l'idéal de la femme » dans les îles du Soleil-Levant.

Ab Jove principium. — Saint François-Xavier, le célèbre apôtre des Indes, ne savait pas trouver de paroles assez affectueuses pour exprimer ses sentiments à l'égard des indigènes du Nippon. « En vérité, disait-il, les Japonais sont les délices de mon cœur. » Tous les Européens qui ont vécu dans l'intimité des insulaires de l'Extrême-Orient sont unanimes pour en dire autant, sinon plus encore..., des Japonaises.

Les femmes japonaises sont-elles donc vraiment des
femmes incomparables, des femmes douées de toutes les
qualités les plus merveilleuses ? — Une foule d'écrivains nous ont parlé avec enthousiasme de leurs charmes
physiques et les ont décrits minutieusement [1]. Je
n'ai pas l'intention de me faire ici l'écho de ce qu'ils
nous ont raconté à cet égard, et je me propose seulement de dire quelques mots de leurs qualités morales
et intellectuelles. On me permettra, toutefois, une petite
digression à propos de leurs très admirées chevelures.
Peut-être par une conséquence de l'atavisme et par

---

1. A la première session du Congrès international des Orientalistes (Paris, 1873), dans une charmante communication,
M. Imamoura Warau a demandé la permission de revêtir de
chair, d'après le goût national de ses compatriotes « le squelette
d'une mammifère japonaise ». Il s'est exprimé en ces termes :
« Je commencerai, Messieurs, par la tête, qui n'est ni trop
grande, ni trop petite. Figurez-vous des yeux, noirs, grands,
surmontés de sourcils d'un arc étroit, bordés de cils noirs, un
visage ovale, blanc, rosé très légèrement aux joues, un nez droit,
fin, haut, une bouche petite, régulière, fraîche, dont les lèvres
minces découvrent de temps en temps des dents blanches ran-
gées régulièrement, un front étroit, bordé de cheveux noirs,
longs, boisés avec une parfaite régularité ; joignez cette tête par
un cou rond à un corps grand mais non gros, avec des reins
minces, des pieds et des mains petits et non maigres ; une
poitrine dont la saillie n'est pas exagérée ; et ajoutez à cela les
attributs suivants : une allure douce, une voix de rossignol qui
fait deviner l'ingénuité ; un regard à la fois vif, doux, gracieux
et toujours ravissant ; des paroles spirituelles prononcées dis-
tinctement, accompagnées de charmants sourires ; un air calme,
gai, quelquefois pensant et toujours majestueux ; des manières
nobles, enfantines, un peu fières mais sans jamais accuser de
présomption. Voilà, Messieurs, à condition toutefois que la beauté
mentale comme la beauté morale ne cède pas à celle du corps,
une jeune descendante du singe pour laquelle l'amour sexuel
enthousiasmerait les enfants de l'Extrême-Orient et qui soulève
l'ire du baron Hübner ».

suite de ce fait que les Aïnos autochtones du Japon
comptent parmi les hommes qui ont le plus de poils sur
le corps, les insulaires de l'Asie orientale ont toujours
attaché un très haut prix au développement gigantesque
du système capillaire chez la femme. Aussi voyons-
nous les artistes du pays nous en offrir les plus remarquables spécimens dans leurs albums. Le peintre
Hok'-saï, entre autres, nous a donné l'image d'une fameuse mousoumé, qui jadis excita non seulement la
passion des grands de la Cour, par la remarquable longueur de ses cheveux, mais qui eut le privilège de faire
parade de ce genre d'attrait dans les apparitions de son
fantôme après sa mort, et cela à tel point qu'à partir de
ce moment elle ne montra plus guère autre chose de sa
ravissante personne aux yeux ébahis par l'apparition
de son ombre [1].

Cette jeune fille s'appelait Mlle Chrysanthème, (en japonais : *Kikou-dzyo*). Un officier de la Cour en était
tombé éperdument amoureux, et elle lui rendait la pareille.

Malheureusement, cet officier n'était pas seul candi-
dat à son bienveillant sourire, et un seigneur de l'endroit
voulait, coûte que coûte, obtenir les sourires de la belle
aux longs cheveux. Un jour où il la pressait jusque
dans ses divers retranchements, elle se borna à répondre
« non ». Exaspéré par cet insuccès, ledit puissant
seigneur [2] cassa une assiette de prix et accusa la belle

---

1. *Hok'-saï Man-gwa*, t. X, p. 47.

2. Ce galant personnage s'appelait *Awo-yama Tes-san* et habitait un riche hôtel dans le quartier *Ban-syau*, à Yédo. De nos
jours encore, cet hôtel est bien connu dans le pays sous le nom
de *Sara-yasiki* « Palais de l'assiette ».

Chrysanthème de cet affreux forfait. Celle-ci lui ayant encore une fois répondu « non », il tira son sabre et lui

L'OMBRE DE MADAME CHRYSANTHÈME

trancha la tête ; puis il fit jeter son corps mutilé dans un puits.

A partir de ce moment, le fantôme ou, ce qui serait

plus exact, la chevelure de la demoiselle Chrysanthème,
sortit tous les soirs du puits pour y rentrer un moment
après. Un saint prêtre bouddhiste [1], ayant eu connaissance de ces apparitions nocturnes, se rendit près du
puits et pria pour elle. A partir de ce moment, l'ombre
de Kikou-dzyo disparut à tout jamais : elle était deve-
nue un Bouddha.

En dehors de cette histoire de cheveux, ainsi que je l'ai
promis, je ne parlerai plus que des qualités de cœur et
d'esprit de la femme japonaise. Ces qualités ne proviennent
évidemment pas du fait d'un organisme spécial : elles
sont la résultante pure et simple de l'éducation qu'on
lui donne dès ses premières années et des principes
sociaux qui régissent ses conditions d'existence durant
les périodes successives de sa vie. Cette éducation, ces
principes sociaux, ne sont certainement pas de ceux que
préconisent les partisans du « féminisme » récemment
imaginé en Europe ; ils placent, en effet, la plus belle
partie du genre humain dans une complète subordination à la plus laide, ou, si l'on préfère employer des
gros mots, elle fait du prétendu sexe faible une pure et
simple poupée obéissante, pour la satisfaction du prétendu sexe fort.

Si cette éducation ne répond pas précisément aux
rêves des pays où le Soleil se couche, elle ne manque
pas du moins d'être parfois assez originale, surtout si
l'on en juge par certains livres qu'on a fait paraître jadis au Japon pour l'instruction des jeunes filles et le
développement de leur esprit. Un de ces anciens

---

1. Nommé *Mi-ka-dzouki Syau-nin*.

ouvrages me tombe par hasard sous la main. Il porte le
titre de : *Onna Daï-gakou Takara-bako,* c'est-à-dire « le
Coffre des trésors pour les Hautes-Études des femmes. »
Or l'on sait que l'expression « Hautes-Études « (*Daï-
gakou*) rappelle au Japon un des livres classiques les
plus vénérés de l'École de Confucius [1], dans lequel on
indique la voie où doivent entrer les jeunes Chinois qui
ambitionnent une carrière libérale dans la société. Eh
bien ! le trésor en question des Hautes-Études féminines
est un joli volume orné d'images et dans lequel on
indique comment on doit s'y prendre pour former des
femmes supérieures. Il serait trop long de citer ici tout le
programme de cet enseignement. Je me bornerai à dire
qu'il y figure le blanchissage du linge, la récolte
des fagots et l'art de plonger dans les rivières sans
costume de cérémonie pour y recueillir des *awabi,*
espèces d'huitres dont les Japonais sont très friands
et.... leurs dames aussi.

Il faut reconnaître il est vrai que les mousoumé qui
remplissent les fonctions de plongeuses dans les mers du
Japon pour y ramasser des awabi ne se livrent pas à ce
dangereux métier sans y trouver parfois d'assez gros
bénéfices. En effet, il leur arrive souvent de se procurer
de la sorte des perles fines de la plus grande rareté. On
désigne ces aimables plongeuses sous le nom d'*ama.*
Lorsqu'elles se jettent dans la mer pour accomplir leurs
fonctions, on les attache à une corde à l'aide de
laquelle on les ramène dans une barque qui les attend
à peu de distance pour les recevoir dès qu'elles ont fait

---

1. En chinois : *Ta-hioh.*

une trouvaille. Le métier est en effet, parfois assez
dangereux, car il leur arrive de temps à autre d'être
mangées par de très méchants poissons.

En Chine, les femmes se livrent à pareil exercice.
Dans un endroit appelé Hoh-pou notamment, il y a
beaucoup d'*avabi* et d'*hamagouri*[1] dans lesquelles on
trouve des perles précieuses en quantité que les fonctionnaires de l'endroit font recueillir par des amas. Au
Japon, c'est surtout dans la mer d'Isé qu'on récolte les
awabi renfermant des perles de qualité supérieure.
Celles qui se rencontrent dans les hamagouri et dans les
les *aka-gaï*[2] sont au contraire de qualité inférieure[3].

L'art de la pêche a toujours été fort en honneur
au Japon, et si les indigènes de l'Extrême-Orient
sont enthousiastes de leurs montagnes, ils ne le
sont guère moins de l'élément liquide, soit qu'ils le
contemplent sur la vastitude des mers qui les entourent
de tous côtés, soit qu'ils se complaisent à la vue de leurs
jolis petits lacs intérieurs. L'imagerie japonaise nous
représente l'Océan sous ses aspects les plus divers et
les plus fantastiques, tantôt en nous y montrant des
baleines et les splendides jets d'eau qu'elles lancent dans
les airs, tantôt en émaillant les vagues de jeunes mousoumé tachant de découvrir des huîtres pour satisfaire,
comme je l'ai dit, la délicatesse du palais des hommes.
La Grande Étude féminine (*Onna Daï-gakou*), charmante contrefaçon de l'austère enseignement chinois
de Confucius, les prépare à n'avoir peur de rien, pas

1. *Haliotis tuberculosa.* — *Cytherea*.
2. Sorte de coquillage rouge.
3. *Onna Daï-gakou Takara bako* (le Trésor des Hautes-Études
féminines », pp. 86-87.

même des monstres aquatiques dont pullulent leurs
eaux et qui feraient sans doute frémir dans nos climats
plus d'un brave disciple de Mars.

Bien que parler de la grosse bête de mer appelée
tako[1] puisse paraître une digression un peu déplacée

LE TAKO.

dans un article sur l'idéal de la femme au Yamato, on
me permettra d'intercaler ici quelques lignes sur ce
curieux animal comestible. « A Naméri-gawa, dit un
publiciste japonais, il y a de très grands tako qui
mangent des bœufs et des chevaux. Ils renversent les
embarcations pour se saisir des hommes qui sont à
bord. Les pêcheurs du pays, sachant combien il est
difficile de les capturer, emploient pour y réussir un

1. On désigne sous ce nom deux espèces de mollusques cépha-
lopodes cryptodibranches qui appartiennent à la faune Kourilienne : le *tako* proprement dit (en aïno *athoui-naou*) ou Octopus
areolatus de nos naturalistes, et l'*Iva-tako* « tako des rochers »
(en aïno : *athoui-né* ou Octopus granulatus).

procédé assez original. Lorsqu'ils s'attendent à l'apparition d'un tako, ils font semblant de dormir dans leur barque. L'animal, convaincu que les pêcheurs sont en plein sommeil, s'approche doucement et met une patte sur le bateau. Ceux-ci prennent alors un grand coutelas avec lequel ils coupent la patte de l'énorme mollusque, puis ils s'enfuient en toute hâte, sachant fort bien qu'en pareil cas il n'y a plus pour eux désormais qu'un instant entre la vie et la mort[1]. A leur retour à Namérigawa, ils suspendent à la devanture de leur boutique la patte coupée qui pend jusqu'à terre. Une seule des articulations de cette patte suffit pour nourrir une personne pendant tout un jour.

La chair de tako se mange bouillie et quelquefois crue, assaisonnée de sôyou, à la façon du fameux sasimi des Brillat-Savarin Nipponois. Les dames surtout trouvent ce mets absolument délicieux, et si elles s'ingénient à le bien préparer pour la satisfaction des hommes, elles ne font pas la petite bouche lorsqu'on en apporte sur la table. La Grande Étude féminine leur a d'ailleurs appris dès la tendre jeunesse à trouver bon ce qui n'est pas mauvais. A ce point de vue et à plusieurs autres, il est établi qu'elles ne sont pas en retard sur l'orgueilleux Occident.

A côté des soins du ménage et de l'atelier culinaire, il est juste de dire que la Grande Étude féministe du Japon se préoccupe aussi du développement intellectuel des jeunes mousoumé. Elle les invite notamment à apprendre l'histoire des dames célèbres du pays où le

1. En japonais : *Sono ayauki koto séi-si is-syoun-no aïda-ni kakarou.*

Soleil se lève et tout d'abord celle de la fameuse *Ono-no Ko-matsi* dont le nom signifie « la Petite Rue du Petit Champ » et qu'on leur fait connaître durant les sept périodes successives de sa belle vie[1]. Les poètes indigènes ont maintes fois célébré les talents de cette femme incomparable dont les peintres se sont plu à rappeler à qui mieux mieux les charmes de la tendre jeunesse et la ravissante originalité des différentes époques de sa vie. Quelques-uns de ces peintres ont même cru devoir la représenter à l'heure du trépas, puis lorsque sa jolie personne est entrée en tuméfaction, et puis ensuite à toutes les phases successives de décomposition et de pourriture de son joli corps, jusqu'à ce qu'enfin les chacals et les oiseaux de proie, n'ayant plus rien à manger de ses chairs sanguinolentes, un vénérable bonze vienne ramasser ses os pour les déposer respectueusement dans une urne[2].

Ce n'est pas, toutefois, par le contenu d'un pareil livre qu'il convient de juger de la condition faite à la femme chez les Japonais. Cette condition dépend presque exclusivement des principes adoptés en Chine à son égard. Les insulaires de l'Extrême-Orient ont, en effet, puisé ces principes dans la littérature du Céleste-Empire qui a été, pendant un grand nombre de siècles, la source à peu près exclusive de leur civilisation morale et intellectuelle.

Je serais évidemment entraîné dans de trop longues

1. *Onna Daï-gakou osihé gousa*, gr. in-8° avec figures, p. 7.

2. Voy. sur Ko-massi et ses singulières portraitures la notice publiée par le baron Textor de Ravisi dans les *Mémoires de la Société d'Ethnographie*, Section Orientale (Congrès provincial des Orientalistes), 1875, t. XVI, p. 114 et sv.

digressions, si j'essayais de donner ici un aperçu des idées que professent les Chinois sur les devoirs réciproques qui incombent ici-bas à l'homme et à la femme. On me permettra cependant de présenter sur ce grave problème quelques observations que m'ont suggéré mes lectures des écrits les plus célèbres et les plus estimés du Céleste-Empire.

Dans le recueil des vieux chants populaires de la Chine que Confucius nous a transmis sous le titre de *Chi-king* et dont l'influence a été pendant de longs siècles considérable sur le développement de l'esprit japonais, la femme est dépeinte sous des dehors qui sont loin de la faire ressembler à une esclave. Dans l'épithalame, où sont chantées les vertus de la fiancée du sage *Wen-wang* [1], après l'expression des pensées d'amour des futurs conjoints, le poëte décrit le moment où, suivant l'usage, la jeune épouse doit quitter son mari pour aller s'acquitter d'une visite de devoir chez ses parents :

Pour se reposer (sur sa route), çà et là elle cueille la petite bar-
[dane [2] ;
Elle n'en a pas (encore) rempli sa corbeille de bambou,
(Qu'elle s'écrie :) Hélas ! je songe à l'homme [3] (que j'aime) !
(Et aussitôt) elle jette sa corbeille sur la grande route [4].

Le *Chi-king*, d'un bout à l'autre, renferme des preuves

1. Première section des *Kouch-foung* « Mœurs des Royaumes ».

2. En chinois *kouan-œll* ; en japonais *onamomi*. C'est le *Xanthium strumarium* de Linné (Cf. *Syo-gen zi-kau*, éd. lith., p. 48, c. 4).

3. C'est-à-dire à *Wen-wang*, son époux.

4. Littéralement sur la route des Tcheou. « Le commentaire dit qu'on entend par là « la grande route » (en chinois : *ta tao*).

incontestables de la haute condition faite à la femme par les livres sacrés et vénérés de l'antiquité chinoise qu'il n'est impossible de reproduire ici. Il est facile d'en prendre connaissance dans les diverses traductions qui ont été publiés de cet ouvrage [1].

On me permettra seulement d'ajouter à la citation que je viens de faire de l'antique Anthologie de la Chine une pièce de vers dans laquelle sont exposés les devoirs d'une épouse à l'égard des parents de son mari absent pour le service de l'État [2] :

« Ce n'est pas la vie pénible que je mène en ce moment qui m'afflige et fait couler mes pleurs ; c'est la crainte que, si mon époux arrivait trop tard pour fermer les yeux de ses parents, il ne soupçonnât ma tendresse d'avoir trompé sa confiance, moi qui use mes forces à les servir et qui oublie mes enfants pour eux. Hélas! la nuit est déjà bien avancée, et je veille encore pour être prête à voler à leur chevet au moindre appel. Mais je n'entends plus rien : les deux vieillards sont endormis. Hâtons-nous de prendre quelque repos pour être en état de prévenir demain leur réveil [3] ».

A côté de cette petite pièce, quoi de plus charmant dans la littérature moderne, que l'héroïne du second roman des

1. Le *Chi-king* a déjà été traduit plusieurs fois : par le P. Lacharme, par Pauthier et par le Rév. James Legge. Longtemps encore, il y aura du mérite à en donner de bonnes versions européennes, surtout avec des commentaires philologiques et littéraires. J'en ai commencé la traduction d'après un système tout nouveau d'interprétation. J'espère pouvoir un jour livrer mon travail à l'appréciation des juges compétents.

2. Dans le *Kieou-yun sin-i,* livre II, p. 8.

3. *Mémoires concernant les Chinois,* par les missionnaires de Péking, t. IV, p. 190.

tsaï-tsze, laquelle est, aux yeux des Chinois, l'image de « l'Épouse accomplie ». Je n'ai jamais oublié l'impression que produisit sur l'esprit de mon ancien condisciple, le professeur Heinrich Steinthal, de Berlin, un passage de ce roman où une fiancée cherche à couper court aux projets de vengeance du jeune lettré qu'elle aime contre un magistrat qui a été pour elle un persécuteur : « Songez « seulement, dit-elle, à ses veilles, à ses fatigues, aux « difficultés de toute nature (qu'il a dû surmonter) pour « obtenir ses grades [1] » !

Il faudrait composer bien des volumes pour réunir tout ce que la Chine a écrit dans le but d'enlever la femme au rang qu'elle doit occuper dans la famille ; et, dans tous ces écrits, je trouverais bien difficilement quelque chose de nature à expliquer la condition d'esclave qu'on lui attribue dans la société chinoise.

Nos dames du monde auraient tort de juger trop sévèrement les institutions japonaises concernant la femme. Ces institutions sont d'origine étrangère ; elles tiennent leur source de la Chine à laquelle les insulaires de l'Extrême-Orient ont emprunté presque toutes les formules de leur ancienne civilisation, formules qu'ils ne sont pas encore prêts d'abandonner, bien que depuis leurs rapports continus avec les Barbares à Cheveux rouges, c'est à dire avec nous autres peuples de l'Occident, et surtout depuis leur dernière révolution de 1868, ils aient pris goût à se lancer à tort et à travers dans la voie des réformes sociales souvent les plus importunes et les plus dangereuses.

---

1. *Hao-kieou tchouen*, édition in-12, livre IV, p. 7.

Loin de ma pensée de soutenir que les idées chinoises
sur le rôle de la femme en ce monde sont à l'abri de
tout reproche. Je n'ai jamais été appelé à voter la
moindre loi contre la liberté sociale et même politique
du beau sexe, et ce n'est certes pas moi, mais bien
Napoléon 1er, le triste vaincu de Waterloo, qui a dit en
présence de Mesdames de Montholon et Bertrand :
« Nous n'y entendons rien, nous autres peuples d'Occident ; nous avons tout gâté en traitant les femmes trop
bien ». Je puis donc défendre à mon aise les mousoumé
et les institutions qui ont fait de la femme ce qu'elle a
été et ce qu'elle est encore, pour peu de temps, hélas !
au poëtique pays du Fousi-yama.

Or, sans cesse on répète que la femme est esclave en
Chine et au Japon. Je soutiens qu'il n'en est rien,
surtout dans ce dernier pays. Et, avant d'aller plus
loin, je rappellerai que la monogamie est une loi à
Tôkyau, qu'on y observe tout aussi sérieusement qu'à
Paris, à Londres ou à Saint-Pétersbourg. Je ne suis pas
même convaincu qu'un parallèle entrepris sur ce sujet
serait fort avantageux pour nous autres Occidentaux
qui avons la modeste prétention de marcher à l'avant
garde du progrès.

En général, j'éprouve une certaine répugnance à
juger d'un peuple par les dégradations qui se sont
introduites dans ses coutumes. J'abandonne donc à
d'autres le soin de gémir sur ce qui se passe dans les
bateaux à fleurs de Canton et dans les « auberges à
thé » du parc des filles libres à Yosivara. Qu'on me
permette néanmoins de soutenir qu'une foule de pros-
tituées japonaises méritent à tous les égards un verdict

accompagné de circonstances très atténuantes, rarement applicables en pareil cas dans nos pays civilisés. Beaucoup, en effet, ne quittent la demeure paternelle et ne réclament de l'autorité compétente la carte-diplôme de filles soumises que pour se procurer les moyens d'adoucir la misère de leurs vieux parents. Sous le poids de cette préoccupation, l'idéal ne les abandonne jamais dans leur joyeuse retraite : elles y demeurent convaincues que c'est remplir une noble mission que de sécher des larmes sous une couronne de fleurs ou sous une couronne de martyr ; elles cherchent enfin leur salut dans la pratique de la charité. En lisant l'histoire de leur vie, plus d'une me rappelle la fameuse bouquetière du Palais-Royal et j'en rencontre même, dans les panégyriques qu'on publie en leur honneur au Japon, un bon nombre qui savent remplir le rôle splendide qui incombe à la femme forte, celui de provoquer l'éclosion complète des qualités de l'homme et de développer dans son cœur le sentiment des grandes œuvres. C'est pour atteindre à ce but que certaines filles de joies japonaises ont cultivé la poésie avec assez de succès pour acquérir une véritable réputation dans l'art de composer des *outa*.

Si Florian a dit avec raison : « Que ne fait-on passer avec un peu d'encens ? » qu'on me permette de dire à mon tour qu'on peut faire accepter bien des choses en appelant à son aide le concours de la poésie. C'est ce dont les Japonais sont peut-être plus convaincus qu'aucun autre peuple du monde.

Dans les îles baignées du côté du Soleil-Levant par les eaux inclémentes du Pacifique, un petit astre voisin

de la terre, celui que nous appelons « la Moucharde »,
celui qui, suivant un de nos grands poètes, l'emporte
sur l'astre du jour, en ce sens que la lune fait naître
les rêves, tandis que le soleil ne fait épanouir que les
fleurs, l'astre lunaire, en deux mots, est au Japon l'en-
tremetteur attitré des plus tendres amours. Les amants
qui ne peuvent se réunir aussi vite qu'ils le voudraient
prennent patience et même joie à la seule pensée qu'ils
regardent la lune tous les deux en même temps. Au
clair de la lune, en se dandinant sur les reflets de la
lumière dont elle argente le sol, la pensée de l'un et de
l'autre se transporte vers les régions mystérieuses de
l'empyrée et la passion brutale se calme pour faire
place à la passion intellectuelle et ethércene. L'influence
de notre satellite est si puissante sur les Japonais que,
même dans les quartiers où se localise l'amour libre,
plus d'un jeune étudiant regrette de n'être pas assez
riche pour aller passer la nuit chez une des célèbres
mousoumé qui excellent à écrire des vers sans quitter le pinceau depuis la chute du jour jusqu'au matin.

Après cela, sommes-nous absolument en droit de
médire de ceux qui regrettent que les Japonais fassent
tant d'efforts malencontreux pour mettre à néant les
vieilles coutumes de leurs aïeux en vue de se travestir
en Européens plus ou moins mal réussis ?

Sans aucun doute la place que la femmme a droit de
revendiquer dans les sociétés modernes ne lui a pas été
faite dans le monde Oriental ; mais elle ne l'a pas obte-
nue davantage dans notre orgueilleux Occident, malgré
ses justes réclamations. Le désideratum actuel, m'est
avis, ne doit pas être de transformer à la légère la femme

en ennemie de l'homme et l'homme en ennemi de la femme.

Comme chez nous autres Européens, le Japon médite en ce moment toutes sortes de réformes pour régler les relations légales de deux sexes ou en d'autres termes, pour engager la mandarinade à se mêler sans cesse de ce qui ne la regarde pas. En attendant toutefois la mise en œuvre des belles réformes encore à l'état embryonnaire dont on menace les Japonais, puisque dans les îles du Soleil-Levant on veut bon gré mal gré imiter tout ce qu'on essaie d'accomplir avec plus ou moins de bon sens du côté du Soleil-Couchant, je conseillerai à mes bons amis du Nippon de faire voter par leurs Chambres un article unique qui remplacera avantageusement toutes les lois promulguées ou à promulguer sur le mariage et la famille.

Voici la formule de cet article unique : « Chaque fois qu'un mari se plaindra de sa femme ou une femme de son mari, il sera prononcé, sans autre préambule contre le plaignant, mâle ou femelle, ni plus ni moins que la peine de mort..., mais avec application de la loi Bérenger ». Après cela, ordre sera intimé au commissaire, de laisser faire, si K'au-rin[1] bat sa ménagère, voire même si K'au-rin trouve un instant après son bonheur dans la contemplation de la Lune.

(N.-B. — « Lune » se dit en japonais *tsouki*, mot dans lequel la voyelle pénultième *ou* est brève et doit à

______

1. *K'au-rin* signifie littéralement « la Forêt lumineuse ».

peine se faire entendre ; de sorte que ce mot magique
pour la jeunesse du Nippon se prononce à peu près
ts'ki).

XIV

NOTICES CHINOISES

sur les îles de l'Asie Orientale

Les notices suivantes sont consacrées aux trois
groupes d'îles qui forment l'archipel de l'Extrême Asie ;
le Japon ou Nippon, Yézo et les Lou-tchou. Elles sont
extraites de plusieurs ouvrages chinois et japonais, sur
lesquels il ne me paraît pas inutile de dire quelques mots.

Le premier, intitulé *Tchu-fan tchi*, appartient à une
grande collection intitulée *Han-haï*. Il a été rédigé sous
la dynastie des Soung (960-1260) de notre ère, par
Tchao Jou-kouoh et revu par Li Tao-youen. Pendant
longtemps le texte original de cet ouvrage a été considéré comme perdu. Les notices qu'il renferme font
autorité en Chine. Les unes sortent des Annales
des Soung, les autres leur servent en quelque sorte de
complément. Peu explicites sous le rapport des faits
historiques qu'elles mentionnent, dit un bibliographe
indigène, elles sont au contraire très riches au point de
vue des renseignements qu'elles fournissent sur les
mœurs, le climat et les productions des pays dont elles
parlent. En un mot « c'est un ouvrage sur lequel les
historiens peuvent s'appuyer »[1].

1. Voy. la notice sur le *Tchu-fan tchi,* dans le *King-ting sse-
kou tsiouen-chou soung-mouh* (Catalogue de la Bibliothèque
impériale de Péking), liv. LXXI, p. 9)

Le second ouvrage, le *Wa Kan San-saï dzou-yé*, est
connu des orientalistes sous le nom Grande Encyclopédie Japonaise. La partie géographique de cette précieuse
collection ne renferme pas moins de 105 livres et con-
tient une foule de notices intéressantes sur les peuples
connus des Japonais au commencement du xviiiᵉ siècle [1],
date à laquelle remonte sa publication. Abel-Rémusat
a rédigé un index des différentes sections de cette encyclopédie [2], à l'exception de la moitié du livre xv [3] dont
l'exemplaire de la Bibliothèque Impériale avait alors
été dépouillé au bénéfice de la collection particulière
d'un célèbre orientaliste de l'époque.

La connaissance de la langue chinoise ne suffit point
pour traduire les notices que renferme cet ouvrage,
surtout les notices géographiques. Un sinologue étranger à l'idiome indigène du Japon se verrait sans cesse
exposé aux plus regrettables erreurs. Il lirait, par
exemple, la capitale de l'île de Yézo, comme l'a fait un
célèbre orientaliste [4], *Mats-zen*, tandis que les deux
caractères qui la représentent doivent être lus *Mats-
mayé*; ou bien, il transcrirait *Kia-liang-pou-tchi* des
caractères qui ne sont autre chose que la notation en
lettres du syllabaire *man-yô-kana* du nom de l'île de
Krafto (*Ka-ra-fou-to*). Il faut donc, pour lire un nom
propre japonais écrit en caractères chinois, savoir dis-

1. La préface de l'éditeur japonais est datée de la 3ᵉ année
de l'ère *Seï-tok'* (1713 de notre ère), sous le règne de Naka-
Mikado.

2. Dans les *Notices et Extraits des Manuscrits de la Bibliothèque
Royale*, t. XI.

3. De la page 43 à la page 52.

4. *Notices et Extraits des Manuscrits de la Bibliothèque Royale*,
t. XI, p. 520.

tinguer ce qui est noté en signes phonétiques d'un des
différents syllabaires usités au Japon, de ce qui doit
être lu soit par la prononciation sinico-japonaise des
signes idéographiques, soit par leur traduction dans la
langue nationale du Nippon.

Les notices sur les Yéso, également extraites de l'Encyclopédie Japonaise, appartiennent à deux parties
distinctes du recueil ; la première à la Section Ethnographique, la seconde à la Section Géographique.

Enfin le troisième ouvrage, le *Ti-tou-tsoung-yao*[1] est
une géographie en trois volumes grand in-8°, publiée
pour la première fois sous la dynastie des Ming (1368-
1616). Les deux premiers tomes sont consacrés à la
géographie de la Chine proprement dite et à la description de ses provinces ; le troisième tome, celui auquel
nous avons recouru, traite des pays en dehors de la
Chine *(Waï-koueh)*. Une collection de cartes extrêmement curieuses accompagne le texte et en facilite
l'intelligence. Ces cartes d'une projection bizarre, où
les sinuosités des vagues et les contours des rochers
frappent tout d'abord la vue, sont cependant dressées
avec un certain soin et mettent en relief les localités
importantes. L'exactitude est peu observée pour les
distances qui séparent les îles, tant entre elles qu'avec
le continent. On voit cependant qu'on s'est efforcé de
leur assigner une position relative aussi exacte que
les connaissances de l'époque le permettaient aux
géographes chinois qui ont collaboré à cet ouvrage.

1. Voy. les extraits de cet ouvrage que j'ai traduits en français et publiés dans les *Mémoires de la Société d'Ethnographie,
Section Orientale et Américaine*, 1873, t. XII, p. 213 et sv.

Les renseignements renfermés dans les notices que
nous avons traduites concordent généralement de la
manière la plus remarquable avec les données que l'on
possède sur l'Archipel Japonais et son histoire. Quelques
faits cependant auront besoin d'être discutés et,
livrés à la critique, ils seront peut-être d'un grand intérêt pour l'histoire et la géographie de ces contrées aux
époques où ont écrit leurs auteurs. Les citations historiques relatives aux communications entre la Chine et
le Japon sont d'une parfaite exactitude, ainsi que l'on
pourra s'en convaincre par les notes dans lesquelles
j'ai rapporté les témoignages japonais qui mentionnent
les mêmes faits. On jugera par là combien l'étude de la
littérature des deux pays peut fournir d'éclaircissements
pour la connaissance de leur histoire réciproque, et
pour l'élucidation de tous les faits qui s'y rattachent.

L'Empire Japonais [1]

L'Empire japonais est situé au nord-est de Tsiouen-
Tcheou [2]. On le désigne aujourd'hui sous le nom de
Nippon, parce qu'il est proche de la région où le soleil
se lève [3]. On l'appelle également *'O-kieou*. Sa superficie est de plusieurs milliers de lis. Au sud-ouest, il

---

1. *Tchu-fan tchi*, première section, p. 40.

2. *Tsiouen-tcheou* (dans le dialecte local : *Tchouan-tcheou*),
litt. « la Région des Sources », est une des plus importantes
divisions administratives de la province de Fouh-kien.

3. Le mot *Nip-pon*, qui correspond au japonais *Hi-no moto*,
signifie littéralement « Origine du Soleil ». — C'est de la prononciation chinoise de ce mot, *jih-pen*, qu'est venu notre mot
Japon.

aboutit à la mer ; au nord-est, il est borné par de grandes montagnes [1]. Au-delà de ces montagnes, se trouve le pays des *Mao-jin* « Hommes velus. » [2]. Le tout forme cinq territoires impériaux, sept provinces, trois îles, trois mille sept cent soixante-douze villages, quatre cent-quatorze relais et environ huit cent quatre-vingt-trois mille tings.

Le pays est très montagneux et très boisé : il n'y a pas de bonnes terres labourables. Les habitants aiment la navigation et se peignent le corps. Ils se prétendent descendants de *Taï-peh* [3] et disent en outre que, dans la haute antiquité, ils ont envoyé des ambassadeurs en Chine. Tous se donnaient le titre de *ta-fou*. Jadis, le fils de Chao-kang [4], de la dynastie des Hia, fut institué prince à Kwaï-ki [5].

1. Le nord-est du Japon, primitivement habité par des peuplades de la race Aïno n'a été connu qu'assez tard des conquérants venus du Sud. Le détroit de Tsougar, qui sépare la grande île du Nippon de Yézo, paraît avoir été traversé pour la première fois par les Japonais au milieu du VIIe siècle de notre ère. Jusque là, on avait considéré les hautes montagnes du nord comme les limites de la *terra cognita*.

2. On désigne généralement sous le nom de *Mao-jin* (en japonais : *Mau-zin*) les populations qui habitent aujourd'hui Yézo et quelques parties des Kouriles, mais qui occupaient primitivement le nord et l'est de l'île du Nippon. On les désigne aussi, pour cette raison, sous le nom de *Toung-i* (jap. : *Tô-i*). Ce nom, leur a été conservé, bien qu'ils soient aujourd'hui pour le Japon « les Barbares du Nord » et non ceux de l'Est. La grande histoire du Japon intitulée *Nihon Ghi* désigne ces anciens autochtones de l'archipel Japonais sous le nom de *Yébisou* « sauvages ». (Cf. *Wa-Kan von-seki Syo-gen-zi kau*, s. v. *Yébisou*).

3. Nom d'un personnage célèbre de la dynastie des *Chang* qui vivait au XIIIe siècle de notre ère et dont il sera question plus loin.

4. *Chao-kang* commença à régner en 2118 avant notre ère.

5. La province de Kwaï-ki comprenait, sous les Tsin et sous

Ils se rasent les cheveux et se peignent le corps pour éviter les attaques des crocodiles et des dragons. Aujourd'hui, les Japonais plongent dans l'eau pour prendre des poissons et se peignent le corps pour s'emparer des animaux aquatiques. Ils calculent leurs distances en partant de l'est de *Kwaï-ki*.

La monarchie est héréditaire chez les Japonais : ils comptent de la sorte une lignée de soixante souverains, sans qu'il y ait eu aucun changement de dynastie [1]. Les lettrés et les militaires ont également des charges héréditaires. Les hommes se revêtent de larges pièces d'étoffe qu'ils attachent au moyen d'une épingle, car ils ne font pas usage de coutures. Les vêtements des femmes sont comme un suaire : elles y entrent par un trou qui est la seule ouverture. Elles font usage de deux ou trois pièces d'étoffe. Toutes laissent croître leurs cheveux et marchent pieds nus.

Les Japonais possèdent des livres chinois, tels que les cinq *King*, les œuvres de Peh-lo-tien [2], etc. Tout cela provient de la Chine.

Ce qui est propre à leur contrée, ce sont les cinq espèces de fruits et un peu de blé. Pour commercer, ils font usage de monnaies de cuivre sur lesquelles ils met-

les Tang, le Tché-kiang, le sud du Kiang-nan et le sud du Fouh-kien. Le regrettable Éd. Biot l'écrit à tort Hoeï-ki. (Voy. *Kang-hi Tsze-tien*).

1. On pourrait induire de ce passage que la notice de *Tchu-fan tchi* a été rédigée sur des documents recueillis quelques années avant la fondation de la dynastie des Soung (960-1260 de notre ère), car le règne du soixante et unième mikado ou empereur du Japon *Syou-zyak* ne remonte qu'à l'année 931 de notre ère.

2. Poète célèbre de la dynastie des Tang.

tent les caractères *kien-wen ta-pao*. Ils possèdent des buffles, des ânes, des moutons, des rhinocéros, des éléphants, etc.

Ils ont, outre de l'or et de l'argent, de fines étoffes, des tissus à fleurs. Il croît, dans leur pays, des pins et des *lo-mouh* qui s'élèvent à une hauteur de cent quarante à cent cinquante pieds et mesurent un diamètre d'environ quatre pieds. Les indigènes les taillent en planches et les transportent dans de grands navires à Ou-tsiouen pour les vendre. Les hommes de Tsiouen vont rarement au Japon.

Les Japonais ont deux sortes d'instruments de musique, des instruments chinois et des instruments coréens, des sabres, des boucliers, des arcs et des flèches dont ils font les pointes en fer, mais qui ne vont pas loin quand ils tirent, parce que dans ce pays on n'étudie pas l'art de combattre. Ils élèvent de grandes maisons, dans lesquelles le père et la mère, le frère aîné et le frère cadet couchent dans des chambres différentes. Ils se servent d'écuelles [1] pour boire et pour manger.

Lors de leurs mariages, ils ne font pas usage de présents de noces; à leurs funérailles il n'y a pas de double cercueil. Ils élèvent un monticule de terre et en font un tombeau. Dans la première période des obsèques, ils poussent des cris, versent des larmes et ne mangent pas de viande. Une fois les funérailles terminées, toute la famille entre dans l'eau et se lave le corps, afin d'écarter les mauvais présages. Lorsqu'ils veulent faire une grande entreprise, ils brûlent des ossements pour observer les pronostics fastes ou néfastes.

---

1. En chinois : *tsou-teou* « vases pour les sacrifices ».

Ils ne connaissent pas bien les quatre saisons, et comptent les années d'après le nombre des récoltes qui se font en automne.

Les hommes vivent très vieux et atteignent généralement de quatre-vingt à quatre-vingt-dix ans. Leurs femmes ne sont ni débauchées ni jalouses. Ils n'aiment pas les procès. Quant à ce qui concerne la pénalité, lorsqu'il s'agit d'un grand crime, la famille du coupable est anéantie ; lorsqu'il s'agit d'un délit moins grave, on confisque la femme et les enfants. Ils payent le tribut en or et en argent. L'or se tire de Youeh-tcheou, qui est situé à l'est de ce pays.

Depuis la dynastie des Han postérieurs [1], le Japon a entretenu des relations avec la Chine. Sous les Wei [2], les Tsin [3], les Soung [4], les Soui [5] et les Tang [6], il a envoyé des ambassadeurs apporter le tribut à la cour.

Sous la dynastie actuelle, la première année de la période *Young-hi* [7], un bonze Japonais nommé *Tao-jen* [8] se rendit par mer avec cinq ou six disciples

1. De 947 à 949 de notre ère.
2. De 221 à 265 de notre ère.
3. De 265 à 420 de notre ère.
4. De 420 à 479 de notre ère.
5. De 581 à 618 de notre ère.
6. De 618 à 907 de notre ère.
7. La première année de la période *Young-hi* répond à l'an 984 de notre ère, sous le règne de l'empereur *Taï-tsoung*, de la dynastie des *Soung*.
8. *Tao-jén*, en sinico-japonais *Téô-nen*, moine du mont *Yeï-san*, appartenait à la famille des *Foudzi-wara*. Après avoir habité cinq ans la Chine, où il reçut le plus grand accueil de l'empereur Taï-tsoung, il revint au Japon en l'an 987 et y apporta plusieurs ouvrages chinois, notamment le *Hiao-king* ou « Livre de la Piété filiale ». Il mourut en 1016 et reçut le titre posthume de Kô-zi daï-si.

dans notre pays et y apporta en présent des vases de
cuivre d'une rare perfection. L'empereur Taï-tsoung le
reçut en audience et lui donna pour résidence la Pagode
Taï-ping hing koueh-sze (litt. « la Pagode du pays où
abonde la Grande paix »); il lui fit en outre présent d'un
vêtement violet et le combla de faveurs. Il apprit de lui
que les souverains du Japon formaient une seule lignée
de descendants [1], que les mandarins eux-mêmes se
succédaient de père en fils. C'est pourquoi l'empereur
poussa un soupir et, s'adressant à son ministre *Soung-ki*,
surnommé *Li-fang*, lui dit : « Chez les barbares de ces
îles, le pouvoir se perpétue indéfiniment et les ma-
gistrats, par ce principe d'hérédité, se succèdent sans
interruption. N'est-ce pas la doctrine de l'antiquité ? ».

C'est ainsi que les barbares d'une île ont causé de
l'émotion à l'empereur Taï-tsoung. Ne seraient-ils pas,
par hasard, les descendants de ces barbares dont Taï-
pch [2] changea jadis les mœurs à l'aide des institutions
de la Chine ?

1. En effet les *mikado* ou souverains et pontifes du Japon ne
forment qu'une seule et même famille de princes, qui sont
tous sensés descendre de *Zin-mou Ten-'au*, fondateur de l'empire au VIIe siècle avant notre ère. En fait de dynasties, les
Japonais n'en reconnaissent que trois successives, les deux
premières fabuleuses, et la troisième celle des *Nin-'au* ou
« Souverains humains » qui règne encore de nos jours, sinon
de fait, au moins nominalement à Myako, capitale de l'Archipel.
(La présente notice a été publiée pour la première fois dans le
Journal Asiatique de 1861; depuis cette époque, comme l'on sait,
les rênes du gouvernement ont été remises d'une façon effective
entre les mains des mikados).

2. *Tai-pch*, oncle du vertueux et célèbre *Wen-wang*, et fils
aîné de *Kou-koung,* abandonna la Cour, à la mort de ce prince,
pour ne pas causer d'embarras à son père qui paraissait désirer
pour successeur son jeune frère *Ki-lih*. Il se retira alors chez

AUTRE NOTICE

La géographie chinoise *Ti-tou-tsoung yao*[1] confirme
ainsi qu'il suit une partie des données que renferme la
notice précédente :

Le Japon, ancien royaume des *Wo-nou*, est gouverné
par une dynastie de souverains héréditaires. L'empire
se compose de cinq territoires impériaux, de sept provinces et d'environ une centaine de pays tributaires.
Les empereurs de la Chine, des dynasties, des Han, des
Tang et des Soung, ont reçu leur tribut. L'empereur
Chi-tsou[2], de la dynastie des Youèn, les invita à venir
lui rendre hommage, mais il ne put y réussir. Sous la
dynastie actuelle[3], au commencement de la période
Houng-wou (1368-1398), ils ont envoyé une ambassade
à la cour[4] apporter le tribut. Dans la période *Young-
loh* (1403-1414), ils reçurent des lettres d'investiture[5].

les King-man, au sud du fleuve Kiang, dans la province du
Kiang-nan. Rappelé bientôt par Ki-lih pour régner sur le pays
de Tcheou, conformément à la dernière volonté de Kou-kong,
il s'y rendit pour assister aux obsèques, mais refusa de prendre
en main les rênes du gouvernement, insistant sur ce que Ki-lih
était celui que son père avait réellement souhaité pour héritier.
Il s'en retourna donc chez les King-man, où il répandit les
doctrines des anciens sages et fonda le royaume de Ou, en 1229
avant notre ère.

1. Section des Peuples étrangers, p. 201.

2. Régnait de 1264 à 1265 de notre ère.

3. La dynastie des *Ming* (1368-1616).

4. Cette ambassade, à la tête de laquelle se trouvaient deux
bonzes nommés *Tyou-sin* et *Beŏ-sa*, quitta le Japon la 1re année
de l'ère *Wo-an*, 16e année du règne du mikado Kwô-gon II
(1368 de notre ère).

5. Le 11e mois de la 10e année de l'ère *Wŏ-yéi* (1403), sous
le règne du mikado *Ko-mats* II, l'empereur de Chine *Tching-*

Mœurs. — Ils se tracent des figures noires sur la face, se tatouent le corps, laissent flotter leurs cheveux et marchent nu-pieds. Ils ne prennent pas de femmes du même nom de famille que le leur. Dans la période du deuil, ils s'abstiennent de vin et de viande. Ils croient aux sorciers, aiment le théâtre, prisent hautement les lettres et les livres; ils pratiquent le bouddhisme. Pour commercer, ils font usage de monnaies de cuivre qui portent pour inscription les caractères *kien-wen-ta-pao*.

Productions. — Les produits du Japon sont: de l'ambre, du cristal (de trois couleurs, du vert, du rouge et du blanc), des perles blanches, du jade vert, des *tala*[1], de fines soieries, des pierres à broyer l'encre, des huîtres, des ornements d'écaille, des éventails, de l'étoffe à fleurs et du vernis.

KA-I, LES YÉZO[2]

Le pays des Yézo, forme une île située au nord-est du Nippon (la principale île de l'archipel Japonais). La carte de cette contrée se trouve dans la section intitulée *Tsien-ti-li-pou*.

On lit dans le *Nihon Ghi* (Histoire du Japon), à la fin

tsou Hoang-ti envoya au Japon un ambassadeur avec des lettrés pour notifier son avénement au trône. L'année suivante (1404), il vint une nouvelle ambassade chinoise. On cite encore, sous la période *Young-loh*, un ambassadeur envoyé par la Cour de Chine qui se nommait *Liu-youen*.

1. Borassus flabelliformis, Linn.

2. *Wa Kan San-saï dzou-yé* (grande Encyclopédie Japonaise), section des Peuples Étrangers, liv. XIII, p. 22 et sv.

du règne du mikado Kéi-ko Ten-'au (de 71 à 130 de notre ère)[1] :

« Au milieu du territoire des Barbares orientaux se trouve le pays de *Hi-taka-mi* (en chinois, *Ji-kao-kien*). Le peuple de ce pays, hommes et femmes, forme des nœuds avec ses cheveux et se trace des signes sur le corps. Les habitants sont robustes et courageux. On dit généralement que le sol des Yézo est fertile et étendu. Les hommes vivent pêle-mêle avec les femmes, sans qu'il y ait de distinction entre le père et le fils. L'hiver, ils habitent dans des cavernes ; l'été, ils demeurent dans des cabanes. Ils ont des peaux pour vêtements et boivent du sang. Les frères aînés et les frères cadets doutent mutuellement les uns des autres. Ils grimpent sur les montagnes comme des oiseaux et marchent dans les herbes comme des bêtes sauvages. S'ils reçoivent des bienfaits, ils les oublient aussitôt. S'ils éprouvent une injustice, ils ne manquent pas d'en tirer vengeance. Aussi cachent-ils une flèche dans leur chevelure et un poignard dans leurs vêtements. »

YÉZO-SIMA, L'ÎLE DE YÉZO [2]

Yézo, en chinois *Hia-i* « les Barbares à crevettes » ou *Hoeh-fouh*, a également les noms de *Atsouma yébisou*,

---

1. Ce règne fut en partie occupé par les révoltes des Yézo et des diverses tribus désignées sous le nom de *Yébisou* « sauvages » que les mikados cherchaient à refouler vers le nord ou à anéantir. C'est à la même époque que parut le fameux prince *Yamato-také*, dont les exploits contre ces autochthones du Nippon sont très vantés par les historiens japonais.

2. *Wa Kan San-saï dzou-yé* (Encyclopédie Japonaise), Section Géographique, livr. LXIV, p. 12.

en chinois *Toung-i* [1], « les Barbares orientaux » ; *Hi-taka-mi*, en chinois *Jih-kao-kien koueh* ; *Mau-zin kok'* », en chinois *Mao-jin koueh* « le Pays des hommes velus [2] ».

Yézo est situé au nord du Nippon (la principale île de l'archipel Japonais) ; c'est une île. Cette terre est longue du sud au nord. De ce dernier côté, elle avoisine le pays des *Tattan* « les Tatars ou Tartares. » Du côté de l'est, il y a l'Océan. Les montagnes y sont en grand nombre et tellement raboteuses qu'on ne peut pas voyager par terre.

Il y a un grand fleuve nommé *Isi-kari gawa* [3], dont

AÏNO DE L'INTÉRIEUR DU PAYS

les eaux abondantes courent sur les rochers. On ne peut pas traverser ce fleuve à gué, ni le remonter dans

1. Il règne parfois une certaine incertitude sur le peuple désigné sous le nom *Toung-i*. Morrison en fait le nom primitif de la Corée. Dans les ouvrages japonais, cette expression ne paraît pas présenter de doute. D'ailleurs l'encyclopédie *Kin-mô dzou-ï* dit en propres termes que « les Barbares de l'Est sont les habitants de l'île de Yézo (*Tô-i va Yézo bito nari*) ».

2. Le *Syo-gen-zi kau* donne également comme synonyme de Yézo le mot *Yémisi*, et l'encyclopédie *Kin-mô dzou-ï* (liv. VI, p. 26) cite les Aïnos de cette île sous le synonyme de *Higasi yébisou*.

3. Ce fleuve, qui baigne la plus grande partie de la région occidentale de Yézo, prend sa source dans les montagnes du nord de l'île et se jette dans le golfe de Strogonov,

une embarcation ; de là vient qu'on ne sait pas encore
à combien de milles (*ri*) est sa source.

Au sud de cette île, sur la mer, se trouve le port de
Mots-mayé ; c'est là que réside le gouverneur japonais
de Yézo.

Dans ce pays, il n'y a pas de riz, de céréales, de sel, ni
de soie. On ne fait usage ni d'or, ni d'argent, ni de
monnaies. Les habitants ignorent l'art d'écrire [1].

Les productions de Yézo sont : des peaux de cerf,
d'ours et de loutre de mer [2], des doris sèches [3], des
chiens de mer [4], des saumons [5], des harengs et du
caviar [6], des éponges, des espèces d'huitres [7], etc.

Distances. — De Mats-mayé à Tsougar, on compte
par mer quinze milles japonais (*ri*) ;

De Mats-mayé à Nottoro, on compte quatre cent
quatre-vingt milles ;

De Mats-mayé à Sôya [8], on compte trois cent quatre-
vingt milles ;

1. Les Japonais ont imaginé d'appliquer leur écriture à la
langue aïno et ont écrit quelques textes de cet idiome avec les
signes de leur syllabaire, mais il ne parait pas que les indigènes
de Yézo aient encore songé à écrire leur langage.

2. Enydris marina, en japonais : *rakko ;* en aïno : *outa, kakoura
outa* et *yéri*.

3. En japonais, *iri-ko*. C'est une espèce de doris ou holothu-
rie, appelée par les Hollandais *kaffer kull*.

4. En japonais, *ottoséi* et en aïno, *ounéo*. — Le mâle est
appelé par les Yézo *onnep* et la femelle *howomatsoup*.

5. Salmo lagocephalus. En japonais, *saké* ; en aïno, *sibé*.

6. En chinois, *toung*. C'est une espèce de petit hareng, dont
le caviar (*kasouno-ko*) est très recherché.

7. Heliotis japonica. En japonais, *avabi* ; en aïno, *aïbé*. Cette
espèce d'huitre, que les Hollandais appellent *klipzuyer,* passe
pour avoir été la principale nourriture des premiers habitants
du Nippon. A ce titre, elle figure encore dans tous les diners de
cérémonie.

8. *Sôya* est le poste japonais le plus avancé au nord de Yézo.

De Soya à Karafto, on compte quarantre-trois milles.

Une autre section de *Wa Kan San-saï dzou-yé* nous fournit la liste suivante des produits provenant de Mats-mayé, capitale de l'île de Yézo :

Les produits de Mats-mayé sont : des faucons[1], des cigognes[2], des mava[3], des saumons séchés[4], des baleines[5], des éponges, des peaux de loutres de mer, d'ours et de cerfs[6], des phoques, des saumons[7], des veaux-marins[8], des loutres[9], des ours de mer[10], du sable d'or[11], de l'aimant[12], etc.

1. En japonais, *taka* (falco communis).

2. En japonais, *tsourou*.

3. En japonais, *ma-va*.

4. M. Gochkiévitch, explique le mot *kara-zaké* dont il est fait usage ici, par *souchenaïa ruiba ize roda semgi* « poisson séché du genre saumon ».

5. En japonais, *ka-do* ; en aïno, *founbéi*.

6. En japonais, *koudzira*. L'auteur a écrit à tort *koudzité*.

7. Otaria ursina. En japonais, *asarasi* ; en aïno, *toukari*. Le vocabulaire aïno-japonais *Ka-ï Hau-gon* cite un assez grand nombre de noms de diverses espèces ou variétés de phoques.

8. En japonais, *to-do*. — Cet animal habite la mer de Mats-mayé. Tant par son extérieur que par son goût, il ressemble au chien de mer, mais il est plus grand ; il aime à fermer les yeux et s'endort toujours à la surface de l'eau, ce qui est surprenant. L'espèce que les *Hon-zau* appellent *kaï-lar* ne serait-elle pas la même espèce ? Dans le cas affirmatif, le *kaïlar*, le *wottot*, l'*amo-sitsouyéi* et le *todo*, représentaient quatre variétés de la même espèce, bien que distinctes entre elles. (*Wa Kan San-saï dzou-yé*, livre XXXVIII, p. 31).

9. En japonais, *nétsoupou*. Cette espèce de loutre se trouve dans la mer de Yézo et mesure 4 à 5 coudées (*tchih*) ; sa couleur est noire.

10. En japonais, *amositsouyéi*, espèce de phoque. On désigne en aïno, sous le nom de *amoussiyé*, une sorte d'amphibie qu'on a identifiée au chinois *choui-pao* « léopard aquatique ».

11. En japonais, *souna-kané*.

12. En japonais, *si-syak*.

LIEOU-KIEOU-KOUEH. — LE ROYAUME DE LOU-TCHOU [1]

Le royaume de Lou-tchou est situé à l'est du pays actuel de *Tsiouen-tcheou* [2]. En barque, l'on s'y rend en cinq ou six jours. Le nom de famille du roi est *Houan-sse* [3]. Les indigènes l'appellent *Ko-lao*. Sa résidence se nomme *Po-lo-tan* [4]. Elle est entourée d'arbres, de fossés et de palissades, et baignée d'eau courante. On y a planté des arbustes épineux pour servir de bornes. Sur les murailles qui la circonscrivent, on a sculpté des animaux.

Les hommes et les femmes s'attachent les cheveux avec des cordes de soie blanche, de manière à former un chignon sur le derrière de la tête. Ils se font des vêtements moitié soie et moitié laine, dont la coupe est très variée. Ils tressent le lin pour s'en faire des chapeaux qu'ils ornent ensuite de plumes.

Les soldats ont des sabres et un petit nombre d'arcs, de flèches, de poignards, de tambours, etc. Ils emploient des peaux d'ours ou de léopard pour se faire des cuirasses. Ils gravent des figures d'animaux sur leurs chars et les font accompagner tout au plus par une dizaine

1. *Tchu-fan tchi*, Section des Peuples étrangers, p. 38 (Recueil *Han-haï*).
2. Dans la province chinoise du Fouh-kien.
3. Je crois que ce nom est une altération du mot *an-zi* qui désignait la classe noble et princière qui s'empara de la souveraineté des îles Loutchou au XIIe siècle; ou bien il faut y voir le nom du prince héréditaire *Wau-si* (Voy. *Wa Kan San-saï dzou-yé*, livr. XIII, p. 22).
4. On lit dans la grande Encyclopédie Japonaise : « Le royaume de Lou-tchou forme une île située au sud-est de la province (chinoise) de *Fouh-kien*, et au sud-ouest de la province (japonaise) de *Satsouma*. Sa capitale s'appelle *Nafa* (livr. LXIV, p. 10).

d'hommes[1]. Ils ne payent pas d'impôts ordinairement, mais lorsqu'une guerre vient à éclater, ils lèvent une taxe générale, sans connaître de mesure. Les différentes périodes lunaires leur servent à la supputation des temps.

Le père et le fils se couchent et dorment dans le même lit. Ils font évaporer au soleil l'eau de la mer pour en obtenir du sel et font fermenter le levain du riz pour fabriquer le vin. S'il arrive qu'ils se procurent des mêts extraordinaires, ils les offrent tout d'abord aux personnes honorables. Parmi les viandes du pays, il y a celles de l'ours et du loup. On rencontre généralement chez eux beaucoup de porcs et de volaille, mais on n'y trouve pas de bœufs, de moutons, d'ânes, ni de chevaux.

Le sol y est fertile. Les indigènes commencent par brûler les herbes et amener de l'eau ; puis, après avoir houé le terrain à une profondeur de quelques pouces, ils le mettent en culture. Ils n'ont pas de produits extraordinaires. Ils s'adonnent au meurtre et au brigandage ; aussi les marchands (étrangers) ne viennent-ils pas dans leur pays.

Les produits de la contrée sont : la cire jaune, l'or natif, le poil de buffle, la chair de léopard. On va les vendre dans les Trois îles (*San-yu*). A côté de là, se trouvent les pays de *Pi-ché-yé*, de *Tan-ma-yen*[2] et d'autres états.

1. Suivant le *Li Ki* (Livre sacré des Rites), un char de guerre était monté par trois hommes (l'officier, son écuyer et le conducteur) et accompagné d'une escorte de quatre-vingt-dix-sept fantassins partagés en deux corps : le premier de vingt-sept hommes placés sur les côtés et ayant pour mission de faciliter la marche, le second de soixante-dix voltigeurs servant d'arrière-garde.

2. Pays dont la position m'est inconnue.

AUTRE NOTICE [1]

Dans ce pays, il y trois rois [2]. On appelle le premier *Tchoung-chan wang* « le roi de la montagne du milieu », le second *Chan-nan wang* « le roi du midi de la

LE ROI DU TCHOUANG-CHAN
ET SA SUITE.

montagne », le troisième *Chan-peh wang* « le roi du nord de la montagne ». Sous les Han, les Tang et les Soung, ils n'ont pas eu de rapports avec la Chine. Sous la dynastie actuelle [3], au commencement de la période *Houng-wou* (1368-1398). Ces trois rois envoyèrent une ambassade pour apporter le tribut à la cour de Chine. Plus tard, le roi de la Montagne du Milieu se rendit à la Cour et permit au prince royal et à deux

1. *Ti-tou tsoung-yao*, Section des Peuples étrangers, p. 202.

2. Les historiens chinois placent vingt-cinq règnes de princes avant l'année 1190, mais le nom du premier, *Tien-chun*, a seul été conservé. A la date que nous venons de citer, une nouvelle dynastie fut fondée par *Sun-tien*, et, après trois générations, la dynastie primitive fut restaurée dans la personne de *Ing-tsou*, descendant de *Tien-tsun*. Plus tard, à l'époque de *Chang-pa-ti*, il se forma les trois royaumes dont parle le *Ti-tou tsoung-yao*. Le roi de la Montagne du Milieu finit par assujettir les deux autres et devint ainsi monarque des îles Loutchou.

3. C'est-à-dire la dynastie des *Ming* (1368 à 1616).

mandarins de faire le voyage de Chine pour aller apprendre la Grande étude (*Ta-hioh*).

MŒURS. — Ils s'enlèvent les moustaches et la barbe, et se tracent des figures noires sur les mains. Leurs bonnets sont couverts de plumes et leurs habits garnis de poils. Ils s'adonnent au brigandage et au meurtre; ils font des des sacrifices aux Génies; ils ne payent point d'impôts, ne connaissent pas les différentes périodes lunaires et comptent l'année par le temps où les plantes fleurissent et par l'époque où elles se dessèchent. Au bas de la muraille de l'endroit où habite le roi, on a déposé une grande quantité de crânes comme ornement.

ILES. — L'île de *Kao-hoa yu*. Les Soui[1] envoyèrent un général du titre de *wou-pen*, nommé *Tchin-leng*, à la tête d'un corps d'armée. Il s'empara de quelques centaines d'habitants tant hommes que femmes, et s'en revint en Chine.

2°. L'île de *Poung-hou tao*. Elle est située près des frontières des quatre divisions territoriales de la province de Fouh-kien : *Fouh-tcheou*, *Tsiouen-tcheou Hing-hoa* et *Tchang-tcheou*. L'atmosphère y est pure et claire ; cependant vue de loin, cette île parait obscurcie de fumée et de brouillards.

PRODUCTIONS

L'arbre *leou-leou chu*[2], qui ressemble à l'arbre

---

1. La dynastie des *Soui* dura de 581 à 618 de notre ère.
2. Arbre non identifié.

kuh[1] et possède un feuillage épais ; le parfum de *souh*[2].

1. Espèce de citronnier.
2. Substance non identifiée.

XV

LA POÉSIE POPULAIRE

chez les Japonais

Le Japon et la Chine ne sont pas précisément situés à nos antipodes ; mais, dans ces lointaines régions où le Soleil se lève, la manière de comprendre les choses est souvent, fort souvent, au contre-pied de ce qui se passe dans les pays où le Soleil se couche. Tout en un mot, ou presque tout, est là-bas différent de ce que l'on voit chez nous. Un poëte de Satsouma[1], qui a joué un grand rôle dans la révolution japonaise de 1868, ayant visité l'Europe quelques années auparavant, écrivit sur un album le distique qui suit :

« L'aspect de cette capitale (Paris) est à mes yeux des plus extraordinaires : la lune seule y est semblable à celle qu'on contemple au Japon[2] ».

Quoiqu'il en soit de cette boutade et de ce que je viens de dire en commençant, il ne me paraît pas inutile

1. Le Dʳ Mats-ki Kô-an (appelé depuis lors Téra-zima Mouné-nori.

2. On trouve le fac-similé autographe de cette petite pièce dans mon *Recueil de textes Japonais*, Paris, 1863, p. 151. — C'est le même lettré qui a dit de l'art de Daguerre : « La Photographie est une peinture du Créateur dont le pinceau est la lumière ». (Voy. mon *Anthologie japonaise*, p. 111).

de rectifier une erreur encore très répandue chez nous, suivant laquelle les Japonais et les Chinois sont des êtres pétris de la même fécule et faisant sans cesse usage du même genre de lunettes.

En Chine, — à moi les féministes ! — la femme passe avant l'homme, comme les chevaux passent avant les cochers. C'est ainsi qu'en chinois on dit toujours *yin* et *yang* « femelle et mâle » et jamais, comme dans les contrées d'Europe où vivent les Barbares à Cheveux Rouges, « mâle et femelle ». Au Japon, on a décidé naguère que l'homme devait avoir le pas sur la femme. Il en était d'ailleurs ainsi au temps jadis, dans ce charmant pays, et à l'époque où apparut le Sintauïsme, mal en advenait à la femme qui, à la rencontre d'un homme, se permettait d'ouvrir la bouche la première. L'Ève de l'ancien Japon, pour avoir commis une fois cette grosse inconvenance, donna le jour à une sangsue, alors qu'une autre fois, où elle avait parlé la seconde, elle enfanta ni plus ni moins le Soleil. Il faudrait peut-être dire « la Soleil », car l'astre lumineux du Jour, dans les îles de l'Extrême-Orient, est une demoiselle, alors que l'astre argenté de la Nuit y est simplement un garçon.

Je ne me propose pas, dans cette courte note, d'énumérer les divergences qui existent à cet égard entre les points de vue agréables aux Japonais et ceux qui plaisent aux Chinois ou à nous autres Occidentaux. Je n'ai pris la plume que pour faire mention de quelques-unes des idées qu'ils professent en matière de poésie. Ayant gardé le souvenir de quelques heures d'entretien que j'ai eus jadis, au sujet de la littérature japonaise, avec deux des

plus grands poëtes français du siècle défunt, je demande,
si je commets tout à l'heure des plagiats d'appréciations,
le bénéfice des circonstances atténuantes comme salaire
de mon humble aveu.

*
* *

La qualité que les habitants du Yamato estiment le
plus chez leurs versificateurs, c'est celle que, nous
aussi, nous apprécions beaucoup chez les gens qui
discourent d'une manière quelconque, à savoir la
brièveté. Si les Japonais abusent outre mesure des formules de politesse depuis le commencement jusqu'à la
fin de leurs lettres officielles ou mêmes intimes[1], je
m'empresse de reconnaître qu'ils auraient horreur d'une
pièce de vers où on leur réciterait « tout Cyrus » dans

1. Dans le style épistolaire des Japonais, on fait un usage
immodéré de particules de courtoisie, d'où il résulte que, dans
beaucoup de leurs lettres, il y a plus de la moitié des phrases
qui, en somme, ne signifient rien du tout. Ceci dit sans faire
allusion aux épithètes et formules de politesse qui laissent fort
derrière elles les lieux communs mis en usage dans nos
contrées par les beaux esprits de l'avant dernier siècle et dont
nous n'avons pas encore su nous débarrasser aujourd'hui.

La fin d'une lettre Japonaise est conçue dans des termes dont
on pourrait donner une idée de la manière suivante : « *Daignez
m'obtempérer l'inappréciable privilège de vous abaisser assez bas pour
m'accorder avec votre haute bienveillance l'insigne honneur de gra-
tifier votre stupide servant de la gracieuse et excellente permission
de m'obtenir de votre haute bonté la faveur de me rendre digne
d'élever humblement jusqu'à vous le modeste hommage de mon profond et ineffaçable respect, en me courbant timidement incliné jusque
dans la poussière du sol que foule les nobles pieds de votre auguste
personne* ». (Voy. ma notice sur les différents genres d'écriture
employés par les Japonais dans les *Nouveaux Mélanges Orientaux*
publiés par les professeurs de l'Ecole spéciale des Langues
Orientales à l'occasion de la Session de Vienne du Congrès
international des Orientalistes, Paris, p. 583).

de longs compliments. Voilà pourquoi, sur le sol volcano-poétique du Fouzi-yama, on ne prise rien tant que les *outa* ou distiques composés de 31 syllabes. C'est dans ce genre de poésies qu'ont excellé les écrivains le plus en faveur au Nippon, notamment ceux qui ont obtenu par la voix populaire l'honneur de prendre place sur la liste des *Hyak'-nin*, c'est-à-dire des « Cent hommes », titre dont ils sont affublés dans la fameuse anthologie qui porte le titre de *Hyak'-nin is-syou*[1]. Or du moment où pour composer un outa il est interdit à l'auteur de faire usage de plus de trente-et-une syllabes, il est évident qu'il aura bon gré mal gré le mérite d'être court ; mais ce mérite ne suffit pas et il en est d'autres dont il doit en outre donner des preuves et qui ne sont peut-être pas de nature à déplaire aux adeptes du Parnasse européen.

*
* *

Chez presque tous les peuples, la poésie est un genre de musique : la cadence, les pauses, les césures obligatoires, la rythmaille et les rimes y jouent un rôle à peu près indispensable. Chez les Japonais, au contraire, la poésie est presque exclusivement un cri de l'âme, ce qui ne l'empêche pas d'être souvent aussi l'écho d'une grande idée.

Cette idée, le poëte doit en provoquer l'éclosion sans en fournir précisément la formule. En d'autres termes,

---

1. Prière de ne pas traduire ce titre, comme l'a fait un célèbre sinologue anglais pour le Catalogue du British Museum, par *One head for a hundred men* (!), mais simplement par (Recueil renfermant une pièce de vers (de chacun) des Cent poëtes (célèbres) du Japon.

sa mission consiste à faire entrevoir une pensée qu'il
dissimule intentionnellement sous quelques paroles
simples et en apparence insignifiantes. C'est d'ailleurs
ce qu'enseigne le distique suivant :

Ne sait-on pas qu'il existe une pensée inépuisable
Telle que le ruisseau qui coule l'été dans les champs caché sous
[les hautes herbes [1] ?

Un outa célèbre, qu'on attribue à l'empereur Ten-
dzi [2], semble à la première lecture fort banal et à peu
près insignifiant. En voici la traduction :

En automne, pendant la moisson, la natte qui couvre ma
cabane est en mauvais état ; mes vêtements sont mouillés par
la rosée [3].

Eh bien ! pour un Japonais, ce distique exprime une
haute idée sociale : le paysan qui, en consacrant sa vie
à l'agriculture, nourrit le peuple, est pauvre et exposé
à la souffrance ; le devoir du prince est donc de ne
jamais oublier ses mérites et ses droits.

A l'honneur des insulaires de l'Extrême-Orient, j'a-
jouterai ici une autre pensée d'un de leurs poëtes,
suivant laquelle la fortune d'un pays [4] dépend de la
pratique simultanée par tous ses habitants de la culture des choses matérielles et de la culture des choses
intellectuelles. C'est à peine si l'Europe, fière de ses
progrès matériels et qui ne voit que des sauvages ou
des barbares en dehors de ses limites territoriales,

---

1. Composé par Yatsouda Tomo-iyé (Voy. *Ghi-rets' Hyak'-nin
is-syou*, pièce III).
2. Cet empereur a régné de 662 à 672 de notre ère.
3. *Hyak'-nin is-syou,* pièce I.
4. En japonais : *tsyau-hau.*

commence à comprendre l'importance d'une telle pensée pour l'avenir du genre humain.

Le même système de sous-entendus en matière de poésie permet parfois de produire des allusions aussi aimables que gracieuses. Un jour, par exemple, où une troupe de jeunes filles avait été conviée à une fête et qu'au vif regret des assistants l'heure trop rapide du départ allait sonner, un poëte composa le distique suivant :

O brise céleste, ferme par ton souffle les éclaircies des nuages, afin que la beauté des jeunes vierges demeure encore quelque temps parmi nous [1].

Pour un Japonais, habitué à lire entre les lignes des outa, le doute n'est pas possible : les jeunes filles présentes à la fête sont bien autre chose que de gracieuses personnes. Puisque le seul moyen de les empêcher de revenir chez elles consiste à fermer les éclaircies des nuages, il va de soi que leur résidence n'est pas sur la terre : ce sont donc, ni plus ni moins, des déesses !

*
**

Une autre particularité caractéristique des outa du Nippon se remarque dans la note triste qui y domine souvent. En présence des misères du monde, le poëte, sans cesse désillusionné, ne trouve d'autre moyen pour soulager sa souffrance que de prendre le pinceau et de couvrir de noirs caractères une fragile feuille de papier :

Chaque fois que je me sens plus capable de contenir les

1. *Hyak'-nin is-syou,* pièce XII ; (dans mon *Anthologie japonaise,* p. 46.)

pensées (qui m'oppressent), mon désespoir se traduit par une trace écrite [1].

Un vieillard, qui se souvient tristement des jours de sa jeunesse évanouie, évoque la pensée du coucou dont le chant venait jadis accompagner les accès de son amoureux délire :

O coucou, encore un cri pour me rappeler, dans la forêt de ma vieillesse, l'heure de minuit d'autrefois [2] !

L'heure de minuit, c'est........ l'heure des amours : mais l'heure de minuit d'autrefois, où il pouvait décharger le trop plein de son âme, est déjà bien lointaine et il ne lui reste plus d'autre soulagement que de verser des larmes :

J'aurais cru qu'il n'y avait que l'herbage qui soit humecté en automne par la rosée, si la manche de mon vêtement n'était pas trempée par mes larmes [3].

Il n'y a pas jusqu'à la Lune qui ne lui cause des pleurs :

Le souvenir des rêves que j'avais autrefois, durant des nuits sans sommeil [4] fait aujourd'hui couler mes pleurs à la seule contemplation de la lune [5].

Sa suprême espérance, le poëte la place dans sa fin prochaine :

« A la nuit tombante, semblable à la rosée des champs qui est transparente comme des pierreries, je disparaîtrai préma-

---

1. *Ghi-rets' Hyak'-nin is-syou*, pièce XXIX.
2. *Même recueil*, pièce II.
3. *Même recueil*, pièce XVII.
4. C'est-à-dire « pendant des nuits d'amour ».
5. La Lune, protectrice des amoureux, fait jaillir la rosée. (*Ghi-rets' Hyak'nin is-syou*, pièce XVI).

turément, tel que la fleur du Lespédeza d'automne au premier
souffle du vent[1].

*
* *

Ce que nous admirons sans doute assez peu dans les
outa japonais, ce sont les jeux de mots qui y pullulent
et descendent parfois au niveau de ce qu'on appelle
chez nous de vulgaires calembourgs. Il en est cependant quelques-uns qui ne sont absolument dépourvus
de charme, surtout si l'on tient compte des milieux
dans lesquels ils ont été composés.

Le mot *matsou*, par exemple, signifie tout à la fois
en japonais « sapin » et « attendre ». Il en résulte que
lorsqu'un jeune homme, et parfois une jeune fille,
adresse à une personne aimée un outa dans lequel il est
question de cet arbre, celui qui le reçoit est toujours
assez fort en botanique pour savoir en quoi consiste le
conifère en question.

A titre d'exemple, on me permettra de citer la pièce
suivante qui fait partie de l'Anthologie populaire des
Cent poëtes du Japon[2] :

Je vais me rendre à la montagne d'Inaba au sommet de
laquelle croissent les sapins ; si j'apprends que tu songes à ces
sapins c'est-à-dire : « si je sais que tu m'attends », j'accourerai
vers toi.

Le jeune prince qui a composé ce distique en rêvant

<hr>

1. *Ghi-rets' Hyak'-nin is-syou,* pièce VI.
2. *Même recueil,* pièce IX. — Ce genre de Jeux de mots rappelle celui qu'on a fait en français en mettant dans la bouche
d'une jeune femme à son mari dont elle portait l'image peinte
sur une broche : « Viens sur mon *sein-doux,* toi dont les traits
sont *là peints* ».

à sa bien-aimée dans un bois de sapin n'aurait pas
compris qu'elle tardât à le rejoindre, lui qui est *cyprès*.

Dans un autre distique, dont je trouve par hasard la
formule, le jeu de mots repose sur ce que *ha* signifie
tantôt en japonais « une dent », tantôt « une feuille
d'arbre », comme celles dont se servaient les antiques
sybilles, et par extension « une poésie ». Or un célèbre
brigand du Nippon, nommé *Kouma-saka Tsyau-hen*,
voulant transmettre aux temps futurs un souvenir en
vers de son terrible passage ici-bas, composa le distique
suivant :

Sur le pic de la montagne Taka-no yama, en dépit de la tempête menaçante, que mes vers (mes dents) rappellent ma mémoire à la postérité [1].

Bien que le commentateur japonais n'en fasse pas la
remarque, je crois apercevoir dans cette pièce de vers
un second jeu de mots. *Taka*, signifiant tout à la fois
« élevé » et « faucon », il en résulte le double sens
de « Haute Montagne » et de « Montagne des Faucons »
ou oiseaux de proie, ce qui est une autre allusion au
terrible métier de l'auteur du distique.

Ce goût pour les calembourgs, dans les outas japonais, persiste encore aujourd'hui au pays du Soleil-
Levant. J'en trouve la preuve dans un distique moderne où une jeune fille repousse les avances d'un
Américain et profite que, dans ce nom d'étranger, se
trouvent les syllabes *amé* qui signifient « la pluie » pour
lui adresser son refus dans les termes suivants :

La fleur de Valériane qui craint même la rosée ne consent

—————

1. *Ghi-rets' Hyka'-nin is-syou*, pièce ix.

pas (elle si jeune) à laisser mouiller ses pétales par un américain *pluvieux* [1].

Enfin, dans quelques pièces de poésie Japonaise, on fait usage de ce que j'appellerai « des jeux graphiques » ou « jeux de signes écrits ». Ces sortes d'amusements littéraires sont parfois très originaux, mais il est bien difficile de les faire comprendre aux personnes qui n'ont pas étudié l'écriture chinoise. J'essaierai cependant d'en donner un aperçu par un court exemple :

Une fleur de prunier nouvellement éclose, — ce qui veut dire une jolie fille, comme on l'a vu plus haut, — adresse à un beau jeune homme une invitation en vers que j'ai traduite dans mon *Anthologie japonaise* :

La première fleur de prunier de l'île de Kiou-siou,
Cette nuit pour vous Seigneur, s'ouvrira.
Si vous désirez pénétrer tous les charmes de cette fleur,
Venez, en vous dandinant sur les reflets de la lune, à l'heure
[de la troisième veille [2].

À l'époque où j'ai publié la traduction de cette pièce de vers, je ne connaissais pas la réponse que reçut une si gracieuse avance. Dans les vers que le beau garçon envoie à la « Fleur de prunier », il tient à lui déclarer que son invitation n'est rien moins que lui offrir « le Ciel », et qu'il suffit de mettre seulement une petite queue au-dessus du signe « Ciel » qu'il a tracé, pour qu'il soit écrit qu'il ambitionne de devenir son mari.

Une autre singularité de la poésie des Japonais con-

1. La valériane (*ominamési*), chez les Japonais, est une dénomination poétique des jolies femmes.
2. J'ai publié cette pièce de vers en 1871 dans mon *Anthologie Japonaise*, p. 167 et sv., avec la notation de la musique sur laquelle les indigènes ont l'habitude de la chanter.

siste dans l'usage de ce qu'ils appellent des « paroles-oreiller [1] », c'est-à-dire des paroles sur lesquelles on s'appuie pour préparer le lecteur à ce qu'on veut lui faire sous-entendre. Dans une pièce célèbre de l'Anthologie des Cent Poëtes, par exemple, l'auteur voulant exprimer combien lui semble longue une nuit solitaire, compare une telle nuit à la queue très longue du faisan qui habite les interminables chaînes des montagnes.....

* *

Dans les quelques lignes qui précèdent, je n'ai eu d'autre intention que de signaler plusieurs particularités originales des *outa*, ces distiques si en honneur jadis chez les insulaires de l'Extrême-Orient. Une étude développée sur ces outas et sur les autres genres de poésie japonaise, serait certainement une œuvre intéressante qui dévoilerait un des côtés les plus curieux de l'évolution intellectuelle d'un peuple sur lequel notre attention semble attirée chaque jour davantage. Cette étude serait également instructive en ce sens qu'elle nous montrerait une fois de plus l'extrême mobilité de l'esprit japonais et son étonnante faculté d'assimiliation des choses étrangères. Il est, en effet, facile de constater, à une époque toute récente, un changement presque radical qui s'est produit au sujet de la poésie chez les insulaires du Nippon. Jusqu'en 1868, a dit M. Hall-Chamberlain, un Japonais devait savoir écrire des vers s'il voulait être considéré comme un homme accompli. [2] — Rien ne paraissait alors plus indispensable

1. En japonais : *makoura kotoba* (Voy., à ce sujet, mon *Anthologie Japonaise*, p. 42).
2. *Things Japanese*, p. 273.

à apprendre aux enfants dans les écoles que les fameux *outa* dont j'ai dit quelques mots tout à l'heure [1] ; et, à partir de douze ans, une des occupations favorites de la jeunesse consistait en un jeu dans lequel un des joueurs prononçait au hasard le début d'un distique de l'Anthologie des Cent Poëtes que devait à l'instant même compléter celui à qui on lançait une carte pour l'inviter à donner une preuve de sa bonne mémoire [2].

Depuis la dernière révolution les sentiments des Japonais se sont modifiés encore une fois du tout au tout au sujet de l'art poétique et de l'opportunité de sa culture. Il me semble suffisant, pour faire connaître leur nouvelle manière de voir à cet égard, de citer l'opinion d'un indigène avec lequel je causais dernièrement du caractère actuel de la littérature au Japon. — « La poésie, me dit-il, est une occupation bonne tout au plus pour un cheval-cerf [3] ». Or cette singulière expression, fort en usage dans les îles du Soleil-Levant, est à peu près synonyme de notre mot « imbécile ».

C'est dire que les Japonais d'aujourd'hui sont fermement décidés à ne plus tenir grand compte de leurs poètes et surtout à ne pas être confondus avec ce que le fameux Tcheng Ki-toung appelait naguère les Chinois d'au-paravant.

---

1. Le *Hyak'-nin is-syou*, dit un auteur japonais est « le livre d'enseignement par exellence de la Jeunesse ; son mérite est inépuisable ! » (*Osanukiwo hadzimé amanékou osiyé to narité, sono isawo tsoukousi gataki o-ya !*).

2. N. Okosi, dans les *Transactions of the Japan Society*, de Londres, t. II, p. 5.

3. En japonais *ba-ka*.

XVI

DES DIFFÉRENTS GENRES D'ÉCRITURES

en usage chez les Japonais

La question de savoir qu'elle a été la plus ancienne écriture employée pour écrire la langue japonaise est loin d'être résolue d'une manière satisfaisante. On a publié au Japon un certain nombre d'ouvrages ayant pour but d'établir qu'avant l'introduction des caractères chinois on avait fait usage dans ce pays de divers genres de signes graphiques, parmi lesquels quelques-uns auraient été d'invention purement indigène. On a fait paraître en même temps des inscriptions écrites dans ces caractères et auxquelles on attribue une antiquité très reculée. Par malheur, ces documents n'ont pas vu le jour dans des conditions de nature à garantir leur authenticité et on a été jusqu'à accuser leurs éditeurs de les avoir purement et simplement inventés de toutes pièces. Le but de ces falsifications, ou plutôt de ces créations fantaisistes, aurait été de donner une sorte de relief aux ancêtres des Japonais actuels, en prouvant que, loin d'avoir vécu dans la barbarie jusqu'à l'arrivée des lettres chinoises dans leur pays, ils auraient possédé

et cultivé avant cette époque une littérature écrite. Nous
ne sommes pas à même d'apprécier en Europe la valeur
de ces critiques, mais elles paraissent en général assez
fondées, et nous devons agir avec une grande réserve
pour tout ce qui touche à la paléographie indigène du
Nippon.

Il ne faudrait cependant pas se laisser aller à un
scepticisme exagéré, par suite des fraudes commises
récemment dans le domaine de l'archéologie japonaise,
et conclure, du fait que quelques inscriptions publiées
ont été reconnues mensongères, que les insulaires du
Nippon n'ont jamais employé d'autre système graphique
que celui des Chinois. L'écriture d'origine coréenne dite
kan-na, dont se sont occupés plusieurs écrivains indigènes, n'est peut-être pas une écriture aussi imaginaire
qu'on a bien voulu le soutenir ; et il y a lieu de
penser qu'à l'époque où le bouddhisme a été introduit
au Japon (viᵉ siècle de notre ère), on a apporté dans cet
archipel non seulement les statues des saints de la
grande religion indienne, non seulement les livres
sacrés de cette doctrine traduits en chinois, mais encore
des textes en caractères sanscrits ou tout au moins des
inscriptions écrites avec des lettres dérivées de l'écriture
dite dêvanâgarî ou « écriture divine ». Des signes de
ce genre figurent, aussi bien en Chine qu'au Japon, sur
d'anciens monuments de la foi de Çâkya-mouni, et ils
ont été transmis d'âge en âge par les moines comme des
objets dignes d'une vénération exceptionnelle et en
quelque sorte talismanique.

Il faut noter, en outre, que c'est par la voie de la
Corée que les Japonais ont reçu primitivement la

connaissance de la langue et de la littérature des Chinois, et que les Coréens professaient la religion bouddhique, à l'enseignement de laquelle ils devaient l'invention d'une écriture spécialement composée pour noter les mots de la langue vulgaire [1]. Or cette écriture coréenne est à peu près identique à celle que les insulaires du Nippon nomment *sin-zi* ou *kan-na* « caractères des Dieux ».

Il ne semble pas, il est vrai, qu'on ait découvert jusqu'à présent aucun texte d'une authenticité incontestable dans ces caractères d'origine coréenne ; et, jusqu'à nouvel ordre, on doit penser que les signes *sin-zi* sont la représentation relativement moderne d'un alphabet dont l'existence ne repose que sur une donnée traditionnelle. Il est évidemment fâcheux que les archéologues japonais qui se sont préoccupés de cette écriture n'aient pas jugé à propos de réduire leurs déclarations aux faits positifs qu'ils pouvaient avoir sur la matière. On ne saurait nier cependant que la reconstitution

---

1. L'écriture japonaise d'origine coréenne, s'il est vrai qu'elle ait été employée dans les îles de l'Extrême-Orient à une date quelque peu antérieure à notre siècle, ne saurait en tout cas remonter à l'époque de la restauration des livres sacrés du sintauïsme, car cette écriture n'a été inventée en Corée que vers le viii° siècle de notre ère. On prétend qu'elle est due à un bonze du nom de *Siel-tsoung*, qui vivait sous la dynastie des *Oang*. Mais ce personnage, que les indigènes considèrent comme un des savants les plus distingués de leur pays, semble avoir un caractère quelque peu mythique ; de sorte qu'il est bien difficile de tirer des conséquences de la date à laquelle on fait remonter son invention. Klaproth, d'ailleurs, prétend que l'usage de l'écriture coréenne remonte beaucoup plus haut, et qu'elle a été introduite dans le *Païktse* (le *Peh-tsi* des Chinois) en l'an 374 de notre ère. (Léon de Rosny. *Les Coréens, aperçu ethnographique et historique*, p. 62).

artificielle de l'alphabet japonais-coréen ait eu un côté utile. L'ancienne langue japonaise, dite langue *yamato* [1], diffère profondément de la langue japonaise moderne qui d'ailleurs s'est modifiée de siècle en siècle peut-être plus que ne l'a fait aucun autre idiome du monde asiatique [2]. Cette langue yamato est, en outre, restée presque complètement pure de tout mélange de mots chinois ; tandis que, dans les temps les plus récents, les mots d'origine continentale sont tombés dans les îles de l'Extrême-Orient comme une véritable avalanche qui a bouleversé de fond en comble le vocabulaire indigène, ou du moins celui des envahisseurs du territoire occupé primitivement par les Aïnos. Dans ces conditions, rien n'est plus détestable que la notation du pur japonais à l'aide de signes chinois ou dérivés du chinois ; et il y a tout avantage à distinguer par une forme graphique

1. Ainsi appelée parcequ'on considère communément le pays de *Yamato* comme le foyer primitif de la civilisation japonaise.

2. On est frappé des différences qui existent entre la langue japonaise actuelle et celle qui était en usage au xviie siècle, lorsqu'on étudie les livres publiés par les missionnaires portugais pour en enseigner les principes. Le grand *Arte da lingoa de Japam*, du P. Joao Rodriguez (Nangasaqui, 1604, in-4), dont il existe un exemplaire rarissime à la Bibliothèque Bodléenne d'Oxford, et même l'*Arte brève* du même auteur, seront consultés avec intétêt par les philologues qui s'intéressent à l'histoire de la langue japonaise. On ne peut douter que ces livres aient été composés avec une connaissance solide de cette langue, et si le Dr Aug. Pfizmaier a pu constater un nombre prodigieux d'erreurs dans l'édition publiée par la Société Asiatique de Paris. (*Erlaüterungen. z. d. Élémens de la Grammaire Japonaise von Rodriguez*, dans les *Sitzungberichte der K. K. Akademie der Wissenschaften* de Vienne, 1854), il est juste de n'imputer ces fautes qu'au traducteur français Landresse, qui ne possédait pas même des notions rudimentaires sur l'idiome qu'il voulait faire connaître au monde savant.

spéciale les mots yamato des mots japonais ou sinico-japonais. L'écriture *kan-na*, telle qu'elle a été usitée à une époque que je n'ai pas à déterminer en ce moment, était tout naturellement avantageuse pour la transcription de l'ancien idiome yamato. D'une grande clarté et d'une extrême simplicité, seule rigoureusement alphabétique parmi toutes les écritures de l'Asie, elle avait en outre l'avantage d'exclure les contractions phonétiques des syllabaires d'origine chinoise et de ne pas préciser les nuances souvent douteuses qui résultent de l'adoucissement euphonique de certaines consonnes.

Je reconnais néanmoins que l'écriture *kan-na* n'est pas absolument satisfaisante pour la notation des anciens mots *yamato*; mais il serait facile d'en réparer les insuffisances par de légères modifications analogues à celles que les Japonais ont fait subir à leur syllabaire *kata-kana*, lorsqu'il l'ont employé à transcrire la langue des Aïno ou celle des Loutchouans[1].

Sans préjuger la question relative à l'origine de l'alphabet *kan-na* et à ce qu'elle peut avoir de conforme avec une écriture anciennement usitée dans les îles de l'Asie Orientale, je crois avantageux de l'employer dans les travaux de philologie où la langue ancienne des Japonais doit être citée parallèlement avec leur langue moderne, en vue de recherches comparatives de linguistique et de philologie comparée.

Chaque style particulier de la littérature japonaise a d'ailleurs son écriture spéciale, et l'on peut dire sans

---

1. Voy. mon étude dans la *Revue Orientale et Américaine*, première série, t. VI, p. 268.

hésiter qu'on rencontrerait difficilement un autre pays que le Japon où les variations graphiques aient été aussi nombreuses et aussi variées [1].

* *

Un grand nombre d'ouvrages japonais sont écrits exclusivement en caractères idéographiques : ils ne diffèrent alors des livres imprimés en Chine que par l'emploi çà et là de certaines locutions qui constituent en quelque sorte des anachronismes littéraires, en ce sens qu'elles se rencontrent difficilement réunies dans un même auteur chinois d'une époque déterminée. Il ne pouvait guère en être autrement, les Japonais ayant cultivé les lettres continentales pendant de longs siècles consécutifs sans entretenir de relations suivies avec le continent asiatique.

Il faut faire observer en outre que ces ouvrages, bien que composés en chinois, ne sont pas lus par les indigènes suivant la prononciation usitée en Chine, et qu'ils présentent presque toujours à l'audition des phrases soumises aux règles de la syntaxe et de la phraséologie japonaise.

1. Voy. cependant, sur la comparaison du système de l'écriture japonaise et de l'ancienne écriture cunéiforme anarienne, ma *Lettre à M. Oppert,* dans les *Mémoires de la Société d'Ethnographie,* Section Orientale et Américaine, 1864, t. IX, p. 269. — Lorsque j'ai fait paraître pour la première fois cet article dans la collection de l'École spéciale des Langues Orientales (*Nouveaux Mélanges Orientaux,* Paris, 1886), je m'étais proposé seulement de fournir à l'Imprimerie Nationale, chargée de l'impression du volume, l'occasion de montrer ses ressources pour la reproduction des textes divers en usage dans l'archipel Japonais. Je n'ai pas cru devoir reproduire ces textes dans le présent recueil.

Cet usage d'écrire en chinois remonte à une époque très reculée. Le second livre canonique, le *Ni-hon Syo-ki, Ni-hon Ghi* ou *Yamato Boumi*, tel que nous le possédons aujourd'hui, n'a pas été composé autrement[1]. Depuis lors, une foule d'ouvrages importants, notamment le *Daï Ni-hon Si* ou Grandes Annales du Japon, ont été rédigés suivant ce même système.

Quelquefois les textes chinois publiés au Japon sont accompagnés d'une traduction ou plutôt d'une « lecture » juxtalinéaire. Cette lecture est donnée d'une façon plus ou moins complète suivant le caprice de l'écrivain ou suivant la classe de personnes plus ou moins instruites auxquelles il s'adresse.

Le style épistolaire présente un autre genre de difficultés. Composé à peu près exclusivement dans le goût chinois, mais avec de nombreuses locutions d'origine japonaise, il oblige le lecteur à faire mentalement, de tous les signes tracés, une traduction régie par certains usages reçus, mais encore de modifier par la pensée l'ordre de ces signes, afin de transformer la phraséologie chinoise adoptée dans l'écriture en une phraséologie japonaise, la seule acceptable dans le langage oral. Je m'explique. L'auteur d'une lettre, écrivant ou étant censé écrire en chinois, doit composer ses phrases conformément à la syntaxe chinoise ; mais, comme cette syntaxe diffère du tout au tout de la syntaxe japonaise et que la lettre, bien qu'écrite en chinois,

---

1. Suivant une tradition, le texte original du *Syo-ki*, aurait été écrit en lettres phonétiques (?) ; mais il est hors de doute qu'il n'a pas tardé à être noté en signes chinois, tel que nous le connaissons aujourd'hui.

doit être lue en japonais sous peine d'être inintelligible, il en résulte qu'on ne peut lire les signes les uns après les autres dans l'ordre suivant lequel ils sont tracés, mais bien dans l'ordre tout différent qu'auraient les mots si, au lieu d'être écrits en chinois, ils étaient écrits en japonais.

Dans les morceaux de ce genre, l'écriture correcte et classique de la Chine est en outre remplacée par une écriture extrêmement cursive et abrégée, du genre de celle que les Chinois appellent *tsao-chou* « écriture des herbes », c'est-à-dire écriture en forme de broussailles, écriture confuse.

Dans le style épistolaire, — et ce style ne saurait passer pour un style savant et exceptionnel, puisque c'est en somme celui qu'on emploie pour tous les genres de correspondance aussi bien chez les grands seigneurs et les érudits que chez les gens des classes peu instruites et du bas peuple, — non-seulement la grammaire n'est plus celle de la langue commune, mais le vocabulaire lui-même est spécial. J'ai dit plus haut que le fond des documents épistolaires est chinois, mais que leur lecture est japonaise. Cette lecture japonaise toutefois n'est pas celle des autres genres de textes et il n'y a pas jusqu'aux auxiliaires qui ne soient différents. Le principal de ces auxiliaires, celui qui répond à « être, avoir, faire » est *masou* dans la langue parlée, et devient *tamau* dans la langue littéraire. Or, comme le style épistolaire n'est pas celui des livres de littérature proprement dite, il exige l'emploi d'un auxiliaire spécial dérivé de *sabourau*, par contraction *saurau*, et qui est devenu dans la pratique *soro*.

En ce qui concerne le vocabulaire du style de la
correspondance, il présente une foule de mots dont on
ne saurait faire usage dans la conversation. On em-
ploiera, par exemple, pour l'impératif « venez », qui
devrait se dire en japonais *kitaré*, mais que les exigences de la politesse ont transformé en *o idé* « surgissez
impérialement » dans la langue parlée, l'expression *go
raï-ga* en style épistolaire, c'est-à-dire « accomplissez
votre impériale venue en voiture », parce qu'il serait
grossier, quand on écrit à quelqu'un, de lui demander
de venir à pied comme un misérable valet.

Enfin, on fait un usage immodéré de particules de
courtoisie, d'où il résulte qu'une longue lettre japonaise renferme plus de la moitié des mots qui, en
somme, ne signifient rien du tout ; ceci soit dit sans faire
allusion aux formules finales qui laissent fort loin derrière elles les lieux communs mis en usage dans
nos contrées par les beaux esprits des derniers siècles,
et dont nous n'avons pas encore su nous débarrasser
aujourd'hui [1].

Les lettres des femmes sont écrites encore dans un
autre style, et M. Hall-Chamberlain [2] fait observer que
ce style dérive directement de celui qui était employé
par les deux sexes dans les temps « classiques ». Elles
renferment, de la sorte, un certain nombre d'expressions
particulières qui rappellent les vieux âges, et parfois
des mots qui sont les équivalents en pur japonais de

1. Voy. ce que j'ai dit de ce genre de formules épistolaires de
politesse, dans ce volume plus haut, p. 259.
2. Dans les *Transactions of the Asiatic Society of Japan*, t. XIII,
1885, p. 98.

ceux qu'on a l'habitude aujourd'hui d'employer sous la forme chinoise, comme par exemple : *oumi-yama*, littéralement « mer-montagne », c'est-à-dire « beaucoup », au lieu de *tak'-san* « marais-montagne ».

Ces lettres de femmes, au début desquelles on rencontre quelquefois un signe qui se lit *simé*, c'est-à-dire « (lettre) fermée, intime », se terminent par la formule caractéristique *médé-takou kasikou*, que M. Hall-Chamberlain [1] explique par « joyeusement et en tremblant ».

Sur l'enveloppe se trouve le mot *yori*, c'est-à-dire « provenant de », sans indication de nom, sans signature.

*
* *

Le système graphique le plus répandu dans la littérature japonaise consiste dans l'usage simultané des caractères chinois et des caractères syllabiques indigènes ou *kana*. Lorsqu'on se sert de caractères chinois de forme carrée ou régulière, on emploie de préférence comme écriture syllabique le *kata-kana* ; tandis que lorsqu'on se sert de caractères chinois cursifs, on y

---

1. Dans les *Transactions of the Asiatic Society of Japan*, 1885, t. XIII, p. 98. — Cette formule, comme une foule d'autres expressions japonaises, est d'une origine incertaine et son étymologie est des plus douteuses. Les mots *médé-takou* se retrouvent dans la locution de la langue parlée o *médé-takou gozaï-mas'*, c'est-à-dire « je vous offre mes félicitations ». Quelques philologues indigènes ont voulu trouver dans les mots *mé-dé*, la signification de « bourgeon, germe qui sort » ; d'où *médé-takou* voudrait dire « je vous complimente de ce que le germe sort », parceque la sortie du germe est considérée comme un signe de bonheur. — Il est bien évident qu'il ne faut accepter cette explication, comme la plupart des étymologies qu'on rencontre dans les lexiques et autres ouvrages de philologie japonaise, qu'avec la plus grande réserve.

joint surtout des signes du syllabaire *hira-kana*. Ce mode d'association de signes n'a cependant rien d'absolument obligatoire, et l'on pourrait citer bien des exceptions dues au caprice des écrivains.

Les Japonais font preuve, pour écrire les préfaces de leurs livres, de la plus grande somme de fantaisie que leur permet la multiplicité de leurs écritures.

A cet égard, ils imitent les Chinois qui semblent admirer dans les introductions de leurs ouvrages beaucoup plus les formes hétéroclites, bizarres et échevelées des caractères de l'écriture que le style de l'écrivain. Je ne veux pas soutenir pour cela que les préfaces des littérateurs japonais valent moins que la plupart de celles qui occupent la première page de nos divers genres de publications. On se plaira, par exemple, à reconnaître l'originalité de celle qui a été mise en tête du conte populaire des « Six feuilles de Paravents considérées comme image de notre misérable monde »[1]. Le rédacteur de ce joli conte, le célèbre romancier nipponois Tané-hiko, a eu notamment la singulière idée de dire, dans sa préface, non point ce que l'on trouvera dans son livre, mais tout au contraire ce qu'on y trouvera pas.

C'est toutefois pour la composition des *outa* ou dis-

---

1. *Ouki-yo-gata rokou-maï byau-bou*, publié en 1821. — Ce roman a été traduit pour la première fois en allemand par le Dr Auguste Pfizmaier (*Sechs Wandschirme in Gestalten der vergænglichen Welt*, Wien, 1847). — Une traduction italienne par M. Antelmo Severini a paru ensuite sous le texte de : *Uomini i Paraventi,* Firenze, 1872 ; et enfin une traduction française intitulée : *La Rencontre de deux nobles cœurs dans une pauvre existence,* par un autre de mes élèves les plus distingués, M. François Turettini, Genève, 1875.

tiques de 31 syllabes qu'ils s'attachent à rechercher les formes les plus originales de l'écriture chinoise cursive (*tsao-chou*) et de l'écriture japonaise qu'ils désignent sans doute par ironie d'un nom qu'on pourrait traduire également avec ironie par « écriture facile » (*hira-kana*). Ces distiques, pour ce motif, sont souvent imprimés en fac-similé, c'est-à-dire tels que leurs auteurs les ont écrits ; et, dans les recueils de luxe, dans les manuscrits surtout, ils sont jetés dans un désordre étudié sur des feuilles de carte ou de papier préalablement ornées d'images peintes ou, ce qui est préféré dans le pays, de taches d'or aux formes aussi bizarres que variées. Parmi d'autres particularités graphiques des recueils de poésies, il faut signaler l'oubli volontaire des accents modificateurs des consonnes (*nigori* et *marou*) et l'emploi assez fréquent de la syllabe *mou* pour tenir lieu de l'*n* final.

La plupart des outa japonais sont à peu près intraduisibles, par ce fait qu'ils reposent sur des jeux de mots fort appréciés des indigènes, mais qui, le fussent-ils également chez nous, ne sauraient guère être conservés en passant d'une langue dans une autre [1]. Une foule de poésies deviennent de la sorte insignifiantes quand elles sont l'objet d'une version étrangère ; et il faut choisir dans un grand nombre de pièces avant d'en trouver une seule qui puisse avoir quelque chance de succès sous un travestissement occidental [2].

Le mode d'impression des contes et des romans

1. Voy. à ce sujet, ma notice sur la Poésie populaire chez les Japonais dans ce volume, p. 257.

2. On peut en juger en lisant les poésies du *Man-yô sioû* que j'ai choisies çà et là dans ce célèbre recueil et en les comparant

populaïres est en quelque sorte le seul qui comporte l'usage à peu près exclusif des caractères phonétiques, c'est-à-dire des signes syllabiques du *hira-kana*. Je dis « à peu près », car, même dans ces textes destinés à la masse de la population, on intercale de temps à autre des caractères chinois, notamment lorsqu'il s'agit de noter un nom propre d'homme ou de localité, ou certains substantifs communs dont l'intelligence est facile en écriture idéographique.

La lecture d'un texte japonais dans lequel on n'emploie pas de signes idéographiques est presque toujours embarrassante pour un Européen ; et cela d'autant plus que le style des contes et des romans populaires admet une longueur interminable dans la phraésologie et l'usage du nombre illimité de formules incidentes au milieu du discours. L'impression de ces sortes d'écrits, d'habitude en petits caractères, sans séparations distinctes entre les mots et parfois avec réunion de mots ou de parties de mots différents, serait très gênante si elle était faite par colonnes de toute la hauteur des pages. Pour obvier à cet inconvénient, on coupe d'ordinaire le texte d'une page en plusieurs parties que l'on intercale au milieu des images qui accompagnent presque toujours ce genre de publications.

Voici, comme spécimen de ce genre de style, un fragment d'un conte japonais composé par le célèbre romancier Riou-téi Tané-hiko, sous le titre de *Foudéno oumi Si-kok'-no kok'-syo* :

à celles qui figurent dans la traduction complète qu'à commencée depuis lors, M. Matsou-nami Masa-nobou dans les *Mémoires de la Société des Études Japonaises*, t. IV, pp. 5 et 202.

Le village Odoro moura.

Suite.

Le pêcheur Iva-nari.

Début   Rochers *Kasané-isi.*

Dans la province de Bizen, sur la côte méridionale du département de Kozima, à quelque distance de Ousimado, en face de Kasino, de Komézaki, de Taï-no-oura, de Ta-oura, et jusqu'aux environs de Simo-tsoui, se déroule la chaîne des montagnes de Sanouki. Çà et là on aperçoit de nombreuses îles, de sorte que le panorama est charmant sur le bord de la mer. En outre, dans le voisinage de Tama-moura et de Odoro-moura, une quantité de très hauts rochers, appelés *Kasané-isi*, sont répandus sur le bord de la plage. Ces rochers semblent menaçants : il ne paraît pas cependant qu'ils se soient ébranlés depuis les temps les plus anciens.

Derrière ces rochers, on voit de hautes montagnes dont les pics très découpés présentent une foule de pointes semblables à des glaives tournés vers le ciel et qui ont l'air très effrayants. De la sorte, la mer et les montagnes qui environnent ces pics ont un aspect indescriptible.

Or il y avait jadis, dans la localité de Tama-moura mentionnée plus haut, un pêcheur nommé Iva-nari, qui n'avait pas encore atteint l'âge de trente ans.

Venu depuis peu dans la localité, il n'avait pas encore de femme attitrée. C'était un jeune homme dans toute sa vigueur, de haute stature et d'une constitution robuste. Il pénétrait dans l'intérieur des montagnes pour y chasser les animaux, ou se rendait à la mer pour pêcher des poissons qu'il allait vendre au marché ; et, bien qu'il obtint des recettes peu communes, comme il les employait à acheter du vin ou à parier au jeu, sa poche était toujours vide.

Or il advint qu'à la fin du troisième mois, il se rendit par hasard dans la montagne du voisinage pour chasser le sanglier. C'était pendant une de ces nuits de printemps qui s'écoulent très vite. Lorsque le jour commença à poindre, il n'avait pas encore réussi à se procurer une pièce de gibier. N'ayant obtenu aucun résultat dans cette région, il longeait le rivage en maugréant, son arc courbe tendu, et s'en revenait seul, regardant la brume épaisse qui couvrait la mer et les montagnes. Bien que le soleil matinal fût sur le point de se lever au - dessus de l'île d'Avadzi, le long chemin qui bordait l'océan était encore plongé dans l'obscurité, et l'on n'apercevait pas sur la côte de bateaux de pêcheur. Une jeune voyageuse, sans qu'on sache d'où elle venait ni où elle allait, parut alors appuyée sur un bâton, marchant à tâtons tristement sur la déclivité de la montagne. Elle s'accrocha le pied dans le tronc d'un sapin mort qui était planté sur les rochers, et, en glissant en avant, fit une chute. A ce moment, un petit objet lumineux tomba du côté ouvert de sa longue manche et vint rouler sur le sable. Préoccupée par la douleur que lui faisait éprouver un de ses ongles qui s'était arraché dans sa chute, elle ne fit pas attention à l'objet qu'elle venait de perdre. A peine relevée, elle éprouva de la difficulté à avancer et marcha abasourdie.

Tout à coup, du fond de la montagne, sortit un animal qui était grand comme un petit bœuf et avait l'aspect d'un gros chien noir......

Ceux qui voudraient connaître la suite de ce conte,

ce que sont devenus la jeune fille, le pêcheur Iva - nari et la petite boule lumineuse, n'auront qu'à s'adresser à un éditeur ami de la littérature populaire du Japon. La suite sera mise à sa disposition, pourvu qu'il consente à reproduire les curieuses images qui accompagnent l'œuvre originale du célèbre romancier Riou-téi Tanékiko.

XVII

UN MOT

aux amateurs de Japoniaiseries

Si je me refuse à écrire un article sur le nouveau
livre de M. de Goncourt[1], ce n'est pas sans motif, croyez-
le bien. De ces motifs, j'en avouerai un seul, et le voici.
Il ne me plaît pas de dire des choses désagréables à un
charmant écrivain, et du moment où je prendrais ma
plume d'orientaliste pour parler de son très cher Hok'-
saï, je serais entraîné malgré moi à soutenir que lui, M.
de Goncourt, n'est pas un spécialiste. Ce reproche serait
au moins bizarre, à peu près comme si je lui imputais
le crime de ne pas être une brute ; mais enfin ce serait
un reproche et, par Bouddha ! je n'ai aucun goût pour
lui en distiller la formule.

C'est d'ailleurs justement parce que M. de Goncourt
n'est pas un spécialiste, — sinologue, japonologue ou
japonisant, comme on voudra, — qu'il a pu nous
apprendre, sur le Cham du Soleil-Levant, des choses
vraiment extraordinaires ; mais ces choses là, ce n'est
pas à moi qu'il appartient de les faire valoir. Je me
bornerai à accomplir un petit acte d'érudition en lui

1. *L'Art japonais du XVIII⁰ siècle. Hokousaï.* Paris, 1896, in-12.

prouvant qu'il a oublié parfois — *horresco referens !* —
de mettre des points et même des tréma sur les *i*.

En veut-on la preuve ?

Chacun a certainement lu, — ne fût-ce qu'à l'école, —
les œuvres d'un immortel poëte français du siècle de
Louis XIV qu'on me permettra, pour me conformer au
procédé original de M. de Goncourt, d'appeler *Root*, et
l'une de ses plus célèbres tragédies *l'Anglais*. A ma
manière de m'exprimer on pourrait croire que je plai-
sante. Pas le moins du monde. Par Çâkya Nyo-raï ! je
le jure : M. de Goncourt, que j'imite en ce moment, n'a
pas voulu se moquer de ses lecteurs, pas plus que moi
des miens. Je continue donc à suivre son exemple.

Nous et nos pères avons eu le cerveau fardé du récit
des exploits d'un fameux conquérant qui s'appelait le
Lion-aux-Navets et qui mourut sur un rocher. Eh bien !
cette fois encore, soyez sûr que je ne veux pas me moquer de mes lecteurs, pas plus que M. de Goncourt des
siens. Seulement, à l'exemple de cet aimable yamato-
phile (notez que ce mot veut dire « qui aime le Japon »),
je fais, à mes heures, de la philologie et, sur l'escarpo-
lette de la science étymologique, je réclame des droits
pour toutes les balançoires. Ces droits, je n'en reven-
dique aucun pour moi sans les revendiquer pour M. de
Goncourt.

Toutefois, m'est avis que j'en ai déjà dit trop, puisque
je ne veux pas faire de controverse, ni même écrire un
article sur le nouveau volume de M. de Goncourt. Bien
plus : le remords me prend. Je répare. M. de Goncourt
réparera à son tour, si cela lui fait plaisir.

Le M. *Root*, dont j'ai parlé tout à l'heure, comme

de l'un de nos plus grands écrivains français, si vous
ne le connaissez pas sous la forme anglaise de son nom,
je vous dirai que c'est « Racine » et que sa tragédie
de « l'Anglais » c'est « Britannicus ». Le fameux conquérant que j'ai appelé le *Lion-aux-Navets*, c'est
l'empereur Napoléon Ier qui motiva un bizarre distique
affiché sur les murs de Paris après l'avènement du
gros roi Louis XVIII et dont on trouverait au besoin le
texte dans un des nombreux *Corpus inscriptionum lati-
narum….. cuisinarum* composés par les érudits les plus
distingués du dernier grand siècle défunt. Ce distique
le voici :

Vivat Napo leo !
Pereat Ludo vicus !

« Que le lion se nourrisse de Navets ! Que le faubourg
périsse par le Jeu ! »

Or il arriva à M. de Goncourt de faire usage de la
façon la plus ravissante du singulier procédé qui consiste à appeler les personnages célèbres de la Chine
sous des noms absolument inconnus en Europe et qui
le sont également sur les deux rives du fleuve Jaune.

Le plus grand poète chinois se nomme *Li Taï-peh* et
un autre poète, également célèbre au Céleste-Empire,
Peh Loh-tien. On ne s'imaginerait guère que M. de
Goncourt appelle le premier « *Lihakou* » et le second
« *Hakou-rakou-ten* »[1]. Il désigne bien Confucius sous le
nom latin qui a pris droit de cité parmi nous, mais il
nous parle d'un certain *Soshi*, l'un des disciples du
grand moraliste de Lou. L'éditeur Charpentier, qui
en a publié les dires, ne s'en douterait proba-

---

1. *L'art Japonais du XVIIIe siècle*, p. 185.

blement pas en se voyant désigné de la sorte. Le terrible
empereur Tsin-chi Hoang-ti, qui fit construire la grande
muraille et brûla les livres et les lettrés de son bien-
heureux pays, lui aussi est cité par M. de Goncourt
sous le nom de *Shikô*! Si le spirituel écrivain veut
trouver dans les « Biographies universelles » françaises
ou autres des détails sur ce Soshi et ce Shikô, il les
cherchera en pure perte, je l'affirme, avec les singulières étiquettes dont il les décore.

Cela me rappelle une anecdote qui fera voir à MM. J.
et E. de Goncourt qu'on ne change pas impunément les
noms des gens et surtout ceux des littérateurs. C'était en
1856, — à dix ans près je ne crois pas me tromper. —
Une dame de Londres, qui habitait Elisabeth Street, en
causant avec moi des œuvres de l'imagination contemporaine, vint à me dire qu'un de nos écrivains français
qui lui plaisait le plus était « deux en un », ce qui me
parut bizarre tout d'abord. Puis elle ajouta que cet
écrivain double se nommait *Short-hinge*, ce qui ne con-
tribua pas précisément à éclaircir mes idées. Ceux qui
savent un peu l'anglais, reconnaîtront qu'il est intem-
pestif d'estropier par trop certains noms et devineront
à la longue de qui voulait me parler la gracieuse lady.
M. de Goncourt ne pourra pas s'en formaliser.

Mais trêve de chicanes sur de telles minuties ; et,
pour en finir, qu'on me permette un mot sur ce fameux
Hok'-saï, le peintre Japonais « fou de dessin » dont M.
de Goncourt est le panégyriste enthousiaste et au char
de triomphe duquel il espère atteler le public amateur
des grandes cocasseries artistiques.

J'aurais sans doute mauvaise grâce, — moi qui ai dit

plus d'une fois, comme saint François Xavier, que les Japonais étaient les délices de mon cœur, de médire sur n'importe lequel de leurs artistes et surtout sur ce brave Hok'-saï dont j'ai le premier fait une courte mention dans la *Biographie générale* de Firmin Didot, il y a une vingtaine d'années. Hok'-saï est à coup sûr un caricaturiste drôle par moments, bizarre presque toujours. Ses nombreuses charges à outrance amusent un instant. On s'arrête quelques minutes avec plaisir sur les premiers cahiers de ses *Man-gwa* qui vous tombent sous la main ; on parcourt les autres un peu plus vite ; on examine les derniers avec le pouce. Je n'ignore pas qu'une telle déclaration est de nature à arracher des cris d'horreur à certains bibliophiles et, pour cause, à un bon nombre de marchands de curiosités. Aussi bien qu'eux tous, j'apprécie parfois l'ancien art japonais, mais je juge qu'on a beaucoup surfait, chez nous, quelques-uns de ses coryphées. Un savant critique, feu Charles Schœbel, lauréat de l'Institut, écrivait que les Américains d'avant la conquête, en fait d'art, avaient réalisé l'idéal de la laideur. Il serait profondément injuste d'en dire autant des peintres et des crayonneurs du Nippon ; mais, en feuilletant les œuvres d'Hok'-saï et de ses émules, on a parfois la velléité de dire qu'il a réalisé l'idéal du grotesque [1].

Hok'-saï d'ailleurs n'est devenu un artiste hors ligne aux yeux de ses compatriotes que depuis le jour où nous nous sommes avisés en Europe de rire un peu, —

1. Voyez la charmante étude de Mlle Bodil Lindegaard sur l'art de la peinture chez les Japonais, dans les *Annales de l'Alliance Scientifique universelle*, 1900, t. VII, p. 235.

pas bien longtemps, — de. ses croquis fantaisistes et
ensuite de les admirer « par genre », sans mesure et à
tort et à travers.

Telle est mon humble appréciation ; mais je n'ai garde
d'insister, car je ne veux pas faire naître d'oiseuses
discussions sur la matière, et je sais que des goûts et des
couleurs, il n'y a pas avantage à disputer. Je ne dispu-
terai pas non plus sur la valeur relative des différentes
éditions des *Man-gwa* d'Hok'-saï, dont le livre de M. de
Goncourt fixe magistralement la valeur commerciale
d'une façon fort amusante et qui plus est, — pour
quelques personnes au moins, — d'une façon sans doute
fort rémunératrice. Tout ce que je puis dire aux amateurs
qui éprouvent le besoin de jeter leurs banknotes par la
fenêtre, c'est que la plupart des prétendus tirages
primitifs des xylographies d'Hok'-saï sont l'œuvre d'ouvriers bien moins habiles que ceux qu'on emploie de
nos jours dans les imprimeries japonaises, et qu'en
outre aucun peuple n'est plus adroit que les Japonais
lorsqu'il sagit de nous donner le change sur l'ordre et
la date des éditions d'un livre à la mode.

Or, les *Man-gwa* d'Hok'-saï sont à la mode... grâce à
M. de Goncourt.... et autres.

Avis cependant aux curieux, aux bibliophiles et aux
commissionnaires en librairie japonaise.

XVIII

LE TAI-HÉI KI

ou Histoire de la Grande Paix

Le *Taï-héi Ki* ou « Histoire de la Grande Paix [1] » est
une des œuvres les plus estimées de la littérature Japonaise. Bien qu'il ne fasse pas partie des Annales proprement dites du Nippon [2], les indigènes de l'Asie
Orientale le considèrent à juste titre comme un roman
historique de premier ordre, tant au point de vue du
style qu'à celui des observations remarquables qu'il
renferme sur les évènements et sur les mœurs de leur
pays au XIVᵉ siècle de notre ère (1318 à 1367). Les
personnes qui sont à même de le lire sur le texte original n'hésiteront pas à ratifier ce jugement élogieux,

1. Ou plutôt « Historia magnæ pacis (recuperatæ) ».
2. Les Japonais, comme les Chinois, font usage de termes
distincts et rigoureusement définis pour ne pas confondre les
différents genres d'ouvrages historiques compris dans leur
littérature. A la suite des livres d'Histoire cosmogonique et
religieuse, ils placent les Annales officielles de leurs empereurs.
Lorsque le récit des évènements n'émane point d'une source
gouvernementale, lorsqu'il renferme des appréciations person-
nelles à ceux qui l'ont composé, on désigne au Japon ce genre
d'ouvrages sous le titre « d'Annales extérieures ou étrangères »
(*gwai-si*) ; enfin, lorsque leur forme est quelque peu romanesque,
on les appelle « Récit des choses » (*Mono-gatari*).

mais je n'ose croire qu'il en sera de même pour ceux
qui seront réduits à le lire dans une traduction. Le
nombre considérable d'expressions imagées ou à
double entente qu'on y rencontre à chaque pas en
rend toute interprétation étrangère très difficile. Ces
expressions ont été empruntées pour la plupart à l'ancienne littérature chinoise que les Japonais cultivaient
avec enthousiasme pendant les siècles antérieurs à
l'époque toute récente de l'introduction des lettres
européennes au milieu d'eux. Durant ces siècles, dont
les insulaires du Nippon semblent aujourd'hui dédaigner jusqu'au souvenir, la classe lettrée de la nation a
accompli les plus étonnants efforts pour introduire,
dans sa littérature classique et même populaire, les
innombrables locutions figurées des anciens textes
chinois. De nos jours encore, malgré la répugnance
des Japonais à être confondus avec leurs frères du
continent Asiatique, malgré les récentes victoires
qu'ils ont remportés sur eux, les Japonais n'ont pas su
se soustraire à l'influence chinoise, au point de vue de
la langue écrite. Leur idiome, est en effet, chaque jour
envahi davantage par les vocables du Céleste-Empire, et
les termes que les besoins nouveaux de la civilisation les
obligent à inventer, sont presque tous empruntés à leurs
voisins d'Occident. De la sorte, une foule de mots composés d'éléments chinois continuent à faire disparaître
jusqu'aux derniers vestiges du vieil idiome du Yamato.
On peut ajouter enfin que les expressions littéraires
des Chinois peuvent être à la rigueur toutes employées
dans un écrit purement japonais et, en une assez large
mesure, dans le style de la conversation, chez les gens

du monde. On est évidemment en droit de s'étonner
d'un tel phénomène linguistique, car l'idiome national
du Nippon est à tous égard supérieur au parler mono-
syllabique et sans formes grammaticales des antiques
riverains du fleuve Jaune. Il faut cependant s'incliner
devant un fait qui ne cesse de devenir plus général et
plus significatif.

On me pardonnera les observations qui précèdent :
elles m'ont paru de nature à faire comprendre le genre
d'intérêt que présente un livre tel que le *Taï-heï Ki*,
dont je donne ci-après le premier chapitre traduit en
français et accompagné des notes indispensables à
l'intelligence d'un texte rédigé suivant un pareil système
philologique. Je dois également m'excuser pour le
nombre peut-être trop considérable de ces notes
que j'ai jointes à ma traduction et qui eussent été
bien autrement nombreuses si j'avais dû fournir des
explications pour tous les mots imagés, les titres de
fonctionnaires ou de localités et les allusions de toutes
sortes dont fourmille l'ouvrage dont je m'occupe en ce
moment.

Pour faciliter l'intelligence du morceau qui suit, je
demande en outre la permission de fournir en quelques
lignes un aperçu des évènements auxquels il est consacré. Ces évènements se passèrent à la fin du xII[e] siècle,
à une époque qu'on pourrait appeler « le moyen-âge
japonais », surtout si par ce mot on entend une période
d'obscurantisme et d'abrutissement moral, comme en
ont eu, par malheur, tous les peuples du monde. Ce fut
l'origine des syaugouns que les Européens ont longtemps qualifiés du titre « d'Empereurs temporels »,

réservant aux mikados ou souverains purement nomi-
naux le titre « d'Empereurs spirituels ». On a critiqué
cette double appellation qui était cependant de nature
à donner une idée assez juste du système politique en
vigueur dans les îles de l'Extrême-Orient jusqu'à la
dernière révolution de 1868. S'il est vrai que les syaugouns aient toujours affecté de reconnaître les mikados
comme les seuls représentants de la puissance souveraine, il est également incontestable qu'ils étaient
parvenus à ne laisser à ceux-ci qu'une autorité
fictive. Seuls, en effet, les syaugouns étaient en
rapports avec la Cour Impériale de Kyau-to et les
princes féodaux n'étaient pas admis à s'y rendre, même
pour offrir leurs hommages. Le séjour de cette capitale
leur était interdit et les dépenses du palais étaient
prises à sa charge par le syaugoun avec lequel eurent
d'ailleurs à traiter tous les gouvernements qui, depuis
1852, engagèrent des négociations en vue d'établir des
rapports commerciaux avec les Japonais [1] Quelques
auteurs, il est vrai, ont cru préférable de qualifier les
syaugouns de « Maires du Palais » ; je ne vois pas qu'on
ait beaucoup exagéré les choses en les désignant sous
le titre d'Empereurs temporels.

A l'époque qui nous occupe, les désordres de la
politique et l'inintelligence des mikados avaient fait
naître de toutes parts, dans la caste féodale et militaire,
des ambitions criminelles que rien ne pouvait justifier.
Deux grandes familles, celle des Taï-ra et celle des
Mina-moto, se disputaient le pouvoir effectif, tout en

---

1. Voy. pour plus de détails, Georges Bousquet, *Le Japon de
nos jours*, 1877, t. II, p. 13 et pass.

feignant de respecter la suprématie des Empereurs
réputés descendants de la Grande Déesse Solaire. La
prépondérance des premiers ne dura toutefois que
quinze ans, et leur maison fut vaincue par les seconds,
dans la personne de Yori-tomo, principal personnage
qui figure dans le chapitre du *Taï-héi Ki*, dont on va
lire plus loin la traduction.

Yori-tomo jouissait dans son pays d'une grande
popularité qu'il devait surtout à son frère Yosi-tsouné,
l'un des héros les plus célèbres des annales de l'Extrême-
Orient. Ce Yosi-tsouné, qui appartient dans une large
mesure au domaine de la légende, ne vivait pas en
bonne intelligence avec Yori-tomo. Dans une bataille
sur mer, il ne parvint à se sauver, qu'en faisant, au
dire des chroniqueurs indigènes, des prodiges de gym-
nastique, au point de sauter par-dessus huit navires [1].
Toujours est-il qu'on a prétendu qu'il avait été mis à
mort en 1189, et même que sa tête fut envoyée à
Kama-koura pour prouver son décès. Les historiens
japonais toutefois ne sont pas d'accord à cet égard. Suivant les uns, il aurait été contraint à s'ouvrir le ventre;
suivant d'autres, il se serait réfugié dans l'île de Yézo [2],
où il est encore honoré de nos jours comme un génie

---

1. En japonais : *Yosi-tsouné has-sauwo tobou.* — Un mauvais
plaisant cita cette parole en ajoutant : *Waré-va kou-sauwo tobou*
« moi je saute par-dessus neuf navires », l'expression *kousau*,
par suite d'un de ces calembourgs très goûtés au Nippon, étant
susceptible de deux sens différents, savoir « neuf navires » et
celui du mot célèbre en cinq lettres du fameux Cambronne.

2. Voy. *Daï Ni-hon si*, livr. LIV, p. 32; *Kok'-si ran yeó*,
livr. IV, pp. 29-30; *Yosi-tsouné Koun-kô dzou-yé*, livr. V,
p. 35.

(*kami*). Enfin, on a soutenu qu'il avait gagné le continent asiatique où il aurait joué, par la suite, un rôle considérable sous le nom de *Genghis-Khan*[1].

S'il est vrai que Yori-tomo n'a jamais usurpé le titre d'Empereur, il n'est pas moins sûr que son beau-père combattit contre le mikado, le vainquit, le condamna à l'exil et accapara les prérogatives de la puissance souveraine.

On a prétendu que la cause de la rupture de Yori-tomo avec l'empereur Toba II avait été que celui-çi, à l'exemple de quelques-uns de ses ancêtres, avait abdiqué en faveur de son fils en bas-âge[2], tout en conservant d'une manière occulte, les rênes du gouvernement entre ses mains[3]. Comme le dit fort bien le *Taï-héi Ki*, les troubles qui bouleversèrent à cette époque l'empire de Yamato furent la résultante d'une foule d'événements antérieurs à la période qui nous occupe. Cette période horriblement agitée nous montre d'ailleurs un pays où les grands et les détenteurs de l'autorité se livraient à tous les abus et à tous les crimes imaginables.

Quant à Yosi-toki et aux autres personnages dont il est fait un brillant éloge dans l'Histoire de la Grande-

1. Voy., sur cette question d'histoire asiatique, le curieux ouvrage de M. Souyémats, intitulé : *The identity of the great conqueror Genghis Khan with the Japanese Hero Yoshitsune,* an Historical Thesis. London, 1879 ; in-12.

2. J. Summers, *Chinese and Japanese Repository,* 1863-64, t. I, p. 228.

3. Un grand nombre de mikados montèrent en ces temps-là sur le trône à l'époque de leur première enfance : l'un d'eux, Rok'-deô-no In (1166-1168) fut proclamé empereur à 2 ans ; plusieurs autres le furent à 3, 4 et 5 ans.

Paix recouvrée, ils ne furent en somme que de plus
ou moins habiles scélérats, comme on en rencontre
malheureusement dans les annales de tous les pays.
Pendant un temps, trop long sans doute, ils ont été
l'objet de l'admiration naïve et inconsciente des descendants de leurs victimes auxquels on avait pris à tâche
de raconter à l'école les hauts faits imaginaires de leur
existence politique. Au grand honneur du peuple
Japonais, on peut dire aujourd'hui que ces misérables
spadassins des siècles d'ignorance ne provoquent plus
guère dans les esprits autre chose qu'un sentiment de
dédain, pour ne pas dire de bien profond mépris.

Ces observations faites, je laisse la parole à l'auteur
du *Taï-héi Ki* qui nous montre, dans le passage suivant,
en quel style et sous l'empire de quelles idées on écrivait l'histoire dite « indépendante » à l'époque où ce
curieux livre a été composé.

Évènements du règne de l'empereur Daï-go II

Sous le règne de l'empereur Daïgo II, qui fut le
quatre-vingt-quinzième prince de la dynastie des Souverains Humains[1] inaugurée par l'empereur Zin-mou,
il y eut un mandarin militaire de la famille de Taïra,
appelé *Taka-toki*, seigneur de la province Sagami.

A cette époque, les hommes des hautes classes ne
respectaient plus la vertu du Prince; les hommes de

---

1. Les Japonais admettent trois dynasties successives de
souverains de leur pays : les Souverains Célestes ou Dieux,
les Souverains Terrestres et les Souverains Humains, dont
descendent tous les mikados de l'archipel de l'Extrême-Orient.

basse condition manquaient de respect pour les fonctionnaires publics. Il en résulta de grands troubles
entre les Quatre-Mers[1], au point qu'il n'y eut plus un
seul jour de tranquillité pour la nation. Les fusées employées comme signaux de guerre[2] voilaient le firmament ; les clameurs[3] des soldats ébranlaient la terre.
Depuis plus de quarante ans, il n'y avait plus eu un
seul homme qui ait été à même de jouir du printemps
et de l'automne[4], et les dix-mille peuples[5] n'avaient
pas un endroit où poser (tranquillement) la main et
le pied[6].

Si l'on recherche avec soin l'origine de ces évènements, on trouve que la cause de pareils malheurs ne
provient ni d'une seule matinée, ni d'un seul soir[7].
Durant les années de l'ère impériale *Ghen-ryak'* (1184),
Son Altesse Yori-tomo, Grand Officier de la Droite, à

1. Locution chinoise qui exprime l'idée du « monde » entouré aux quatre points cardinaux par les mers, c'est-à-dire de
« l'Univers ».

2. En japonais *rau-en,* litt. « fumée de loup ». — Un lexico-
graphe japonais donne, au sujet de ce mot, l'explication suivante : « Les excréments du loup fournissent un moyen de signal
dans les batailles ; leur fumée, qui s'élève verticalement, est
épaisse; bien qu'il fasse du vent, elle ne se dissipe pas. » (*Taï-
kwau yeki-kwai Gyok-ben,* au mot *rau*).

3. En japonais *ghéi-ba,* litt. « vagues de baleines ».

4. C'est-à-dire « qui ne mourut prématurément » ; allusion
au *Tchun-tsieou* « le Printemps et l'Automne », l'un des Cinq
Livres Canoniques ou traditionnels des anciens Chinois, lequel
renferme l'Histoire du royaume de Lou, patrie de Confucius.

5. En sinico-japonais, *ban-min* « le peuple tout entier ».

6. C'est-à-dire « un seul endroit où ils puissent vivre tran-
quilles ».

7. L'auteur exprime en ces termes la pensée que ces désastres
ont été la conséquence d'une longue suite d'événements antérieurs.

Kama-koura[1] ayant eu la gloire de vaincre la famille de *Héi-ké*[2], l'empereur Sira-kawa II, comme témoignage de sa haute satisfaction, lui conféra la charge de Gouverneur général des soixante-six provinces[3]. Yoritomo fut en conséquence établi chef des territoires dits *Syau-yen*[4]. Son fils aîné, Yori-iyé, garde de la porte *Sayé-mon* et son second fils Sané-tomo, Grand Ministre de la Droite, reçurent tous deux le titre de « Général pour combattre les Barbares. » Ce sont ces personnages qu'on appelle à titre honorifique les Trois *Syau-goun*[5] ou Lieutenants Impériaux.

Or, Son Altesse Yori-iyé fut tué par son frère Sané-tomo et ce dernier le fut à son tour par le méchant

---

1. Cette ville, située à peu de distance du port de Yokohama, fut jadis la résidence nominale des *Syau-goun* ou « Souverains militaires » qui s'y établirent au XII° siècle. Elle fut à plusieurs reprises saccagée par des inondations et par de fréquents incendies, notamment en 1455 et en 1526 ; de sorte qu'elle a perdu toute son importance depuis bien des années. Il n'y reste plus guère aujourd'hui de son ancienne splendeur que le grand temple d'*Hatsiman*. Dieu de la Guerre, dont on célèbre la fête le 5 mai de chaque année et la fameuse statue en bronze du Bouddha Çâkya-mouni qui est peut être l'œuvre d'art la plus gigantesque des Japonais. (Voy. Hall-Chamberlain, *Things Japanese*, p. 63 ; Du Bousquet. *Le Japon*, t. I, p. 22).

2. Nom chinois de la célèbre maison nobiliaire de *Taïra* « La Pacifique ». — L'histoire populaire de cette maison a provoqué la composition d'un livre très apprécié par les Japonais et intitulé *Héi-ké Monogatari*.

3. Littéralement : le Jardin uni ».

4. En japonais *Sô-tsoui fou-si*, c'est-à-dire mandataire général de l'autorité et chef des officiers publics, tels que les *Syou-go*, Gouverneurs des provinces, les *Dzi-tô*, Chefs de domaines seigneuriaux, etc. (Cf. *Syo-gen-zi kau*, édit. lith., p. 82).

5. *Syau-goun*, littéralement « Général » est le titre que portèrent les chefs de l'empire Japonais qu'on a pris l'habitude en Europe d'appeler « les Souverains temporels du Japon » et que

bonze Kou-gheô, fils de Yori-iyé[1], d'où il résulta qu'en quarante-deux ans à peine, les trois règnes du père et des deux fils furent consommés.

Plus tard, Yosi-toki, ancien seigneur de la province de Moutsou, fils de Toki-masa, de la famille de Taïra, seigneur de la province de Too-tomi et beau-père de Yori-tomo, s'empara tout à coup des rênes de l'empire et résolut de recouvrir de sa puissance les Quatre-Mers[2]. Le Suprême Empereur était alors Sa Sainteté Toba II[3].

L'Empereur pensait avec tristesse qu'En bas la Caste militaire devenait toute puissante, tandis qu'En haut la situation de la Cour impériale périclitait. Il résolut donc de faire périr Yosi-toki. Des troubles en résul-

pendant longtemps les Occidentaux désignèrent sous le nom de *Taï-koun*, c'est-à-dire « Grands Princes ».

1. *Akou Zen-si.* — Le mot *Zen-si* « Maître de la méditation » indique une haute dignité du bouddhisme japonais.

2. Ou plutôt « ce qui est entouré par les Océans des quatre points cardinaux », c'est-à-dire « la terre ». — Les Japonais, en employant cette expression, imitent les Chinois auxquels ils l'ont d'ailleurs empruntée et considèrent leur empire comme comprenant le monde entier, ou du moins que les pays qui sont en dehors de ses limites géographiques doivent être comptés comme des quantités négligeables.

3. Les mikados ont porté, depuis l'origine de la monarchie du Nippon jusqu'au xᵉ siècle, le titre de *Ten-wau* que les japonistes ont pris l'habitude de traduire par « l'Auguste du Ciel » ou par « Souverain Céleste ». Quelque temps après avoir embrassé le Bouddhisme, ils changèrent ce titre contre celui de *In*, mot qui signifie « une salle, une chapelle, un monastère, un lieu consacré à la religion ». Le premier empereur qui en fit usage est *Yen-you-no In* qui régna de 970 à 984 de notre ère. J'ai cru devoir traduire ce nouveau titre par « Sa Sainteté » pour lui donner le caractère clérical qu'il représente. Au xixᵉ siècle, on fit de nouveau usage à la Cour du titre primitif de *Ten-wau* qui est celui de l'empereur actuellement sur le trône du Yamato.

tèrent pendant la période *Seô-kiou* (1219), de sorte que l'Empire ne fut pas tranquille un seul instant.

Sur ces entrefaites, les étendards assombrirent le soleil, et un combat (entre l'empereur Toba II et Yosi-toki) fut livré à *Oudzi*[1] et à *Séta*[2]. Ce combat ne dura pas même un jour entier. Les troupes du mikado, ayant été de suite battues, l'empereur To-ba II, fut exilé dans la province d'O-ki, de sorte que Yosi-toki put se saisir des Huit Déserts[3]. Avec ce personnage, Yasou-toki, ancien seigneur du Mousasi, Toki-oudzi, attaché au service des routes, Tsouné-toki, seigneur de Mousasi, Toki-yori, seigneur de Sagami, Toki-mouné, directeur assistant de la cavalerie[4], et Sada-toki, seigneur de Sagami, sept successions de gouvernants sortirent de la caste militaire. Leur mérite réussit à donner satisfaction au peuple. Quoique leur autorité fut établie au-dessus des Dix-mille hommes (de toute la nation), elle n'était fondée que sur un titre (infime) qui ne dépassait pas celui du 4ᵉ degré[5]. Vivant dans la simplicité, ils firent le bonheur du peuple ; sévères pour eux-mêmes, ils maintinrent la droiture des rites[6]. Du

1. Localité située dans la province de Yamasiro et renommée pour ses cultures de thé.

2. Localité située dans la province d'Oomi, près du lac Biwa (voy. plus haut, p. 65).

3. Par cette expression, il faut entendre « l'Empire tout entier ».

4. Voy. Taka-mi, *Nippon Daï Zi-rin*, 1894, p. 654.

5. En japonais, *si-hon* « quatrième sorte » ou « quatrième rang ». — Aujourd'hui les ministres occupent pour la plupart le troisième rang ou *sam-bon*, et quelques-uns seulement le second rang ou *ni-hon*. Le beau-père du *taï-si*, héritier présomptif du trône mikadonal, a été élevé au premier rang ou *ip-pon*.

6. C'est-à-dire qu'ils parvinrent à rappeler le peuple à

moment où l'on part de tels principes, quoique l'on soit très haut placé, on n'est pas en péril; malgré la plénitude dont on jouit, on n'a pas à craindre le débordement.

A une époque postérieure à l'ère *Seô-kiou*, ils choisirent parmi les membres de la famille impériale et des maisons nobiliaires[1], l'homme qui présentait le plus de garanties de capacité pour le gouvernement et la bonne administration du pays, et le supplièrent de venir à Kama-koura. Là, ils lui offrirent le titre de « Général qui combat les Barbares[2] ». Tous les mandarins de l'armée saluèrent en lui leur chef.

La troisième année de la même période (1221), ils établirent pour la première fois deux membres de la caste militaire à Rakou-tsyou, (c'est-à-dire à Myako), et leur donnèrent pour nom honorifique « les deux *Rokou-vara*[3] », les chargeant ainsi de gérer l'administration des Provinces Occidentales[4]. En même temps, ils leur conférèrent la garde de la capitale (Myako).

En outre, à partir de la première année de l'ère impériale *Yéi-nin* (1293), ils envoyèrent dans le *Tsin-zéi*[5] un directeur de la police[6] avec mission de gouver-

l'accomplissement de ses devoirs sociaux et aux habitudes de courtoisie préconisées dans les anciens livres de la Chine.

1. En japonais : *Kou-ghé*, désignation de l'ancienne noblesse japonaise attachée au mikado à la Cour de Kyô-to.

2. En japonais : *Séi-ï Syau-goun*. Ce titre supérieur a été décerné dans la caste militaire depuis l'époque de Yori-tomo (Voy. *Syo-gen-zi Kau*, p. 205, c. 11).

3. Noms de quartiers de la capitale ou résidence des Mikados.

4. On désigne sous ce nom les neuf provinces ou arrondissement de l'île appelée en raison de ce nombre *Kiou-siou*.

5. Littéralement: « l'Ouest du Camp », dans l'île de Kiou-siou.

6. Ce fonctionnaire portait le titre de *Tan-daï*.

ner l'île de Kiou-siou et d'en garantir la défense contre les incursions des brigands étrangers.

De la sorte, dans tout l'archipel, il n'y eut plus un seul endroit qui n'obéît à leurs ordres et, même au-delà des mers, il n'y eut plus personne qui ne fût soumis à leur autorité.

Bien que le Soleil - du - Matin [1] n'ait point subi d'atteintes, les Étoiles qui brillent encore après l'aube du jour [2] perdirent leur autorité, — bien qu'en d'autres termes, la caste militaire n'ait point méprisé l'autorité impériale, il arriva que les Chefs de terri-toire devinrent de plus en plus puissants, au fur et à mesure que les Maisons domainiales s'affaiblissaient davantage. Les Gouverneurs de domaines [3] virent ainsi leur pouvoir se consolider et les Administrateurs des biens nobiliaires [3], le leur s'amoindrir. Il en résulta que la puissance mikadonale périclita d'année en année, tandis que la caste militaire devenait de jour en jour plus florissante.

Aussi les mikados successifs, pour calmer l'âme de leurs prédécesseurs qui avaient régné à l'époque loin-

---

1. En japonais : *Tsyau-yau,* c'est-à-dire «la Majesté Impériale», ou « le Mikado ».

2. En japonais : *Zan-sěi,* littéralement « les Étoiles qui res-tent ». — On désigne par cette expression des hommes de valeur secondaire comparativement au *Tsyau-yau* (Voy. la note ci-dessus).

3. En japonais : *Dzi-tô.* — On désignait sous ce titre des fonc-tionnaires chargés d'administrer les revenus des seigneurs et qui avaient pour collègues les *Ryau-kě* ou gouverneurs des rentes de *Koughé,* lesquelles se trouvaient confondues avec celles de cer-tains seigneurs militaires. (Voyez à ce sujet le *Vocabulario da lingoa de Japam,* au mot Rtô-ké).

taine de *Scô-kiou* (1219) songèrent-ils, en gémissant sur
le déclin de l'autorité suprême, à détruire les Barbares
de l'Est (c'est-à-dire la Caste militaire). Ils n'étaient
malheureusement pas dans les conditions voulues
pour accomplir un tel plan. Tantôt ils en trouvaient
l'impossibilité dans la faiblesse de leurs moyens d'action ; tantôt ils se voyaient réduits au silence par l'inop-
portunité des évènements.

Arrivé à l'époque du surintendant bouddhiste [1] Taka-
toki, de la famille de Taïra, ancien seigneur de Sagami et
neuvième descendant de Toki-masa, il survint des évènements terribles de nature à bouleverser l'univers [2].

Si l'on compare avec attention le temps présent avec
les temps anciens, les actions de Taka-toki paraîtront
très légères. Indifférent au mépris public, sa doctrine
gouvernementale manquait de droiture, et il ne son-
geait pas aux malheurs du peuple. Ne pensant jour et
nuit qu'à ses plaisirs et faisant honte à ses glorieux
ancêtres dans leurs tombeaux, il cherchait matin et
soir des objets de luxe pour se distraire. Il amena de la
sorte sa chute prématurément. I-koung, du pays de
Weï, pour avoir fait monter une grue dans son char,

1. En japonais : *Niou-dau Sô-kan*. — L'expression *niou-dau*,
litt. « entré dans la voie », fréquemment jointe à un nom propre, indique un homme qui a renoncé aux affaires mon-
daines pour s'adonner à la vie religieuse et à la méditation. On
rencontre au Japon de fréquents exemples de cette coutume,
même chez les souverains et les grands seigneurs, alors que,
jugeant un de leurs fils capable de prendre en main les rênes
de l'Etat, ils se décident à abdiquer et à entrer au couvent.
(Voy. M. Yamasita Yositarau, dans les *Transactions of the Japan
Society*, London, 1897-98, p. 263).

2. En japonais : *Ten Tsi-no mëi*, litt. « les décrets du Ciel et
de la Terre ».

tomba bientôt dans l'infortune [1]. Le ministre *Li-sse*, sous la dynastie chinoise des Tsin, en arriva à se désespérer au moment de son supplice de ne pouvoir conduire un chien à la chasse ! [2]. Les hommes qui regardaient Taka-toki fronçaient les sourcils ; les hommes qui entendaient parler de lui, laissaient échapper de leurs lèvres des paroles de mépris.

L'Empereur de ce temps là était Sa Sainteté Daï-go II, second fils de Sa Sainteté Ouda II, dont la mère était Sa Sainteté Dan-ten-mon. Il monta sur le trône à l'âge de 31 ans, grâce à l'habileté du seigneur de Sagami. A l'intérieur, pendant son règne, il rectifia le sens des Trois Liens et des Cinq Principes généraux [3] ; il se conforma en outre à la doctrine de Tcheou-koung et

1. La Grue occupe dans l'ancienne mythologie chinoise une place exceptionnelle. Elle passe pour vivre plusieurs siècles et pour dépasser parfois sa 600ᵉ année. Par ce motif, on la choisit comme emblême de la longévité et parfois même de la vie immortelle. Le prince de *Weï*, nommé *I-koung*, était tellement enthousiaste de cet échassier qu'il imagina d'en faire monter un sur son char pendant qu'il faisait la guerre aux *Peh-i*. Ses troupes, en présence d'un tel acte de folie, perdirent courage et furent vaincus par les Barbares. — I-koung vivait à l'époque de l'empereur Hoeï-wang, de la dynastie des Tcheou (676 à 650 avant notre ère).

2. *Li-sse* est le nom d'un ministre de l'empereur chinois *Tsin-chi Hoang-ti*, le célèbre et abhorré persécuteur des Lettrés, incendiaire des livres et constructeur de la Grande-Muraille (221 à 209 avant notre ère). Condamné à un horrible supplice, à la fin de sa carrière, il exprima à l'un de ses fils, au moment de sortir de prison, le désespoir qu'il éprouvait de ne pas être libre de conduire un chien jaune pour aller à la chasse d'un lièvre. Le père et le fils pleurèrent ensemble. (Voyez Sse-ma Tsien, *Sse-ki*, livr. LXXXVII).

3. Par *San Kau* « les Trois Liens », on entend ceux qui unissent le prince au sujet, le père à son fils, le frère aîné à son frère cadet. (Voy. *Syo-gen-zi Kau*, édit. lith., p. 215). — Par

de Confucius. A l'extérieur, il ne négligea pas le gouvernement de Dix-mille rouages (de l'État) et des Cent
fonctions. Suivant ainsi les traces des années *Yen-ki*
(901 de notre ère) et *Ten-ryak'* (947), le peuple entre
les Quatre-Mers (c.-à-d. tout l'empire) fut heureux et
aima sa conduite. Le monde entier, en louant sa
vertu, fut dans la joie. Il rétablit en général tous les
bons principes abolis. Comme il récompensait en outre
le bien de toute action, il obtint que les temples et les
règles du Bouddhisme fussent florissants ; il satisfit
tous les désirs des grands talents de la doctrine des
Lettrés, soit publique, soit secrète.

En somme, il fut un saint maître donné par le Ciel,
un prince éclairé donné à la Terre. Il n'y eut personne
qui ne célébrât et ne suivît son exemple.

Go-zyau « les cinq Principes Généraux », on entend : 1° la justice
entre le prince et le sujet ; 2° les sentiments de famille
entre le père et le fils (parenté) ; 3° les rapports de bon ordre
et de convenances entre le frère ainé et le frère cadet ; 4° la
situation respective du mari et de la femme ; 5° la confiance ou
fidélité qui doit être la base des relations entre les amis. Suivant le *Syo-gen-zi Kau*, les cinq *Zyau* sont : « l'humanité, la
justice, la courtoisie, la sagesse et la fidélité ». (Édit. lith., p.
220).

XIX

LES PLUS ANCIENS MONUMENTS

de la civilisation japonaise

La science de l'archéologie chinoise est à peine née : il serait donc injuste de demander à ses premiers adeptes de mesurer d'une manière définitive le champ vierge de l'archéologie japonaise. Toutefois, s'il n'est point encore permis d'envisager dans leurs détails les problèmes qui se rattachent au mouvement archaïque de la civilisation du Nippon, il n'est pas inopportun de jeter un coup d'œil rétrospectif pour entrevoir ce que les îles de l'Asie Orientale renferment de vestiges des âges primitifs du monde.

La date la plus ancienne des annales *historiques* des Japonais est l'année 660 avant notre ère. C'est la première du règne de l'empereur *Zin-mou*, avec lequel commence la série nationale des *mikado* [1]. Les périodes antérieures à cette date appartiennent aux âges mythologiques ou tout au moins héroïques. En outre, il résulte des documents les plus authentiques que l'histoire de la grande île du Nippon avant Zin-mou

1. Voy., dans ce volume, la notice sur le fondateur de la monarchie japonaise, p. 25 et sv.

n'appartenait pas à la nation Japonaise, mais bien aux populations désignées communément sous le nom d'*Aïno* [1]. Ces premiers habitants connus des îles de l'Asie Orientale furent de siècle en siècle refoulés vers le nord par l'émigration conquérante venue du sud, jusqu'à ce qu'enfin ils se fussent réfugiés dans les îles de Yézo, de Karafto et des Kouriles, où leurs descendants se retrouvent encore aujourd'hui.

J'ai lu, dans tous les historiens japonais que j'ai pu me procurer, le récit du règne des premiers empereurs du Japon, afin de me former une idée sur la question d'origine qui nous intéresse. Je n'ai trouvé nulle part la mention de monuments relatifs à la civilisation originelle des Aïno ; et je ne sache pas que les voyageurs aient rien découvert jusqu'à présent sur ce sujet. Il résulte cependant des textes dont j'ai pris connaissance que les Aïno avaient déjà une organisation politique assez développée, lorsqu'ils durent lutter contre les troupes conquérantes de Zin-mou et de ses successeurs, que leurs chefs purent opposer une résistance opiniâtre aux généraux de ce dernier et que, déjà à cette époque, l'organisation des armées de terre et *de mer* des Japonais reposait sur un armement de beaucoup supérieur à celui que nous retrouvons chez les peuples sauvages et même à demi civilisés.

Le point de départ d'une étude rigoureuse de l'archéologie japonaise serait, d'abord, la critique des documents qui nous ont été conservés par les indigènes sur les périodes les plus anciennes de leur

---

1. Voy., dans ce volume, la notice sur les hommes à poils de l'Extrême-Orient, p. 189 et sv.

existence comme nation ; et, ensuite, le classement
des monuments qui peuvent apporter un témoignage
dans ce grand procès ethnogénique. Chacun de ces
travaux ne pourra être accompli avant quelques
années, et alors seulement qu'un nombre plus considérable de japonistes se sera adonné à cette tâche
pénible, mais incontestablement fort utile. Jusque-là, les
questions bien posées, les faits isolés bien constatés
serviront plus la science que des théories générales qui
scraient au moins très prématurées.

Qu'on me permette tout d'abord de déterminer deux
époques primitives qu'il me paraît nécessaire de ne pas
confondre dans les travaux relatifs à l'archéologie
japonaise.

La première époque, dite *kourilienne*[1] ou *préhistorique*, comprend l'âge durant lequel les Aïno occupaient la plus grande partie, sinon la totalité de l'île de
Nippon ; elle est close à l'arrivée dans cette île de Zin-
mou, qui venait du sud de l'île de Kiou-siou, où il
avait organisé les éléments d'une armée. Les légendes
relatives aux ancêtres et prédécesseurs de ce prince
n'ont rien à faire avec les questions qui se rattachent à
cette première période, car elles se rapportent à des

---

1. Par *Kouriliens*, il faut entendre non seulement la population
des îles dites *Kouriles*, mais celle de *Yézo*, de *Krafto* ou *Saghalien*, et, en général, toutes les tribus aïno, soit de l'archipel, soit
de la côte Tartarie. C'est à tort qu'on a voulu rattacher le nom
des *Kouriles* au verbe russe курить qui signifie « fumer, distiller, s'adonner à l'ivrognerie », et qui indiquerait soit la fumée
des volcans de ces îles que les Russes auraient aperçue tout
d'abord du Kamtchatka, soit la passion de leurs habitants pour
les liqueurs alcooliques. Ce nom vient du mot *kourou* ou *kour*,
qui, de même que *aïno*, signifie, en langue yézo, « homme ».
(Voy. mes *Études Asiatiques*, 1864, p. 62 n.).

faits réels ou supposés, dont le théâtre, en tout cas, n'a
pas été le Japon proprement dit, et peut-être même
aucune des îles actuellement dépendantes de cet empire.
Zin-mou, en débarquant dans le Nippon, était un conquérant étranger. Les dynasties des Génies Célestes et
Terrestres que les historiens japonais placent avant son
règne étaient, sinon de pures fables, tout au moins des
dynasties *héroïques* étrangères.

La seconde époque, dite *proto-yamatéenne* ou *semi-
historique*, date de l'établissement de Zin-mou dans la
province de Yamato (667 avant notre ère) et se ter-
mine à l'arrivée au Japon d'une ambassade du pays de
Ama-na, qui établit pour la première fois des relations
entre les Japonais et les habitants de la terre ferme.
(*Ama-na-no kouni-yori si-sya kitarité, mitsoughiwo
tatématsourou. Kono kouni-va San Kan-no outsi narou
bési. I-kok'-yori kenzourou koto koréwo hazimé to sou* [1]).
La date de l'arrivée de cette première mission étrangère est fixée par le Dr Mitsoukouri [2] à la 65e année du
règne du mikado *Zyou-zin* (an 33 av. n. è.).

Que connaissons-nous de l'époque kourilienne ou
préhistorique? Faut-il y rattacher les haches de pierre
qu'on a recueillies dans quelques localités du Japon et
ces singuliers bijoux talismaniques appelés *maga-tama,
souga-tama, ousi-tama.* etc. Ce sont là des questions
auxquelles il serait encore bien imprudent de répondre.
La présence de haches ou de pointes de lances et de
flèches en pierre éclatée ou polie dans quelques tombeaux ne prouve point que ces objets remontent à une

1. *Nippon wau-daï itsi-ran*, tom. I, p. 5.
2. *Sin-sen nen hyau*, p. 14.

aussi haute antiquité, d'autant plus qu'on les a toujours trouvés, d'après ce que m'ont assuré des Japonais instruits, à côté d'objets d'une époque relativement assez récente. Il faudra donc attendre, pour prononcer un jugement, que des fouilles bien dirigées aient établi leur présence dans des terrains non remaniés, dont l'époque ne soit point contestable. Quant aux *maga-tama*, il ne suffit pas qu'ils soient un objet de curiosité chez les Aïno, aussi bien que chez les Japonais, pour en conclure qu'ils datent du temps de la domi-

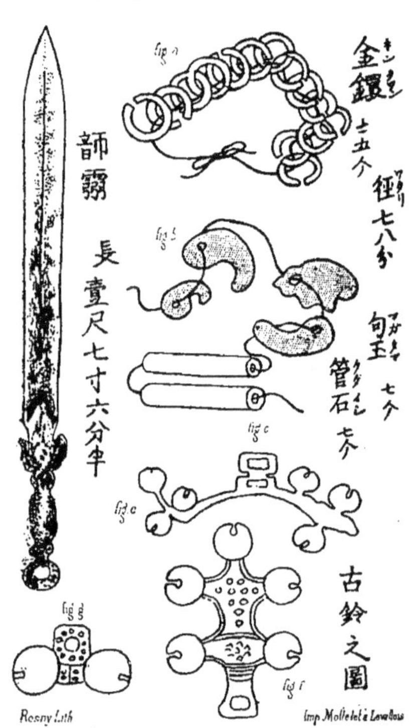

ANTIQUITÉS DE LA PROVINCE DE KAWATI

nation aïno dans le Nippon. A plus forte raison, faut-il assigner une date peu ancienne aux *kin-kwan* ou anneaux d'or avec solution de continuité, car l'on sait que la découverte de l'or, au Japon, ne remonte pas au delà du vIII° siècle [1].

---

1. Voy., sur les maga-tama, kouda-tama et autres objets qu'on a découverts au Japon, la savante étude consacrée par M. William Gowland aux dolmens japonais et à leurs constructeurs,

A la seconde période, tout au plus, peuvent être rattachées les armes de pierres conservées dans les musées
et dans les pagodes du Nippon, ainsi que les bijoux qui
servaient à faire des colliers ou des ceinturons aux
anciens guerriers japonais [1]. Et cette période ne saurait
être appelée un *âge de la pierre*, car les historiens japonais nous disent que l'on y possédait déjà des armes
et d'autres ustensiles en métal travaillé.

On lit en effet dans les annales intitulées *Kok' si
ryak'* que, lors de la proclamation de Zin-mou comme
mikado dans le palais de *Kasiva-bara* (660 avant notre
ère), on offrit à ce prince, dans la salle du trône, « un
sceau, un miroir et un sabre ».

L'histoire du Japon, intitulée *Ni-hon séi Ki*, cite ce
fait dans des termes à peu près semblables : « On offrit
à l'empereur, dans la salle du trône, trois sortes d'objets
divins, savoir : un sabre, un miroir et un sceau [2].

Un sabre : *kien* en chinois, *souroughi* en japonais, signifient « un glaive à deux tranchants », par opposition
à *tao* en chinois, *katana* en japonais, qui désignent un
glaive à un seul tranchant ». Il s'agit ici d'une arme de
métal mal aiguisé, et nullement d'une arme de pierre.
Donc, l'âge de la pierre, s'il a jamais existé au Japon,

dans les *Transactions and Proceedings of the Japan Society of
London,* 1897-98, t. IV, pp. 149, et les communications faites
à la première session du *Congrès international des Orientalistes,*
Paris, 1873 (*Comptes-rendus,* t. I, p. 61 et sv.).

1. On peut voir, dans l'ouvrage de M. Aimé Humbert intitulé
le *Japon illustré,* la représentation d'un ancien guerrier et d'un
chef de clan, portant une chaîne de maga-tama (t. I, pp. 112
et 138).

2. *Ni-hon séi Ki,* t. I, p. 2.

avait cessé lors de l'invasion des troupes de Zin-mou
dans l'île du Nippon.

Un miroir : *king* en chinois, *kagami* en japonais, désignent « un miroir métallique », sans tain. Le mot *king*,
suivant le dictionnaire *Kang-hi Tsze-tien*, est également
le nom d'une pierre, mais il me semble impossible de
lui attribuer ici cette signification : il s'agit d'un objet
de luxe fort en usage à la cour des empereurs de Chine
et sur lequel on traçait des ornements variés et des
inscriptions.

Un sceau : *si* en chinois, *sirousi* en japonais, désignent
« le timbre impérial, le sceau de l'État ». Suivant le
dictionnaire *Yuh-pien*, « c'est le cachet de l'empereur
ou des princes féodaux ». Sous sa forme archaïque, ce
signe est à la clef de « la terre », sans doute parce que
ces sceaux, qui furent plus tard de véritables bijoux
fabriqués en jade, n'étaient originairement que de
grossiers produits de la céramique indigène.

De tels objets, offerts à un prince lors de son éléva-
tion au trône, rappellent les cérémonies pratiquées en
Chine dans les temps anciens. On lit, en effet, dans le
commentaire du passage que je citais tout à l'heure du
Kok'si ryak' : « Matsou-nai fait l'observation suivante :
« Le sceau, le glaive et le miroir constituent le trésor
impérial. Il y a, en Chine, quelque chose d'analogue.
On lit dans l'ouvrage intitulé *Séi-kak' zak'-ki* (ch. *Si-
king tsah-ki*) : « Les empereurs de la dynastie des *Han* [1]
se sont transmis le sceau que leur avait offert *Tsze-ying* [2],

____

1. De 206 avant notre ère à 264 après notre ère.
2. *Tsze-ying* fut le dernier souverain de la dynastie des *Tsin*.
Les historiens chinois rapportent que ce prince, se voyant hors

roi de *Tsin*, et le glaive avec lequel *Kao-tsou* [1] coupa
en deux le serpent blanc ».

L'illustre voyageur allemand Ph.-Franz von Siebold
m'assurait, il y a quelques années, qu'il avait copié, au
Japon, des inscriptions antérieures à l'arrivée des Chinois dans les îles de l'Extrême-Orient. Les caractères
de ces inscriptions, disait-il, ne ressemblaient en rien
aux signes chinois et rappelaient plutôt les images didactiques des anciens Mexicains. Je me suis adressé à
quelques savants japonais de Yédo, en les priant de
faire des recherches à ce sujet. Ils m'ont répondu que
de telles inscriptions existaient en effet, mais étaient
fort rares ; que l'une d'elle avait été envoyée récemment
au gouvernement des États-Unis, mais qu'ils n'avaient
pu s'en procurer aucune copie. En revanche, ils m'ont
communiqué plusieurs ouvrages relatifs à l'écriture dite
Sin-zi « Écriture des Génies [2] », laquelle aurait été employée au Japon avant qu'on y eût fait usage des caractères chinois. Je me propose de faire une communication
spéciale sur cette écriture qui est d'origine indienne,
ainsi que j'espère être à même de le démontrer. J'ai
bien reçu une copie d'inscription en signes didactiques,
mais je ne possède pas de renseignements suffisants sur

d'état de résister aux troupes de *Lieou-pang*, vint lui remettre
en personne les rênes du gouvernement et lui offrit le *sceau
impérial* comme attribut de l'autorité qu'il déposait entre ses
mains.

1. C'est le titre honorifique de *Licou-pang*, fondateur de la
dynastie des *Han,* lorsqu'il eut succédé à *Tsze-ying*, de la dynastie des Tsin.

2. Voy. plus haut, p. 271, et les observations que j'ai faites
au sujet de cette écriture dans les *Comptes-rendus des séances de
l'Académie des Inscriptions et Belles-Lettres.*

son origine pour pouvoir m'en occuper aujourd'hui. Enfin quelques inscriptions de miroirs japonais me paraissent intéressantes pour nos études, bien que l'ignorance de leur date retire le plus grand prix qu'on pourrait y attacher.

Quant aux recueils d'inscriptions japonaises qui sont parvenus jusqu'à nous, le plus important fait partie de la collection intitulée *Syou-ko zyou-syou*. Il ne nous fournit toutefois aucun monument qu'on puisse rattacher à l'une des deux périodes archaïques de l'histoire du Japon. Ce sont des documents qui intéresseront, sans doute, les japonistes des temps futurs ; mais, pour le moment, il est douteux que les savants soient disposés à s'en occuper d'une manière sérieuse.

Je n'ajouterai plus que quelques mots aux courtes indications que je viens de fournir sur l'âge de la pierre au Japon. Les objets que l'on rattache à cet âge et, dans la croyance populaire des indigènes, à l'époque des *Kami* ou Génies, ont été en grande partie, sinon tous, recueillis dans les terrains néolitiques et à la surface du sol, où des pluies torrentielles les avaient mis en évidence. Les pointes de flèches, pour la plupart en obsidienne, et divers autres ustensiles de pierre souvent polis avec un soin remarquable, qu'on a rencontrés dans les anciennes grottes ou dolmens, s'y trouvaient réunis non-seulement à des perles en gemmes précieuses (*maga-tama*), mais encore à des anneaux d'or (*kin-kwan*) et même à des objets de fer.

Le passage suivant, que j'emprunte au *Kawatsi Méi-syo dzou-yé* « Description illustrée de la province de

Kawatsi [1] », nous fournit à cet égard une notice dont
voici la traduction [2] :

Les Mille Tombeaux (*Sen dzouka*). — Dans les villages de *Sen dzouka* et de *Hat-tori kawa*, et sur l'emplacement du temple de *Hau-zau,* ces tombeaux sont
nombreux. Ce sont de grandes constructions qui forment
des monuments composés de deux pierres verticales et
d'une pierre qui les recouvre (dolmen). L'ouverture,
semblable à une porte, varie entre 5, 6 et jusqu'à 10
pieds ; la profondeur est d'environ 6 à 7 toises ; la lar-
geur de l'intérieur fournit des carrés de 10 à 20
pieds ; la hauteur est à peu près de 10 pieds. Il y a
(parmi ces dolmens) des petits, des moyens et des
grands. Sur l'emplacement du temple de *Hau-zau,* on
peut en voir près de 60 à 70. En outre, dans l'intérieur
de la montagne, il y en a un grand nombre ; c'est ce
qui a fait nommer cet endroit *Sen dzouka* « les Mille
Tombeaux ». Partout ils sont exposés au midi. On a
tiré de l'intérieur de ces grottes diverses sortes de poteries, d'anneaux d'or (*kin-kwan*), d'aiguilles de fer (*tets'-
hari*) et de pierres travaillées (*ren-séki*).

« La tradition locale rapporte que, dans la haute antiquité, il parut des insectes, dits *tsoutsou-ga mousi,* qui
persécutèrent la population. Les habitants se réfu-
gièrent dans ces grottes pour échapper à leurs attaques.
Suivant une autre tradition, on dit qu'aux époques

1. *Kyau-to* ou *Miyako,* ancienne capitale du Japon et résidence des Mikado, est situé à peu de distance de la province
de Kawatsi.

2. J'ai publié le texte japonais de cette notice dans les *Mémoires du Congrès international des Orientalistes,* session inaugurale, Paris, 1873, t. I, p. 77.

de sécheresse, il tombait une pluie de feu, de sorte qu'ils construisirent ces cavernes pour s'en faire un lieu de refuge ».

Le même ouvrage nous fournit [1] un curieux dessin représentant des ouvriers japonais en train de faire des fouilles et de découvrir d'antiques poteries, des maga-tama, des kouda-tama, etc. La légende qui accompagne ce dessin signifie : « A l'endroit appelé les Mille Tombeaux (*Sen dzouka*), dans les environs de *Koori-gawa*, village situé sur la montagne, département de *Taka-yama*, il y a un grand nombre de grottes de la haute antiquité. On en a extrait des poteries, qui sont des produits de l'âge des Kami ou Génies et qui ont été probablement fabriquées par *Sarou-ta hiko-no mikoto* (personnage de l'époque héroïque). »

Enfin ce même livre nous offre [2] la représentation de toute une série d'antiquités, notamment de maga-tama, de kouda-tama, de kin-kwan, de grelots, de miroirs et de couteaux conservés dans le temple *Si-san-san,* autrement appelé *Kon-gau rin si* ou *An-yau in* [3].

Les quelques notes réunies dans cet article suffi-ront, je l'espère, pour donner une idée de l'intérêt qui s'attache à l'étude des monuments primitifs du Nippon. Les lettrés japonais, auxquels on doit des travaux exé-gétiques tout particulièrement remarquables, ne se sont pas moins signalés par leurs aptitudes dans le do-

1. *Kawatsi Méi-syo dzou-yé*, livr. v, p. 10.
2. *Kawatsi Méi-syo dzou-yé*, livr. III, pp. 18 et 19.
3. Les temples ou monastères du Japon ont ordinairement trois noms. Le Catalogue des *Miya* japonais publié par Charles de Labarthe (dans les *Mémoires de la Société d'Ethnographie*, t. VIII, p. 68) aurait besoin d'être complété.

maine de l'archéologie et ils se sont fait un devoir de recueillir toutes les traditions qui étaient de nature à éclaircir le problème de leurs origines nationales. Une foule de livres publiés par leurs soins renferment les plus curieuses représentations des antiquités de leur pays ; et, dans ces derniers temps, ils ont commencé à comprendre l'importance des procédés de la critique occidentale pour tirer un parti sérieux de leurs investigations. Je suis donc convaincu qu'avec le concours des savants européens qui habitent aujourd'hui au milieu d'eux, les plus remarquables progrès ne tarderont pas d'être accomplis.

Qu'on me permette toutefois, en terminant, d'exprimer le vœu que les recherches des archéologues dans les îles de l'Asie Orientale soient tout particulièrement entreprises dans le but de nous faire connaître les caractères de la civilisation pré-yamatéenne ou, en d'autres termes, celle des autochtones Aïno dans ses rapports avec les migrations continentales antérieures à notre ère.

SYAU-TOK TAI-SI

ses doctrines religieuses, sociales et politiques

Lorsque j'ai entrepris, vers le milieu du siècle dernier, de faire une étude spéciale de la langue et de la littérature du Japon, il m'est tout d'abord venu à la pensée de m'enquérir du nom des hommes qui avaient occupé une place quelque peu considérable dans les annales de ce pays. A cette époque, il eût été à peu près impossible de découvrir un seul de ces hommes qui ne fût pas tout à fait ignoré en Europe, non seulement des gens du monde, mais même des personnes les plus versées dans la connaissance de l'histoire universelle. Aujourd'hui encore, nos spécialistes auraient bien vite épuisé leurs ressources, si on leur demandait de dresser le bilan constitutif d'un petit panthéon des célébrités japonaises. Les collectionneurs, qui se sont passionnés pour les bronzes, les laques, les porcelaines, les ivoires et autres bibelots du pays du Soleil-Levant, sont peut-être les seuls, chez nous, qui pourraient donner sur ce terrain une petite preuve d'érudition.

Parmi les personnages célèbres au Japon et à peu

près complétement inconnus en Europe, je me propose
de dire aujourd'hui quelques mots de l'un d'eux que la
tradition nous fait connaître sous le titre de *Syau-tok*

SYAU-TOK TAÏ-SI

Taï-si et qui occupa les fonctions de régent de l'empire
Japonais sous le règne de l'impératrice Soui-ko[1]. Il fut

1. Syau-tok Taï-si est également désigné dans les historiens
Japonais sous le nom de *Mouma-ya-dono-osi*. Il dirigea les affaires
de l'Etat de 593 à 621 de notre ère et mourut avant de monter
sur le trône à l'âge de 49 ans.

un de ces personnages auxquels les peuples accordent une sorte d'apothéose parce qu'ils représentent à leurs yeux, d'une façon plus ou moins complète, le courant d'idées en faveur dans la masse à l'époque où ils ont vécu. La tradition le cite comme un des adeptes les plus fervents du Bouddhisme dans son pays. On ne se douterait guère, je l'avoue, qu'il ait jamais rempli ce rôle, tout au moins si l'on juge de son esprit et de son caractère par le célèbre Édit en dix-sept articles[1] sur lequel je demande la permission de présenter ici quelques courtes remarques.

Cet Édit est certainement remarquable à plus d'un titre, surtout si l'on tient compte du siècle lointain pendant lequel il a été composé. Je ne le considère toutefois que comme un simple manifeste politique publié dans le but de soutenir les intérêts du pouvoir souverain dont son auteur avait été investi à la cour du mikado, et je ne saurais mieux le qualifier qu'en le présentant avant tout comme une œuvre opportuniste et conservatrice. De tous les devoirs qui y sont préconisés, le respect et la soumission envers l'Empereur et les fonctionnaires publics sont les plus importants. Le Souverain, est-il dit dans l'article iii, est comme le Ciel, les sujets sont comme la Terre.... Si la Terre voulait dominer le Ciel, ce serait le renversement des choses. On doit donc obéir aux décrets qui ont été promulgués par l'autorité impériale.

Dans son ensemble, ce fameux Édit paraît inspiré bien

1. L'Édit de Syau-tok Taï-si fut promulgué le 3ᵉ jour du 4ᵉ mois de l'année 604 de notre ère. (Voy. les grandes annales intitulées *Daï Ni-hon Si*, t. VIII, p. 4).

plus par les enseignements de la doctrine Confucéiste des Lettrés que par ceux du Bouddhisme. Un précepte énoncé dans l'article vi mérite particulièrement notre attention, surtout par le motif qu'il n'est pas demeuré comme bien d'autres à l'état de lettre morte et qu'il a été mis en pratique d'une façon parfois très sérieuse. Ce précepte recommande de ne jamais laisser dans l'ombre et dans l'oubli les bonnes actions qui ont pu s'accomplir par un individu quelconque.

La pensée qu'il faut appeler « les Sages » aux emplois (art. vii) avait été émise en Chine par le philosophe *Meng-tse* ou Mencius avec des considérants dignes d'être discutés. Par « Sage », ce disciple de Confucius entend les hommes qui ont consacré leur existence à réfléchir sur les grands problèmes de la vie sociale et sur ce qui constitue la théorie du « Devoir »[1]. Le système en question n'est pas sans valeur, mais il est est incontestable que, dans la pratique, il peut provoquer de funestes abus. Il se résume en ces mots : « La Tête est faite pour commander, les Bras pour agir avec obéissance ». Il destine de la sorte une énorme partie de l'espèce humaine à demeurer à peu près continuellement dans un état de subordination passive vis à vis de l'autre, ce qui ne saurait être conforme aux principes de la saine morale.

L'Édit de Syau-tok Taï-si condamne les sujets prévaricateurs et enseigne la nécessité des Châtiments et des

---

1. En chinois : *Tchoung.* — Voy., sur ce mot et sur la doctrine qui s'y rattache, mes *Textes Chinois anciens et modernes*, traduits pour la première fois dans une langue européenne, Paris, 1874, p. 21 et sv.

Récompenses. Il place le Mensonge au sommet de l'échelle criminelle dans une société civilisée.

Les Saints Rois doivent s'évertuer à découvrir des hommes capables pour chacun des emplois publics[1] et non point à créer des emplois pour satisfaire leurs favoris.

Le devoir du Sage est non seulement de se sacrifier lui-même, mais de sacrifier les siens au salut général. Le devoir de l'homme du peuple est de se livrer à l'Agriculture, afin d'assurer à tous les aliments nécessaires à la subsistance, et de s'adonner à l'Éducation des vers à soie pour permettre à chacun de se vêtir. Le gouvernement ne doit pas contraindre à des corvées les paysans aux époques où ils ont à s'occuper des travaux de la campagne.

Lorsque le Bouddhisme fut introduit au Japon, il existait déjà dans cet archipel un culte national, le Sintauïsme, et une sorte d'enseignement moral présentant dans une certaine mesure le caractère d'une religion pour la classe lettrée, à savoir le Confucéisme. Les missionnaires de l'Église bouddhique ayant réussi, avec le concours de leurs images et de leurs cérémonies théâtrales, à fasciner la masse ignorante, le gouvernement du Nippon comprit qu'il aurait beaucoup à perdre s'il se montrait hostile à la propagande des bonzes. Syau-tok Taï-si connaissait d'ailleurs les tendances de ses compatriotes à s'enthousiasmer sans mesure de tout ce qui était nouveau pour eux, de tout ce qui était de provenance étrangère ; aussi se déclara-

---

1. *Édit de Syau-tok Taï-si*, art. XVII.

t-il adepte fervent de la foi de Çàkya-mouni, dont on venait d'introduire les pratiques dans l'empire du Yamato. Il fit néanmoins sa profession de foi avec une prudence fort habile et prescrivit que l'on devait respecter également les Trois Lois religieuses du pays qui étaient alors le Confucéisme, le Bouddhisme et le Sintauïsme.

Il n'est peut-être pas inutile de faire observer que, dans l'article II de son Édit où il s'explique à cet égard, la doctrine de Confucius est la première mentionnée, alors que le culte national des Génies ou *Sin-tau* vient en dernier lieu. C'est qu'à cette époque, les lettres de la Chine occupaient déjà une place d'une importance exceptionnelle au Japon. Tout indigène de ce pays qui avait la prétention de passer pour un homme instruit, devait donner sans cesse des preuves de solides études sinologiques. Malgré les transformations profondes qui se sont produites de nos jours dans l'esprit des insulaires de l'Extrême-Orient, un Japonais, qui ne connaîtrait pas la langue écrite et la littérature des Chinois, serait à coup sûr considéré comme un ignorant de la plus basse catégorie.

Un autre précepte de Syau-tok Taï-si mérite également une mention ; il se trouve consigné dans l'article où ce prince déclare que l'avis de *tous* est nécessaire pour le bon fonctionnement des affaires de l'État : « Que rien ne soit résolu par la volonté d'un seul, mais seulement après que tous auront été consultés. S'il n'est pas indispensable d'en agir de la sorte lorsqu'il s'agit des choses de peu d'importance, il en est autrement pour celles qui touchent aux grands intérêts du peuple.

Quand ces intérêts sont en jeu, la crainte de commettre
des fautes exige qu'un appel soit fait à tous les hommes.
La majorité des suffrages peut seule justifier la mesure
qui aura été prise »[5].

On peut, jusqu'à un certain point, voir énoncée dans
cet article la théorie politique du « suffrage universel »
que l'on considère, chez quelques peuples, comme un
progrès de la civilisation, mais qui est loin d'avoir été
mise en pratique d'une façon vraiment féconde et rationnelle. Il est curieux toutefois d'en trouver l'expression
rudimentaire chez les Japonais du vii° siècle et de la
signaler comme étant en opposition avec les données
de la plupart des adeptes du Confucéisme.

Depuis la promulgation de l'Édit en dix-sept articles
dont je viens de dire quelques mots, le courant des
idées s'est mainte et mainte fois modifié, voire même
transformé de fond en comble, dans les îles de l'Extrême-
Asie. Durant ces dernières années, qualifiées avec une
insistance exceptionnelle de « fin de siècle », il s'est produit au Nippon, comme d'ailleurs dans toutes les contrées
du monde civilisé, une véritable tourmente intellectuelle qui me semble le présage d'événements d'une
importance gigantesque pour l'accomplissement de la
destinée des nations en particulier et de l'espèce
humaine en général. Il me suffira, pour bien faire
comprendre ma manière de voir à cet égard, de signaler
les opinions qu'on rencontre sans cesse exprimées,
depuis deux ou trois ans, dans les livres ou dans les
journaux du Japon et dont la citation qui suit peut
donner un exemple assez caractéristique : « Les Japonais
ne règlent pas leurs sentiments d'après la couleur de la

peau. Élever une muraille entre la race Blanche et la
race Jaune, n'est plus leur rêve ; ils ne voient qu'un
genre humain... O XXᵉ siècle, couronne notre espérance,
assure la paix éternelle en fondant la nation universelle,
et tu seras le plus grand dans l'histoire ! » [1].

Il me semble que je n'ai rien à ajouter et que je ne
pouvais mieux terminer ce que j'ai eu à dire du peuple
du Soleil-Levant qu'en faisant ici cette courte citation.

1. Hito-mi Itsi-taï-rau, *Le Japon*, p. 14.

INDEX ANALYTIQUE

FIN

Imprimerie DALOUX. — Baugé (Maine-et-Loire)